이득우의 언리얼 C++
게임 개발의 정석

이득우의 언리얼 C++ 게임 개발의 정석

이득우 지음

i!i
에이콘

에이콘출판의 기틀을 마련하신 故 정완재 선생님 (1935-2004)

지은이 소개

이득우(dustin@indp.kr)

1998년부터 2013년까지 국내의 굵직한 게임 회사, 포털 회사, 게임 엔진 회사에 근무했다. 2013년에 독립해 언리얼 엔진 4를 접한 후로 엔씨소프트, 넥슨 등 다양한 회사에서 언리얼 엔진 교육을 진행해왔고, 2017년에는 미국 에픽게임즈 본사로부터 언리얼 데브그랜트Unreal Dev Grant를 수상했다. 현재 청강문화산업대학교 게임콘텐츠 스쿨에 교수로 재직 중이며, 국제 인디 게임 행사인 부산인디커넥트(BIC) 페스티벌을 기획해 4년째 운영하고 있다.

- **블로그**: http://blog.dustinlee.me
- **홈페이지**: http://indp.kr

감사의 글

많은 분들의 도움과 응원 덕분에 이 책이 완성될 수 있었다. 먼저 언리얼 엔진 초창기 버전부터 나의 우문을 모두 현답으로 응대해주신 에픽게임즈코리아의 신광섭 님과 최용훈 님에게 깊이 감사한다.

이 책을 저술하는 과정에서 나의 개인적인 연구에 매몰되다 보니 실무적인 활용 방법을 등한시할 수 있다는 점을 크게 고민했다. 이런 점을 보완할 수 있도록 책의 구성을 살펴보고 조언해준 넥슨 데브캣 스튜디오 심예람 님에게 감사한다.

또한 전체 원고를 검토하고 예제 코드를 모두 테스트해준 청강문화산업대학교의 제자 김상혁 군에게도 고마운 마음을 전한다.

마지막으로 내 곁에서 항상 도와주고 조언해주는 평생의 반려자 김연희 님과 귀염둥이 지안이, 준영이에게 이 글을 통해 무한한 사랑과 감사를 전한다.

차례

들어가며

언리얼 엔진 프로그래밍 책을 저술하는 것은 상당한 자신감을 필요로 한다. 20년간 최고의 게임 엔진이라는 찬사를 받아온 언리얼 엔진이라는 이름의 무게 때문이다. 언리얼 엔진 프로그래밍을 이해한다는 것은 게임 엔진 기술의 최고봉을 정복한다는 상징성을 지니므로 프로그래밍 이상의 큰 의미를 가진다.

그래서 나는 언리얼 엔진을 몇 년 동안 공부해왔고, 이제서야 언리얼 엔진을 잘 모르는 사람들에게 소개할 정도가 됐다고 생각해 책을 집필하기로 마음먹었다. 이 책은 언리얼 엔진을 공부하고 싶은 학생과 아직 언리얼 엔진을 경험하지 못한 프로그래머를 대상으로 한다.

에픽게임즈 홈페이지에는 많은 문서와 튜토리얼 영상이 있으며, 이를 통해 언리얼 엔진의 다양한 기능을 학습할 수 있다. 하지만 들여다볼수록 언리얼 엔진은 엔진이 제공하는 각각의 훌륭한 기능보다 게임 개발을 어떻게 설계해야 하는지 전체적인 가이드를 제시하는 엔진이라는 점에서 더 매력적이라는 느낌을 강하게 받았다.

비유하자면 언리얼 엔진은 개발자가 숲과 나무를 모두 바라보고 개발할 수 있도록 설계한 엔진이고, 여기에는 에픽게임즈의 개발 철학이 담겨 있다. 아쉽게도 에픽게임즈 홈페이지에서는 이러한 철학을 찾아볼 수 없다. 그렇기 때문에 언리얼 엔진 소스 코드를 분석하고, 그것들이 왜 만들어졌는지를 개인적으로 유추할 수밖에 없었다. 이 책은 내 나름대로 언리얼 엔진을 분석해 정리한 것이다.

프로그래머 관점에서 언리얼 엔진 프로그래밍을 본격적으로 시작하려면, 다음과 같은 시스템을 이해하고 사용할 수 있어야 한다. 이 모든 것을 한 번에 익히기에는 학습할 분량이 많으므로, 쉬운 내용부터 단계별로 예제를 구성했다.

- 언리얼 엔진의 빌드 시스템
- 언리얼 엔진의 모듈 시스템

- 언리얼 엔진 실행 환경(런타임^{Runtime})

- 언리얼 오브젝트의 선언과 관리

- 언리얼 엔진 C++의 유용한 기능

콘텐츠 제작자 입장에서 언리얼 엔진으로 게임 콘텐츠를 제작할 때는 다음에 제시한 각 요소를 설정하고 설계하는 능력을 갖춰야 한다. 이 또한 프로그래밍 난이도에 맞춰 단계별로 학습할 수 있도록 예제를 구성했다.

- 게임 콘텐츠를 수용하는 환경인 월드^{World}

- 게임 콘텐츠의 기본 단위 액터^{Actor}

- 게임플레이가 진행되는 배경 레벨^{Level}

- 게임에 입장한 플레이어^{Player}에게 부여되는 액터

- 게임의 승패를 결정하는 룰, 게임 모드^{GameMode}와 관련 액터

- 게임 제작에 필요한 각종 보조 기능

이 책을 읽고 위에 언급한 모든 요소를 이해하길 바란다. 언리얼 엔진을 충분히 이해한 다면, 그 지식은 앞으로 다른 엔진을 사용하거나 스스로 엔진을 만드는 경우에도 게임 콘텐츠를 어떻게 설계하고 만들어가야 하는지 알려주는 유용한 나침반이 될 것이다.

추가로 언급하고 싶은 부분은, 언리얼 엔진은 스스로 끊임없이 혁신과 발전을 지속하는 엔진이라는 것이다. 현재 4.23 버전의 공식 출시를 준비하고 있는데, 이 책을 처음 집필할 때의 버전인 4.19 버전에서 이미 많은 기능이 추가되고 주요 구조가 변경됐다. 이 책은 엔진 버전에 영향을 받지 않는 주요 프레임워크에 대한 내용을 다루고 있어서 학습에 큰 지장이 없지만, 버전 업으로 인한 사소한 보완 사항은 언제나 발생할 수 있다는 점을 염두했으면 한다. 엔진 버전 업이 발생할 때마다 대응해야 할 부분은 취합해 에이콘출판사 홈페이지의 소스 코드를 통해 제공하고 있으니 학습에 참고하길 바란다.

이 책에 사용된 예제 코드는 http://www.acornpub.co.kr/book/unreal-c에서 다운로드할 수 있다.

1

개발 환경 설정

이번 장에서는 처음 시작하는 독자를 위해 언리얼 엔진과 비주얼 스튜디오를 설치하고 이를 설정하는 법을 정리했다. 언리얼 엔진과 비주얼 스튜디오가 성공적으로 설치되면, 앞으로의 작업을 위한 언리얼 프로젝트를 생성하고 예제 애셋을 복사해 본격적인 준비에 필요한 작업을 끝마친다.

기본 프로그램의 설치

언리얼 엔진의 설치

언리얼 엔진의 공식 홈페이지는 http://www.unrealengine.com/이다. 홈페이지에서 언리얼 엔진을 설치하는 방법을 알아본다.

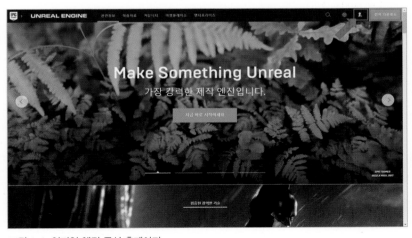

그림 1-1 언리얼 엔진 공식 홈페이지

언리얼 엔진이 처음이라면 홈페이지에서 회원 가입을 해야 한다. 홈페이지 우측 상단
의 버튼을 누르면 회원 가입 페이지로 이동한다. 각종 동의 절차를 거쳐 회원 가입을
진행해본다.

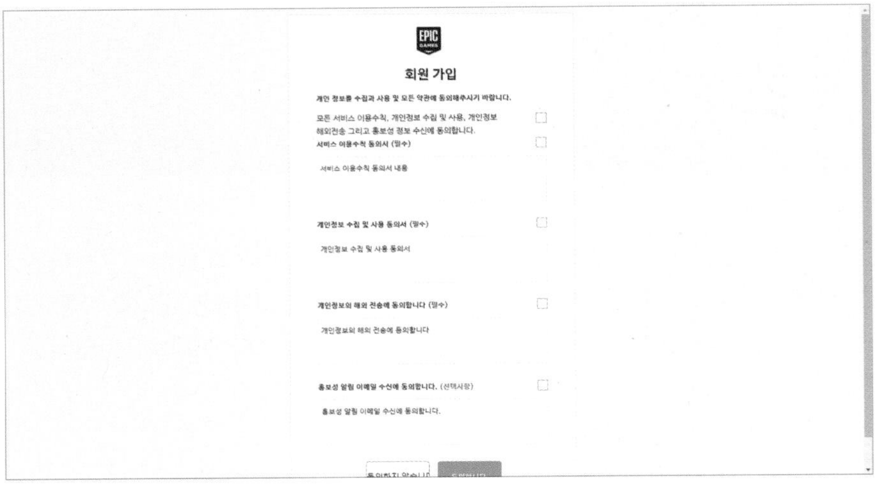

그림 1-2 회원 가입 페이지

회원 가입이 완료되면 로그인한다. 최종 사용자 라이선스 계약서에 동의한 후 에픽게
임즈 런처를 다운로드할 수 있다.

그림 1-3 언리얼 엔진의 최종 사용자 라이선스 계약서

에픽게임즈 런처는 언리얼 엔진뿐만 아니라 에픽게임즈에서 제작한 게임도 설치할 수 있다. 여기서 **언리얼 엔진** 탭을 눌러 언리얼 엔진 설치 화면으로 이동한다.

그림 1-4 언리얼 엔진 런처의 실행 화면

왼쪽의 노란색 버튼을 눌러 언리얼 엔진을 설치한다. 아직 언리얼 엔진이 설치되지 않았다면 설치 버튼이 보일 것이다. 꽤 많은 용량이 필요하므로 인터넷 환경을 확인하고, 용량이 적은 SSD를 기본 드라이브로 사용하는 경우 엔진 설치 폴더를 넉넉한 공간이 있는 보조 드라이브로 지정하는 것이 좋다.

언리얼
에디터
참고

이 책이 저술된 시점에서의 최신 버전은 4.20이다. 하지만 이 책에서 제공하는 모든 코드와 애셋은 4.19 버전에 맞춰서 제작했다. 실제 개발에서는 언리얼 엔진의 안정된 최신 버전을 사용하는 것이 좋지만 버전 업그레이드로 인해 기능과 구조가 달라질 가능성이 있으므로, 이 책에서 제공하는 예제가 제대로 돌아가게 하려면 4.19 버전을 설치해 사용하는 것을 권장한다. 4.19 버전은 언리얼 엔진 런처에서 + 버튼을 눌러 설치할 수 있다.

그림 1-5 이전 엔진 버전의 설치

비주얼 스튜디오 2017의 설치

언리얼 엔진은 언리얼 에디터에서 진행하는 블루프린트 스크립팅과 외부 프로그래밍 툴에서 진행하는 C++의 두 가지 방식으로 게임 로직을 제작할 수 있다. 이 책은 가급적 블루프린트 스크립팅 없이 C++ 프로그래밍을 사용할 예정이므로, 책의 예제를 따라 하려면 마이크로소프트에서 제작한 비주얼 스튜디오(윈도우 운영체제 전용)를 설치해야 한다.

언리얼 에디터 참고

> 맥에서도 윈도우와 동일하게 언리얼 엔진을 개발할 수 있다. 비주얼 스튜디오 대신 XCode를 사용하는 점이 다를 뿐이다.

비주얼 스튜디오는 현재 2017 버전까지 출시됐으며 마이크로소프트 계정이 있으면 누구나 다운로드해서 사용할 수 있는 Community Edition이 있다. 비주얼 스튜디오가 설치돼 있지 않다면 http://signup.live.com/ 홈페이지로 가서 먼저 마이크로소프트 계정을 생성한다.

그림 1-6 마이크로소프트 계정 생성

계정 생성을 완료하면, 로그인한 후 https://www.visualstudio.com/ 홈페이지로 이동해 무료로 사용할 수 있는 Visual Studio 2017 Community Edition을 다운로드한다.

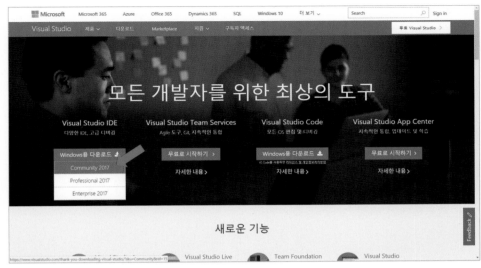

그림 1-7 Visual Studio Community Edition의 다운로드 화면

다운로드를 완료하면 비주얼 스튜디오 설치 관리자가 실행되면서 비주얼 스튜디오에서 개발할 환경을 설정하는 메뉴 화면이 등장한다. 여기서 C++를 사용한 게임 개발 메뉴를 선택한 후 언리얼 엔진에 관련된 옵션을 추가한다.

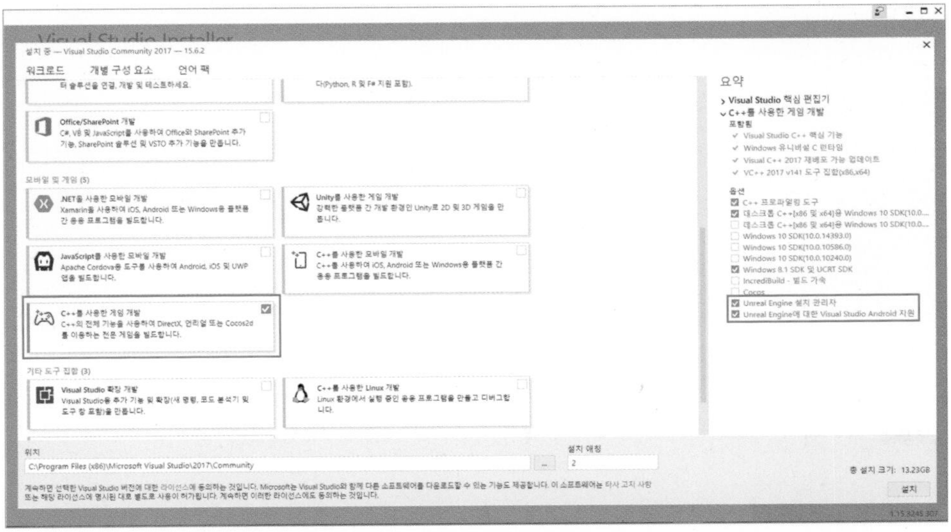

그림 1-8 언리얼 엔진 개발을 위한 비주얼 스튜디오의 설치 옵션 설정

언리얼 엔진 4.19 버전의 경우 비주얼 스튜디오 2015에서도 동일하게 언리얼 엔진 프로그래밍을 진행할 수 있다. 비주얼 스튜디오 2015를 사용하는 경우 설치 관리자에서 C++ 개발 환경과 Windows SDK를 선택하면 언리얼 엔진을 사용할 수 있다. 하지만 언리얼 엔진 4.20 버전부터는 공식적으로 Visual Studio 2017을 사용하도록 권장하고 있으므로, 가능하다면 Visual Studio 2017을 사용하는 것이 좋다.

언리얼 프로젝트의 생성

기본 프로젝트의 생성

언리얼 엔진과 비주얼 스튜디오의 설치를 완료했으면 이제 기본 프로젝트를 생성해 언리얼 에디터를 살펴본다.

그림 1-9 언리얼 엔진 에디터의 실행

노란색 **실행** 버튼을 눌러 언리얼 엔진 에디터를 실행하면, 신규 프로젝트를 생성하는 프로젝트 브라우저가 나타난다. 프로젝트 설정에서 기본 옵션을 **삼인칭** 템플릿으로 선택하고, 프로젝트 용량을 줄이기 위해 **시작용 콘텐츠 없음**으로 지정한다. 그리고 하단에 위치한 프로젝트 위치 설정에 앞서 앞으로 제작될 언리얼 게임 프로젝트를 관리하기 위한 대표 폴더를 탐색기에서 하나 생성한다. 다음은 빈 공간이 많은 내 D 드라이브의 UE4CPP 폴더가 지정된 화면이다.

우리가 진행할 예제의 이름은 ArenaBattle이다. 오른쪽에 프로젝트 이름을 써주고, 마지막으로 하단의 초록색 **프로젝트 생성** 버튼을 눌러 새로운 언리얼 게임 프로젝트를 생성한다.

그림 1-10 언리얼 프로젝트의 신규 생성 옵션

에디터의 로딩이 완료되면 삼인칭 콘텐츠를 담은 언리얼 에디터가 자동으로 띄워진다.

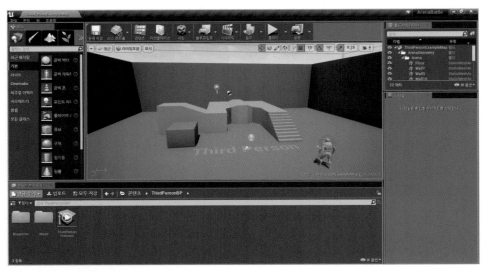

그림 1-11 삼인칭 콘텐츠를 띄운 언리얼 에디터

언리얼 에디터는 윈도우라 불리는 영역으로 구분되는데, 최초 화면은 여섯 개의 윈도우로 이뤄져 있다. 왼쪽 상단부터 시계 방향으로 보이는 각 윈도우의 역할은 다음과 같다.

- **모드 윈도우**: 콘텐츠 제작에 유용하게 사용할 수 있는 기능 목록을 제공한다.
- **툴바 윈도우**: 프로젝트 설정과 실행 등 에디터의 주요 기능을 모아둔 공간이다.
- **뷰포트 윈도우**: 레벨Level이라 불리는 3차원의 게임 스테이지를 설계하는 공간이다.
- **월드 아웃라이너 윈도우**: 레벨을 구성하는 단위 요소인 액터Actor의 목록을 관리하는 공간이다. 계층 구조 및 폴더 생성 등의 기능을 사용해 효과적으로 액터 목록을 관리할 수 있다.
- **디테일 윈도우**: 뷰포트 혹은 **월드 아웃라이너** 윈도우에서 선택한 액터의 속성 값을 확인하고 편집하는 공간이다.
- **콘텐츠 브라우저 윈도우**: 게임 제작에 사용하는 데이터인 애셋을 관리하는 공간이다.

언리얼 엔진의 구조를 알아보기 위해 **콘텐츠 브라우저** 윈도우의 좌측 상단에 있는 버튼을 눌러 폴더 목록이 보이도록 설정한다.

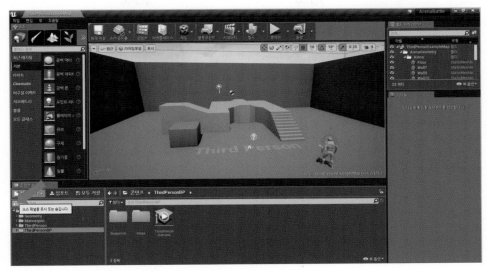

그림 1-12 콘텐츠 브라우저 윈도우의 소스 패널 설정

폴더의 최상단에 있는 콘텐츠 폴더에 마우스를 올리면 툴팁에 /Game이라는 경로명이 뜨는 것을 볼 수 있다. 다른 폴더 혹은 애셋을 선택해 마우스를 올리면 마찬가지로 경로명이 /Game으로 시작하는 것을 볼 수 있다. 이처럼 게임 프로젝트 내의 모든 애셋은 /Game이라는 가상 경로에서 시작하는데, 엔진은 이 경로 정보를 기반으로 애셋을 관리한다.

/Game 경로가 윈도우 탐색기의 어떤 폴더와 연동되는지 알아보기 위해 콘텐츠 폴더를 우클릭하고 메뉴에서 **탐색기에서 표시** 버튼을 누른다.

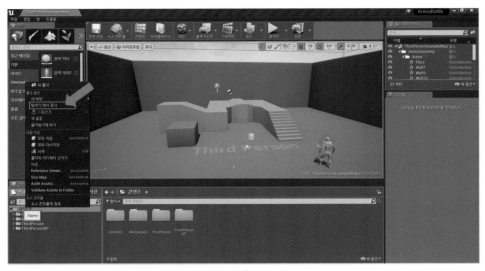

그림 1-13 콘텐츠 브라우저의 폴더와 연결된 윈도우 탐색기로 이동

에디터에 의해 띄워진 윈도우 탐색기의 경로는 앞서 지정한 게임 프로젝트의 폴더
D:\UE4CPP\ArenaBattle 내에 위치한 Content 폴더다.

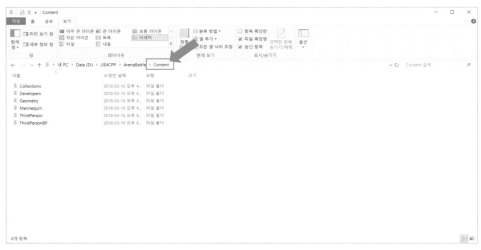

그림 1-14 콘텐츠 브라우저와 연동되는 프로젝트의 Content 폴더

이로써 언리얼 엔진은 게임 프로젝트의 애셋을 프로젝트 폴더 내의 Content 폴더에서 관리한다는 것을 알 수 있게 됐다. 폴더를 한 단계 더 올라가 D:\UE4CPP\ArenaBattle로 이동한다. 게임 프로젝트가 생성될 때 프로젝트 폴더에는 Config, Content, Intermediate, Saved 폴더와 uproject 파일이 생성된다.

그림 1-15 언리얼 프로젝트의 구성

프로젝트를 구성하는 폴더의 역할은 다음과 같다.

- **Config**: 게임 프로젝트의 설정 값을 보관하는 공간이다. 이 폴더를 제거하면 게임 프로젝트의 중요한 설정 정보가 날아가므로 항상 보관해야 한다.
- **Content**: 게임 프로젝트에 사용하는 애셋을 관리하는 공간이다. 항상 보관해야 한다.
- **Intermediate**: 프로젝트 관리에 필요한 임시 파일들을 저장하는 공간이다. 이 폴더는 제거해도 에디터에 의해 자동으로 재생성된다.
- **Saved**: 에디터 작업 중에 생성된 결과물을 저장하는 공간이다. 예를 들어 세이브 Save 파일, 스크린샷은 모두 이곳에 저장된다. 이 폴더를 제거하면 수동으로 저장한 세이브 파일이나 스크린샷 등이 삭제될 수 있지만 게임 프로젝트에는 영향을 주지 않는다.

게임 프로젝트의 구동

이번에는 언리얼 프로젝트가 어떻게 구동되는지 파악할 수 있게 윈도우의 기본 프로그램인 메모장Notepad으로 ArenaBattle.uproject 파일을 열어보자.

이 파일에는 게임 프로젝트를 언리얼 에디터로 불러들이기 위한 정보가 텍스트로 저장돼 있다.

코드 1-1 ArenaBattle.uproject

```
{
    "FileVersion": 3,
    "EngineAssociation": "4.19",
    "Category": "",
    "Description": ""
}
```

이 정보는 웹에서 데이터를 교환할 때 주로 사용하는 방식인 JSON으로 기록해뒀는데, 여기서 "EngineAssociation" 항목의 값은 "4.19"로 설정돼 있다. 이 정보가 있으므로 탐색기에서 해당 uproject 파일을 더블 클릭할 때 현재 컴퓨터에 설치된 4.19 버전의 언리얼 에디터가 실행되고, uproject 파일이 위치한 폴더의 게임 프로젝트가 자동으로 에디터에 불러들여지는 것이다.

언리얼
에디터
참고

JSON은 객체의 구조와 속성을 텍스트 형식으로 전달하기 위해 고안된 형식이며, JSON 형식에서 사용하는 기호의 의미는 다음과 같다.

- { }: 객체
- 키:값: 객체가 가지는 속성
- "": 문자열 데이터
- []: 배열

에픽게임즈 런처에서 언리얼 엔진을 설치할 때는 프로젝트 파일을 탐색기와 연동할 것인지 묻는 다이얼로그가 뜨는데, 이때 반드시 **예**를 선택해야 uproject 파일과 언리얼 엔진 에디터가 연동된다. 만일 이때 **아니오**를 눌렀다면 런처를 종료하고 다시 실행한 후 **예**를 선택해 탐색기와 uproject 파일을 연동시켜야 한다.

언리얼
에디터
참고

> 런처를 실행했는데 연동 다이얼로그가 뜨지 않아 세팅할 수 없는 경우가 있다. 이때는 다음의 방법을 사용해 문제를 해결할 수 있다.
>
> 1. 탐색기에서 에픽게임즈 런처 프로그램이 설치돼 있는 경로로 이동한다. 별도의 경로를 지정하지 않았다면 에픽게임즈 런처는 보통 C:\Program Files(x86)\Epic Games\Launcher 경로에 설치된다.
>
> 2. 설치 경로 내에 있는 Engine\Binaries\Win64 폴더로 이동한 후 UnrealVersionSelector라는 프로그램을 찾는다.

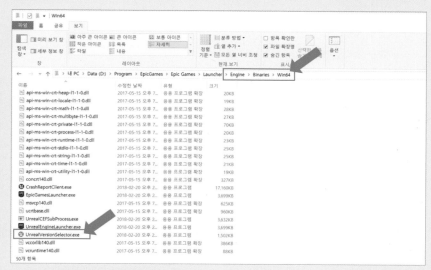

> 그림 1-16 에픽게임즈 런처 프로그램 경로
>
> 3. UnrealVersionSelector 파일을 복사하고 언리얼 엔진 에디터가 있는 경로로 이동한다. 언리얼 엔진 에디터는 별도의 폴더를 지정하지 않았다면 일반적으로 C:\Program Files\Epic Games\UE4_버전명\경로에 설치된다.
>
> 4. 언리얼 엔진 설치 경로 내의 Engine\Binaries\Win64 폴더에 UE4Editor.exe 실행 파일이 있다. 이곳에 UnrealVersionSelector를 붙여넣는다.

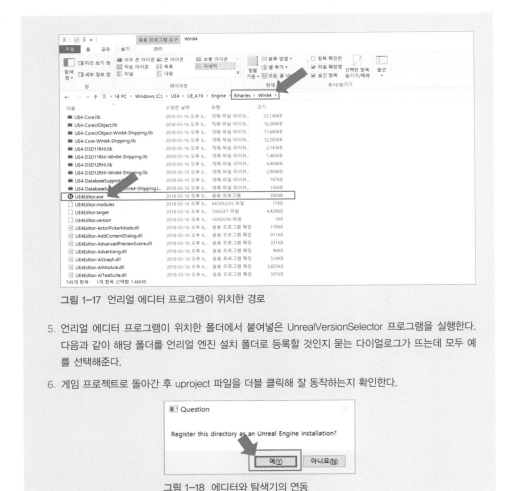

그림 1-17 언리얼 에디터 프로그램이 위치한 경로

5. 언리얼 에디터 프로그램이 위치한 폴더에서 붙여넣은 UnrealVersionSelector 프로그램을 실행한다. 다음과 같이 해당 폴더를 언리얼 엔진 설치 폴더로 등록할 것인지 묻는 다이얼로그가 뜨는데 모두 예를 선택해준다.

6. 게임 프로젝트로 돌아간 후 uproject 파일을 더블 클릭해 잘 동작하는지 확인한다.

그림 1-18 에디터와 탐색기의 연동

C++ 프로젝트로의 확장

현재 프로젝트는 프로그래밍 툴이 없는 사람을 위해 생성된 기본 프로젝트다. 여기서는 블루프린트 스크립팅으로 게임 로직을 제작할 수 있으나 C++로는 게임 로직을 제작할 수 없다. 현재 프로젝트가 C++ 프로그래밍을 지원하도록 **파일 ▶ 새로운 C++ 클래스…** 메뉴를 선택해 블루프린트 기반 프로젝트를 C++를 지원하는 프로젝트로 확장할 것이다.

그림 1-19 새로운 C++ 클래스 생성 메뉴

메뉴를 선택한 후 등장하는 부모 클래스 선택 다이얼로그에서 Actor를 선택한다.

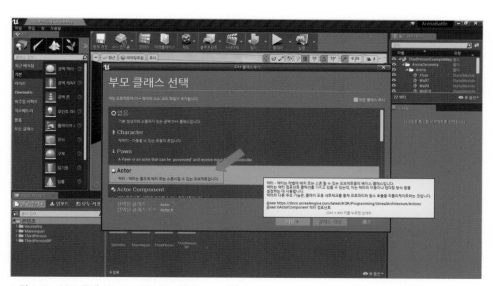

그림 1-20 부모 클래스로 Actor 클래스 선택

다음 버튼을 누른 후 우리가 제작할 새로운 액터의 클래스 이름을 Fountain으로 지정하고 **클래스 생성** 버튼을 눌러 C++ 클래스를 생성한다.

그림 1-21 새로운 C++ 클래스의 생성

클래스 생성 버튼을 누름과 동시에 컴파일이 진행되면서 블루프린트만 지원하던 게임 프로젝트가 C++ 프로그래밍도 가능한 프로젝트로 변경된다. 첫 컴파일 과정에서는 시간이 다소 소요된다.

그림 1-22 C++ 프로젝트로의 전환

프로젝트의 전환이 끝나면 자동으로 비주얼 스튜디오가 뜨면서 우리가 생성한 Fountain 클래스의 파일이 띄워진다.

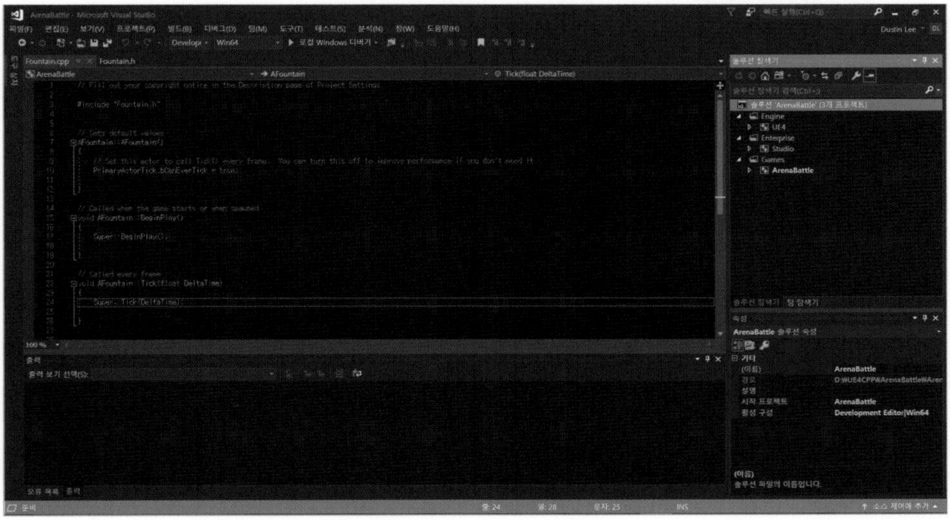

그림 1-23 자동으로 생성된 언리얼 C++ 프로젝트 솔루션

언리얼
에디터
참고

비주얼 스튜디오의 C++ 개발 환경이 제대로 설치되지 않았거나 여러 가지 다른 이유로 컴파일 과정에서 실패하는 경우가 종종 발생한다. 위의 과정을 매끄럽게 통과하지 못했다고 해서 처음부터 프로젝트를 다시 만들 필요는 없다.

프로젝트 폴더에 가면 확장자가 .sln인 비주얼 스튜디오 솔루션 파일이 보일 것이다. 만일 이 파일이 없다면 비주얼 스튜디오의 C++ 개발 환경과 Windows SDK가 제대로 설치되지 않았을 가능성이 높다.

솔루션 파일이 있다면 이를 더블 클릭해 비주얼 스튜디오가 잘 열리는지 확인한다. 그리고 비주얼 스튜디오에서 빌드 메뉴를 선택해 빌드가 잘 수행된다면 에디터에서 에러가 발생하더라도 개발 환경 설정을 잘 마친 것이니 안심하고 계속 진행한다.

이제 다시 탐색기로 돌아가 프로젝트 폴더를 살펴본다. C++ 프로젝트로 확장하면서 기존에 없던 새로운 폴더들이 추가된 것을 확인할 수 있다.

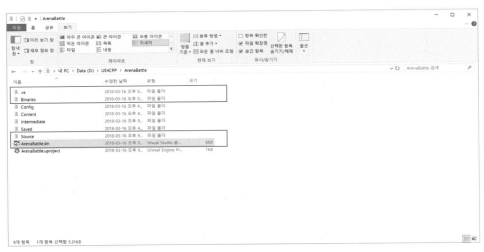

그림 1-24 변경된 게임 프로젝트 폴더 구성

새롭게 추가된 폴더는 각각 다음과 같은 역할을 한다.

- **Binaries**: C++ 코드가 컴파일된 결과물을 저장하는 공간. 이 폴더는 삭제해도 빌드할 때마다 새롭게 생성된다.

- **Source**: C++ 소스 코드가 위치한 공간. C++ 소스 외에도 언리얼 엔진의 독특한 빌드 설정을 담은 C# 소스 파일이 있으며, 폴더를 삭제할 때 프로젝트 구성이 망가지므로 주의해야 한다.

- **ArenaBattle.sln**: C++ 프로젝트를 관리하기 위한 비주얼 스튜디오의 솔루션 파일. 솔루션이 관리하는 각 프로젝트 파일은 Intermediate 폴더 내 ProjectFiles 폴더에 있다. 프로젝트 파일과 솔루션 파일은 삭제하더라도 uproject 파일을 우클릭해 뜨는 Generate Visual Studio project file 메뉴를 선택하면 언제든지 재생성할 수 있다.

성공적으로 C++ 프로젝트로 확장했다면 다시 메모장에서 ArenaBattle.uproject 파일을 연다.

코드 1-2 ArenaBattle.uproject

```
{
    "FileVersion": 3,
    "EngineAssociation": "4.19",
    "Category": "",
    "Description": "",
    "Modules": [
        {
            "Name": "ArenaBattle",
            "Type": "Runtime",
            "LoadingPhase": "Default",
            "AdditionalDependencies": [
                "Engine"
            ]
        }
    ]
}
```

파일을 열면 "Modules"라는 항목과 ArenaBattle이라는 이름의 모듈 정보가 추가된 것을 확인할 수 있다. 이는 언리얼 에디터를 띄울 때 에디터에게 ArenaBattle이라는 이름의 C++ 모듈도 함께 로딩하라는 명령을 의미한다.

이 명령을 확인하면 언리얼 에디터는 게임 프로젝트 폴더에서 Binaries 폴더를 찾고, 그 안에서 ArenaBattle이라는 모듈을 찾는다. 해당 모듈의 이름은 규칙이 있는데 ArenaBattle 모듈의 이름은 반드시 UE4Editor-ArenaBattle.dll이어야 한다. 비주얼 스튜디오에서 컴파일이 성공적으로 진행됐다면 해당 파일이 이미 생성돼 있을 것이다. 만일 파일이 없다면 언리얼 에디터는 이 파일을 생성하기 위한 빌드를 진행할 것인지 묻는 다이얼로그를 띄운다.

그림 1-25 Binaries 폴더에 위치한 C++ 게임 모듈

이렇게 C++ 코드를 컴파일한 결과물을 언리얼 엔진에서는 모듈^Module^이라 하고, 게임 로직을 담은 모듈에는 특별히 게임 모듈^Game Module^이라는 명칭을 사용한다.

언리얼 에디터가 게임 모듈을 성공적으로 로딩하면 **콘텐츠 브라우저** 윈도우에 C++ 클래스라는 새로운 폴더와 게임 모듈명으로 된 폴더가 추가된다.

그림 1-26 게임 모듈의 확인

언리얼 C++ 프로젝트의 컴파일과 실행 과정을 요약하면 다음과 같다.

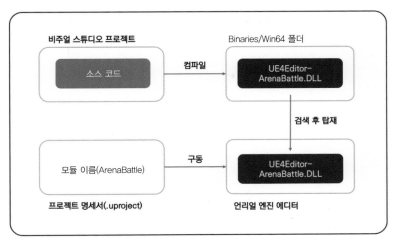

그림 1-27 C++ 프로젝트의 동작

언리얼 C++ 개발 환경 설정

이번에는 본격적인 언리얼 C++ 개발을 시작하기 전에 미리 설정해두면 좋은 개발 환경을 알아본다. 개발 환경을 설정한 후에는 이 책의 부록 A에 수록한 비주얼 스튜디오의 단축키를 함께 숙지해두는 것을 권장한다.

언리얼 모듈의 빌드 설정

비주얼 스튜디오에 지정된 빌드 메뉴의 크기가 작아서 현재 빌드 설정 항목이 잘려 보이는데, 이를 넉넉하게 늘려주는 것이 좋다. 이를 위해 먼저 비주얼 스튜디오 툴바의 빈 영역을 우클릭하고 **사용자 지정** 메뉴를 선택한다.

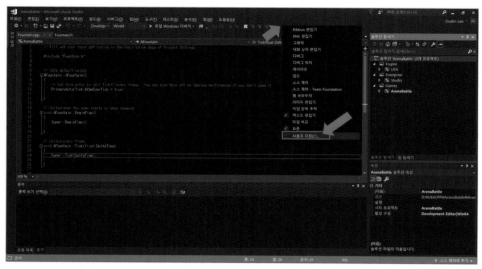

그림 1-28 사용자 지정 메뉴

사용자 지정 다이얼로그에서 **명령** 탭을 선택한 후, 표준 도구 모음에 있는 솔루션 구성 설정을 변경한다. 설치할 때 이의 기본값이 65인데, 이를 200으로 넉넉하게 늘려준다.

그림 1-29 솔루션 구성 설정의 변경

설정을 변경하면 이제 Development Editor라는 이름이 잘리지 않고 잘 보일 것이다.

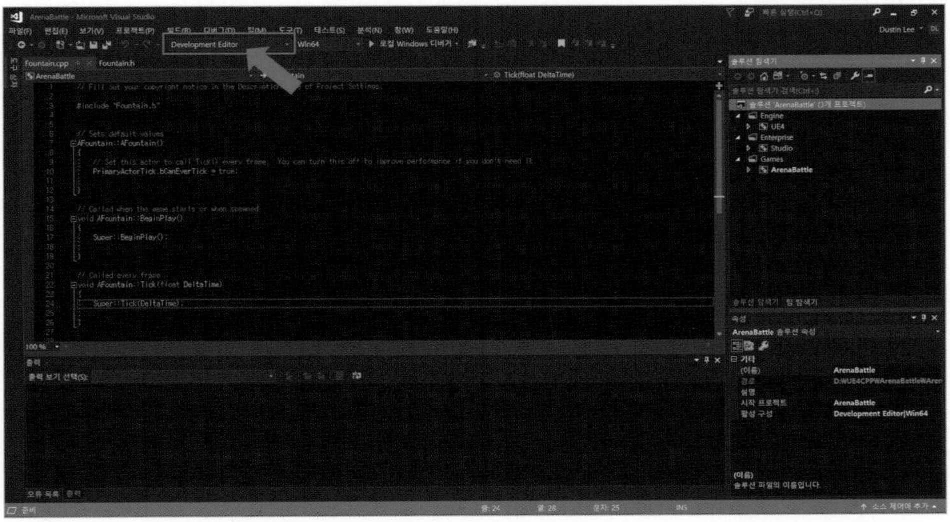

그림 1-30 변경된 솔루션 구성 메뉴

해당 드롭다운 메뉴를 누르면 총 다섯 가지 C++ 프로젝트의 빌드 구성이 보인다. 각 빌드 구성의 특징은 다음과 같다.

- **DebugGame**: 자세한 디버깅을 위해 최적화가 안 된 결과물을 생성하는 빌드 구성이다. 게임 실행을 위한 exe 파일을 생성한다.
- **DebugGame Editor**: DebugGame과 동일한 수준의 에디터용 DLL 파일을 생성한다.
- **Development**: 중간 수준의 최적화와 디버깅도 가능한 결과물을 생성하는 구성이다. exe 파일을 생성한다.
- **Development Editor**: Development와 동일한 수준의 에디터용 DLL 파일을 생성한다. 설정의 기본값이다.
- **Shipping**: 게임의 최종 배포를 위해 최적화된 코드를 만들어내는 구성이다. exe 파일을 생성한다.

비주얼 스튜디오에서 빌드 명령을 내리면 현재 기본값인 Development Editor 빌드 설정으로 인해 Binaries 폴더에 에디터가 사용할 UE4Editor-ArenaBattle.dll 바이너리가 생성된다. 이번에는 빌드 설정을 Development로 변경하고 빌드를 진행한다.

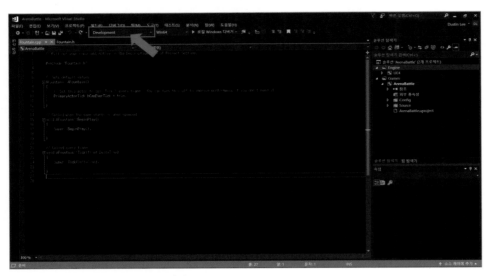

그림 1-31 Development 빌드 설정의 선택

빌드가 성공적으로 수행되면 Binaries 폴더에 게임 실행 파일인 ArenaBattle.exe 파일이 생성됨을 확인할 수 있다. 이 파일은 게임 실행 파일이지만 exe 파일이 위치한 Binaries 폴더에는 기본 리소스가 없기 때문에 실행하면 다음과 같은 에러가 발생한다.

그림 1-32 게임 바이너리의 생성과 실행

언리얼
에디터
참고

에디터에서 개발을 완료하면 사용자에게 배포할 게임은 리소스와 실행 파일을 묶은 패키지 형태로 배포해야 한다. 비주얼 스튜디오의 빌드는 리소스 없이 실행 파일만 생성할 뿐이다. 리소스와 실행 파일이 모두 묶여진 최종 패키지는 언리얼 에디터의 파일 ❭ 패키지 프로젝트 메뉴를 사용해 제작할 수 있다.

Development 설정으로 컴파일을 진행한 결과는 실행 파일임을 학습했다면, 다시 Development Editor 설정으로 되돌려놓는다.

비주얼 스튜디오의 환경 설정

C++ 컴파일 과정에서 에러가 발생하면 비주얼 스튜디오는 오류 목록 창을 통해 프로그래밍 과정에서 발생한 에러의 내용을 정리해 보여준다.

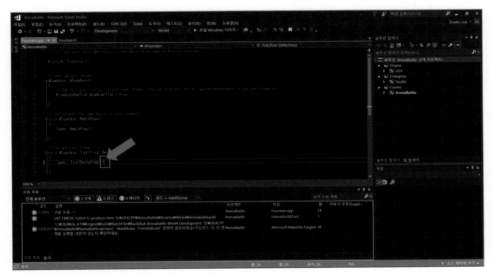

그림 1-33 오류 목록 창

하지만 언리얼 프로젝트에서 프로그래밍 에러를 확인할 때는 오류 목록 창을 이용하지 않고 출력 창을 이용하는 것이 더 간결하고 효과적이다. 다음과 같이 출력 창에서 에러가 표시된 텍스트를 더블 클릭하면 해당 위치로 이동한다.

그림 1-34 출력 창에서의 오류 확인

그렇기 때문에 비주얼 스튜디오 환경 설정에서 아예 오류 창이 뜨지 않도록 설정하는 것도 좋은 선택이다. 상단 메뉴에서 **도구 > 옵션** 메뉴를 선택해 옵션 창을 띄운 후 **프로젝트 및 솔루션 > 일반** 카테고리에 있는 항상 오류 목록 표시 항목을 끈다.

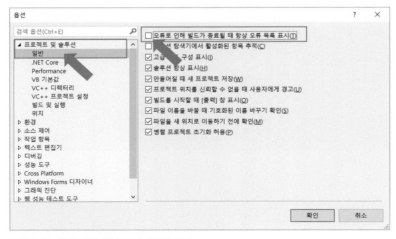

그림 1-35 항상 오류 목록 표시 설정의 위치

이어서 프로세스 실행 중에 코드를 편집해 적용시키는 편집하며 계속하기 기능도 언리얼 엔진에서는 사용하지 않기 때문에 설정에서 함께 해제해주는 것이 좋다.

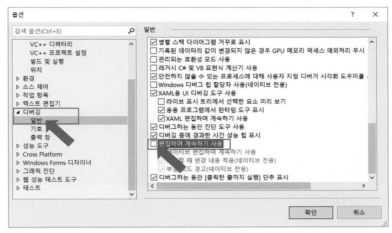

그림 1-36 편집하며 계속하기 기능의 해제

예제 프로젝트의 준비

예제 패키지의 추가

예제를 진행하기 위해 필요한 리소스를 프로젝트에 추가해본다. 이 책의 예제에서 사용할 리소스는 에픽게임즈 런처를 통해 무료로 다운로드해 추가할 수 있다.

에픽게임즈 런처를 띄우고 **언리얼 엔진** 탭으로 간 후 세 번째에 위치한 **마켓플레이스** 항목을 선택한다. 마켓플레이스의 검색 창에서 Infinity Grass라고 키워드를 입력해 우리가 사용할 Infinity Blade: Grass Lands 패키지를 찾는다.

그림 1-37 Infinity Blade: Grass Lands 배경 패키지

이 패키지를 클릭해 상세 페이지로 이동한 후, **무료** 버튼을 눌러 계정의 라이브러리에
해당 패키지를 등록한다.

그림 1-38 패키지의 구매

구매를 완료하면 **무료** 버튼이 **프로젝트에 추가** 버튼으로 변경된다. 버튼을 누르면 다
이얼로그가 뜨면서 현재 컴퓨터에 있는 프로젝트 목록을 보여주는데, 방금 생성한
ArenaBattle 프로젝트를 클릭해 패키지를 추가한다.

그림 1-39 프로젝트에 추가 버튼

언리얼 에디터로 돌아가 **콘텐츠 브라우저** 윈도우를 확인하면 다음과 같이 Infinity BladeGrassLands라는 폴더가 생성된다.

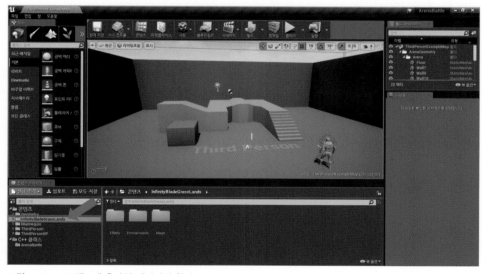

그림 1-40 프로젝트에 추가된 패키지의 확인

언리얼
에디터
참고
프로젝트에 추가했음에도 불구하고 콘텐츠 브라우저에 해당 폴더가 나타나지 않을 때도 있다. 이런 경우에는 에디터를 재시작하면 문제가 해결된다.

애셋이 프로젝트에 잘 들어왔는지 검사하기 위해 InfinityBladeGrassLands 폴더 내에 위치한 Maps 폴더로 이동해 ElvenRuins라는 애셋을 더블 클릭해 레벨을 로딩한다. InfinityBlade GrassLands 패키지를 처음 사용한다면, 패키지에 있는 애셋을 초기화하는 데 꽤 많은 시간이 소요될 것이다.

레벨 로딩이 완료되면 몇 가지 경고가 뜨지만 이는 무시해도 된다. 그런데 우측 하단에 셰이더를 컴파일하면서 시간이 소요된다. 셰이더 컴파일까지 완료돼야 비로소 원활하게 레벨을 테스트할 수 있게 된다.

그림 1-41 레벨 로딩 후 발생하는 셰이더 컴파일 과정

모든 레벨 로딩 과정이 종료되면 툴바의 **플레이** 버튼을 눌러 레벨을 탐험한다. 캐릭터 조작을 위해 ASDW 키와 스페이스 바 키를 사용한다. 탐험 중 ESC 키를 누르면 탐험은 종료되고 다시 편집 모드로 돌아온다.

그림 1-42 플레이 버튼을 눌러 배경 탐험하기

예제 레벨의 제작

다음 장에서 다룰 첫 번째 예제를 진행하려면 이 책에서 제공하는 애셋을 게임 프로젝트에 추가해야 한다.

콘텐츠 브라우저의 최상위 폴더인 콘텐츠 폴더를 마우스 우클릭하고 **탐색기에서 표시** 메뉴를 눌러 게임 프로젝트의 Content 폴더를 윈도우 탐색기에 띄운다. 그리고 윈도우 탐색기를 하나 더 열고 이 책과 함께 제공되는 예제 코드 파일의 **Resource > Chapter1** 폴더에 있는 Book이라는 폴더를 선택한 후 이를 게임 프로젝트의 Content 폴더에 복사한다.

탐색기에서 해당 애셋을 성공적으로 복사했다면 언리얼 에디터의 **콘텐츠 브라우저**에 다음과 같이 탐색기와 동일한 이름의 애셋이 생성된다.

그림 1-43 예제 리소스가 추가된 결과 화면

만일 Book 폴더를 Content 폴더에 복사했음에도 **콘텐츠 브라우저**에 해당 애셋이 표시되지 않는다면 에디터를 재시작한다.

> **언리얼 에디터 참고**
>
> 애셋을 복제하는 가장 적절한 방법은 언리얼 엔진이 제공하는 이주(Migration) 기능을 사용하는 것이지만, 이 책에서는 코딩하는 데 집중하기 위해 간편하게 복사하는 방법을 사용한다. 예제로 제공하는 애셋은 4.19 버전에서 제작했기 때문에 언리얼 엔진 4.18이나 그 이하 버전에서는 불러들일 수 없다.

예제 리소스를 준비하고 나면, 이를 사용해 콘텐츠를 테스트할 간단한 레벨을 제작한다.

에디터의 **파일 ❯ 새 레벨** 메뉴를 눌러 **새 레벨...** 다이얼로그를 띄운 후 Default 템플릿을 선택한다.

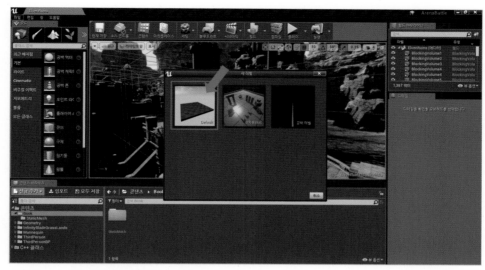

그림 1-44 Default 레벨 템플릿

새로운 레벨을 생성하면 **콘텐츠 브라우저**의 Book/StaticMesh 폴더에 있는 SM_SQUARE 애셋을 선택하고 **뷰포트** 윈도우에 드래그한다. 드래그함과 동시에 벽으로 둘러싼 배경이 생성되고, **월드 아웃라이너** 윈도우 목록에는 SM_SQUARE라는 이름의 액터가 새롭게 추가된다.

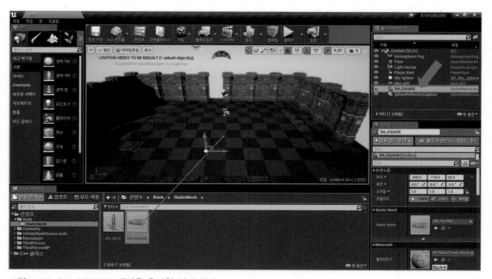

그림 1-45 SM_SQUARE 배경을 추가한 결과 화면

액터가 추가되면 이제 우측 하단의 **디테일** 윈도우로 가서 해당 액터의 위치를 월드의 원점 좌표 (0, 0, 0)으로 변경한다. 숫자를 X, Y, Z 하나씩 직접 입력해도 되지만, 오른쪽에 위치한 노란색으로 보이는 **디폴트로 리셋** 버튼을 사용하면 편리하게 원점으로 옮길 수 있다.

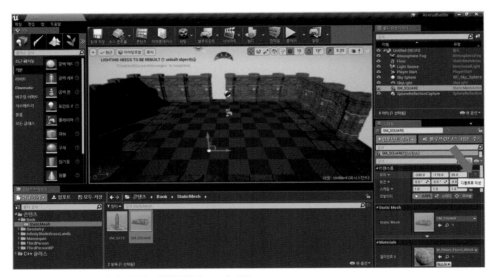

그림 1-46 디폴트로 리셋 버튼을 사용한 원점으로의 이동

이제 기존 템플릿에서 제공하는 바닥 액터 Floor를 선택해 제거한다. Floor를 선택하고 Delete 키를 누른다.

그림 1-47 제거할 Floor의 위치

바닥을 제거하면 라이트 설정을 변경한다. Light Source 액터를 선택하고 **디테일** 윈도우
의 **모빌리티** 값을 **무버블**로 변경한다. **무버블**로 변경하면 라이트맵 시스템을 사용하지 않
고 실시간으로만 라이트를 계산하기 때문에 화면에 보이는 라이트맵을 재생성하라는
붉은 글씨가 더 이상 나오지 않는다. 대부분의 언리얼 프로젝트에서 무버블 라이트를
사용하는 일은 드물지만, 이 책에서 무버블 라이트를 설정하는 이유는 코딩하는 데 집
중하기 위함이다.

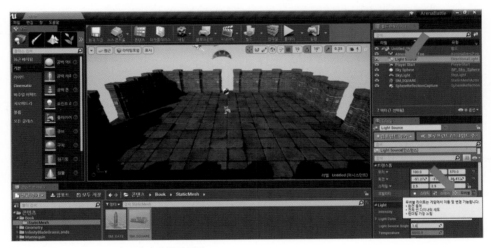

그림 1-48 Light Source의 모빌리티 설정 변경

추가로 Sky Light 액터의 **모빌리티** 설정도 동일하게 **무버블**로 변경한다.

그림 1-49 Sky Light의 모빌리티 설정 변경

라이트 설정을 완료하면 툴바의 **플레이** 버튼을 눌러 마네킹 캐릭터가 잘 돌아다니는지 테스트한다.

그림 1-50 레벨의 테스트

캐릭터가 잘 돌아다니면 ESC 키를 눌러 종료하고 레벨을 저장한다. 에디터 메뉴에서 **파일 > 현재 저장** 메뉴를 선택해 레벨 저장 다이얼로그를 띄운다. 다이얼로그에서는 **콘텐츠 브라우저**의 폴더 구조가 보이는데, Book 폴더를 우클릭한 후 **새 폴더** 메뉴를 선택해 Maps라는 폴더를 새로 생성한다.

그림 1-51 레벨을 저장할 새 폴더의 생성

이어서 생성된 Maps 폴더를 선택하고 Step1이라는 이름으로 현재 작업한 레벨을 저
장한다.

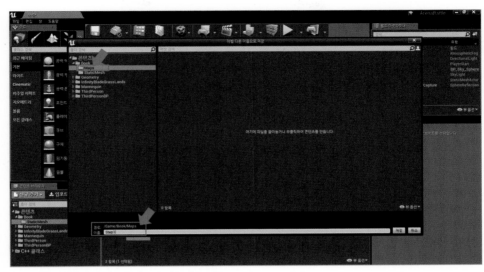

그림 1-52 레벨의 저장

레벨이 저장된 결과 화면은 다음과 같다.

그림 1-53 레벨이 저장된 결과 화면

이제 언리얼 에디터를 실행할 때마다 Step1 레벨이 기본으로 뜨도록 프로젝트 설정을
변경한다. 툴바 가운데에 위치한 **세팅** 버튼을 누르고 메뉴에서 **프로젝트 세팅**을 선택한다.

그림 1-54 프로젝트 세팅 메뉴

프로젝트 세팅 다이얼로그의 왼편에 있는 **맵 & 모드** 섹션을 선택한 후 Default Maps 섹션에
있는 모든 맵 설정을 우리가 방금 생성한 Step1으로 변경한다.

그림 1-55 시작 맵의 설정

기본 맵 설정을 완료하면 언리얼 에디터를 종료하고 프로젝트 폴더에 있는 uproject 파일을 더블 클릭해 언리얼 에디터를 재시작한다. 프로젝트 설정에 의해 언리얼 에디터는 시작할 때 우리가 제작한 Step1 레벨을 자동으로 로딩한다.

그림 1-56 최종 프로젝트의 설정

2 액터의 설계

언리얼 엔진의 콘텐츠를 구성하는 핵심 요소를 학습하고, 언리얼 프로그래밍에서 필수적으로 알아야 하는 문법 요소를 사용해 다양한 기능을 가진 분수대 액터를 C++ 언어로 직접 설계해본다.

언리얼 콘텐츠의 구성 요소

월드

언리얼 엔진 **뷰포트** 윈도우에 보이는 작업 공간은 현실 세계를 모방한 컴퓨터 안의 가상 세계다. 언리얼 엔진은 이 가상 공간을 월드^{World}라고 부른다.

그림 2-1 뷰포트 윈도우

월드는 게임 콘텐츠를 구동하기 위해 필요한 필수적인 환경을 의미하며, 다음과 같은 요소를 제공한다.

- **공간**Space: 가상 세계를 구성하는 3차원의 영역을 의미한다. 게임 콘텐츠를 구성하는 물체는 월드의 영역 어딘가에 반드시 존재해야 하는데, 이를 위해 트랜스폼Transform이라는 구조체를 제공한다. 공간의 기본 단위는 cm다.

- **시간**Time: 가상 공간에서 흐르는 시간이다. 가상 세계에서의 시간은 초 단위로 현실 세계와 동일하게 흘러가지만, 시간을 멈추거나 느리게 혹은 빠르게 흘러가도록 시간의 스케일을 조절할 수 있다.

- **물리**Physics: 월드 공간에 배치된 물체에 작용하는 물리적인 환경이다. 대표적인 물리 환경으로 중력을 들 수 있다. 공간에 배치된 물체가 월드로부터 물리적인 영향을 받으려면 콜리전Colllision 정보가 있어야 한다.

- **렌더링**Rendering: 엔진이 제공하는 시각적인 기능. 빛과 이에 반응하는 머티리얼로 구성되며, 언리얼 엔진은 현실 세계와 유사하게 동작하도록 물리 기반 렌더링 Physically Based Rendering 시스템을 제공한다.

언리얼 엔진의 월드에는 위에서 언급한 네 가지 외에도 다양한 기능이 제공되는데, 이들은 툴바의 **세팅 > 월드 세팅** 메뉴를 통해 확인할 수 있다.

그림 2-2 월드 세팅 메뉴

액터의 설계

1장에서는 Fountain이라는 액터 클래스를 C++로 생성했다. 현재 아무 기능이 없는 이 액터에 스태틱메시 컴포넌트를 추가해 분수대를 만들어본다. 우리가 제작할 분수대는 분수대 구조물과 물이라는 두 가지 요소로 구성된다.

그림 2-9 우리가 제작할 분수대의 모습

분수대 액터는 분수대 구조물의 비주얼과 충돌을 담당할 스태틱메시 컴포넌트와 물의 비주얼을 담당할 스태틱메시 컴포넌트로 구성되며, 액터를 대표하는 루트 컴포넌트로 는 구조물을 담당할 스태틱메시 컴포넌트를 지정한다.

C++에서 액터가 두 개의 스태틱메시 컴포넌트를 가지려면 분수대 액터의 멤버 변수로 두 개의 UStaticMeshComponent 클래스의 포인터를 선언해줘야 한다. 이때 헤더 파일에 선언된 CoreMinimal.h 파일을 EngineMinimal.h 파일로 변경해 분수대 액터 클래스가 앞서 살펴본 UStaticMeshComponent 클래스 정보를 참조할 수 있도록 설정해주는 것이 필요하다.

언리얼 C++ 참고

언리얼 C++ 프로젝트의 구성이 4.15 버전부터 IWYU(Include What You Use)라는 새로운 방식으로 변경됐다. IWYU 방식이 고안된 이유는 불필요한 헤더 파일의 참조로 인한 컴파일 시간과 인텔리센스의 부하를 최소화하기 위함인데, 이로 인해 언리얼 오브젝트가 동작할 수 있는 최소 기능만 선언된 CoreMinimal.h 공용 헤더 파일만 참조하도록 C++ 코드의 템플릿이 변경됐다. 하지만 콘텐츠 제작에는 다양한 엔진 기능이 필요하기 때문에 이 예제에서는 CoreMinimal.h 대신 엔진 클래스의 선언을 모아둔 EngineMinimal.h 파일을 주로 사용한다.

이 책의 모든 예제 코드는 IWYU 방식으로 제작됐으며, CoreMinimal.h 대신 EngineMinimal.h를 기본 참조 헤더 파일로 사용한다.

IWYU에 관련된 내용은 공식 홈페이지 문서(http://bit.ly/ue4IWYUguide)를 통해 확인할 수 있다.

분수대 액터에 컴포넌트를 추가한 선언 구문은 다음과 같다.

코드 2-1 Fountain.h

```cpp
// Fill out your copyright notice in the Description page of Project Settings.

#pragma once

#include "EngineMinimal.h"
#include "GameFramework/Actor.h"
#include "Fountain.generated.h"

UCLASS()
class ARENABATTLE_API AFountain : public AActor
{
    GENERATED_BODY()

public:
    // Sets default values for this actor's properties
    AFountain();

protected:
    // Called when the game starts or when spawned
    virtual void BeginPlay() override;

public:
    // Called every frame
```

```
    virtual void Tick(float DeltaTime) override;

    UStaticMeshComponent *Body;

    UStaticMeshComponent *Water;
};
```

UStaticMeshComponent 클래스는 포인터로 선언했으므로 앞으로 구현부에서는 메모리를 동적으로 할당해 대입할 것이다. C++ 프로그래밍에서 이렇게 포인터를 선언하면 명시적으로 객체를 소멸시켜야 차후 메모리 관리에 문제가 발생하지 않는다. 하지만 언리얼 엔진은 언리얼 실행 환경(런타임Runtime)을 통해 객체가 더 이상 사용되지 않으면 할당된 메모리를 자동으로 소멸시키는 기능을 제공한다.

언리얼 실행 환경이 우리가 선언한 객체를 자동으로 관리하게 만들려면 코드에서 UPROPERTY라는 매크로를 사용해 객체를 지정해줘야 한다. 처음 언리얼 프로그래밍을 시작할 때 멤버 변수 선언에 UPROPERTY를 넣는 것을 잊어버려서 메모리 관리에 문제가 생기고 원인을 파악하기 힘든 에러들이 발생한다. 해당 매크로 선언을 잊어버리지 않도록 주의를 기울이자. 포인터를 선언한 코드 윗줄에 UPROPERTY 매크로를 추가한 분수대 액터 선언은 다음과 같다.

코드 2-2 Fountain.h

```
// Fill out your copyright notice in the Description page of Project Settings.

#pragma once

#include "EngineMinimal.h"
#include "GameFramework/Actor.h"
#include "Fountain.generated.h"

UCLASS()
class ARENABATTLE_API AFountain : public AActor
{
    GENERATED_BODY()
```

```
public:
    // Sets default values for this actor's properties
    AFountain();

protected:
    // Called when the game starts or when spawned
    virtual void BeginPlay() override;

public:
    // Called every frame
    virtual void Tick(float DeltaTime) override;

    UPROPERTY()
    UStaticMeshComponent *Body;

    UPROPERTY()
    UStaticMeshComponent *Water;
};
```

언리얼 C++ 참고

멤버 변수 선언의 윗줄에 UPROPERTY 매크로를 추가하면 자동으로 하단의 변수 선언 구문이 오른쪽으로 이동한다. 백스페이스 키를 사용해 원래 위치로 되돌릴 수 있지만, 매번 이를 조정하는 작업이 번거로울 것이다. 다음 링크에서 제공하는 비주얼 스튜디오 추가 확장 도구를 비주얼 스튜디오에 설치하면 이러한 번거로움을 없앨 수 있다.

http://bit.ly/ue4vstool

그렇다고 모든 객체가 UPROPERTY 매크로를 써서 자동으로 메모리를 관리할 수 있는 것은 아니다. 이 편리한 기능은 언리얼 오브젝트라는 특별한 객체에만 사용할 수 있다.

언리얼 오브젝트는 언리얼 실행 환경에 의해 관리되는 C++ 객체다. 콘텐츠를 구성하는 객체들은 모두 언리얼 오브젝트라고 볼 수 있으며, 우리가 현재 제작 중인 분수대 액터, 스태틱메시 컴포넌트는 모두 언리얼 오브젝트다.

어떤 C++ 클래스가 언리얼 오브젝트 클래스가 되려면 클래스 선언에 언리얼 엔진이 정의한 특별한 매크로와 규칙을 부여해야 한다. 해당 규칙들은 다음과 같다.

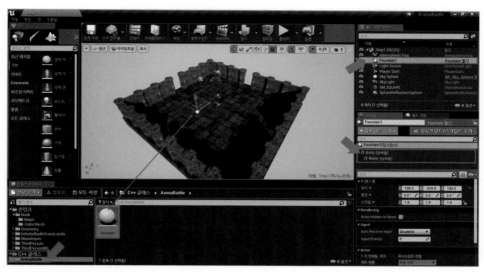

그림 2-10 생성된 분수대 액터

 언리얼 에디터의 실행 중에 에디터가 사용하고 있는 모듈을 컴파일하면 언리얼 에디터는 이를 감지해 기존의 모듈을 내리고 신규 모듈로 바꾸는 작업을 수행한다. 이러한 언리얼 엔진의 동작 방식을 핫 리로드(Hot Reload)라고 한다. 모듈을 컴파일할 때마다 만들어지는 새로운 모듈은 기존 모듈을 덮어 쓰지 않고 기존 모듈의 이름 뒤에 숫자를 붙인 새로운 파일로 생성된다. 언리얼 에디터를 완전히 종료하고 컴파일을 수행하면 생성된 임시 모듈들은 자동으로 제거된다.

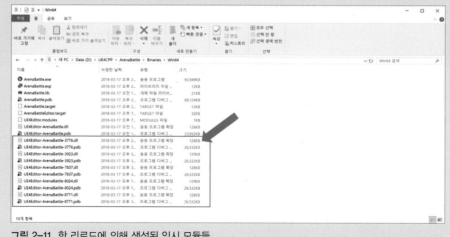

그림 2-11 핫 리로드에 의해 생성된 임시 모듈들

액터와 에디터 연동

디테일 윈도우에서 우리가 선언한 두 스태틱메시 컴포넌트가 분수대 액터에 추가됐음을 확인할 수 있었다. 하지만 분수대 액터를 구성하기 위해 컴포넌트를 선택하면 **디테일** 윈도우에서 컴포넌트의 속성 값을 편집할 수 없도록 모든 속성이 회색으로 표시돼 있다.

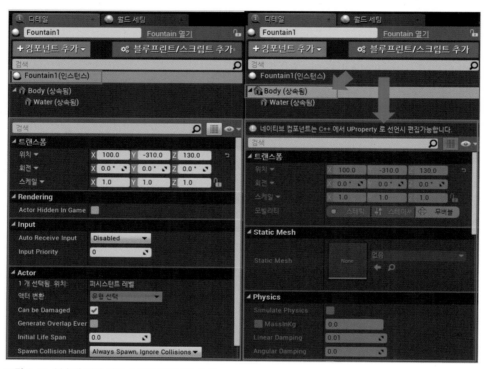

그림 2-12 분수대 액터 기본 속성과 컴포넌트 속성

디테일 윈도우에서 컴포넌트의 속성을 편집하기 위해서는 컴포넌트의 선언에 특별한 키워드를 등록해줘야 한다. 비주얼 스튜디오로 돌아간 후 컴포넌트 멤버 변수 선언 윗줄의 UPROPERTY 매크로 안에 VisibleAnywhere라는 키워드를 추가하고 컴파일한다.

코드 2-6 Fountain.h

```cpp
// Fill out your copyright notice in the Description page of Project Settings.

#pragma once

#include "EngineMinimal.h"
#include "GameFramework/Actor.h"
#include "Fountain.generated.h"

UCLASS()
class ARENABATTLE_API AFountain : public AActor
{
    GENERATED_BODY()

public:
    // Sets default values for this actor's properties
    AFountain();

protected:
    // Called when the game starts or when spawned
    virtual void BeginPlay() override;

public:
    // Called every frame
    virtual void Tick(float DeltaTime) override;

    UPROPERTY(VisibleAnywhere)
    UStaticMeshComponent *Body;

    UPROPERTY(VisibleAnywhere)
    UStaticMeshComponent *Water;
};
```

컴파일이 완료되면 언리얼 에디터로 돌아와서 액터의 컴포넌트를 다시 선택한다. 언리얼 에디터가 컴포넌트의 속성을 편집할 수 있도록 UI 설정이 변경된 것을 볼 수 있다.

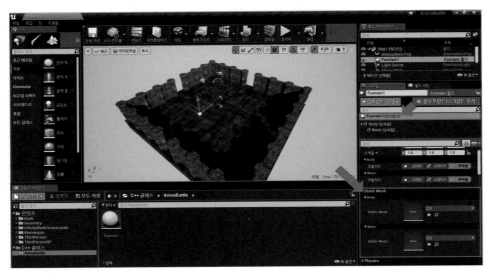

그림 2-13 편집할 수 있도록 변경된 액터의 속성

속성을 변경해 편집이 가능해졌으니, 이제 스태틱메시 컴포넌트에 스태틱메시 애셋을 지정해 분수대를 표현한다. 먼저 분수대 액터의 루트 컴포넌트인 **Body**를 선택하고 스태틱메시 섹션에 있는 드롭다운 버튼을 눌러 Fountain으로 검색한 후 뜨는 목록에서 SM_Plains_Castle_Fountain_01 애셋을 선택해 분수대가 보여지도록 만든다.

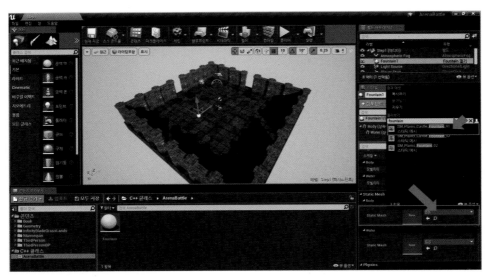

그림 2-14 Body 컴포넌트의 설정

동일한 방법으로 Water 컴포넌트의 스태틱메시를 선택하고 드롭다운에서 SM_Plains_Fountain_02 애셋을 선택한다. 그러면 시각적으로 물이 흐르는 분수대가 완성된다.

그림 2-15 분수대 컴포넌트의 스태틱메시 설정

하지만 물이 바닥 위치에서 흐르고 있으므로, Water 컴포넌트를 선택한 후 트랜스폼의 Z 값을 135로 변경해 위치를 끌어올린다. 값을 변경하면 기본값으로 돌려놓는 기능을 가진 노란색의 **디폴트로 리셋** 버튼이 바로 오른쪽에 생성된다.

그림 2-16 Water 컴포넌트의 높이 설정

분수대가 생성되면 이를 바닥에 붙여보자. 뷰포트에서 분수대 액터를 선택하고 W 키를 눌러 이동 모드로 변경한 후 파란색 화살표 기즈모를 드래그해 충분히 높이 올린다. 그 다음 End 키를 누르면 분수대 액터가 바닥까지 내려간다.

그림 2-17 분수대 액터의 바닥 배치

액터 기능의 확장

이번에는 액터를 생성할 때마다 매번 Water 컴포넌트의 Z축 위치를 수동으로 설정하지 않도록 액터의 기본값을 설정하는 방법을 알아본다.

액터의 생성자에서 Water 컴포넌트에 SetRelativeLocation을 사용하면 컴포넌트의 기본 위치 값을 변경할 수 있다. 변경할 위치 값은 언리얼 엔진이 제공하는 구조체 FVector를 사용해 전달한다.

코드 2-7 Fountain.cpp

```
// Fill out your copyright notice in the Description page of Project Settings.

#include "Fountain.h"
```

언리얼 에디터에서 속성의 데이터를 변경하려면 VisibleAnywhere가 아닌 EditAnywhere 키워드를 사용한다. UPROPERTY 매크로는 이외에도 다양한 종류의 키워드를 제공하는데, 에디터에서 해당 속성을 특정 섹션에서 관리할 수 있도록 키워드로 분류하는 기능도 제공한다. 매크로 내에 'Category=분류명' 규칙으로 키워드를 추가하면, 지정한 분류에서 속성 값을 관리할 수 있다.

ID의 UPROPERTY 속성을 변경하고 결과를 확인해본다.

코드 2-11 Fountain.h

```
...

    UPROPERTY(EditAnywhere, Category=ID)
    int32 ID;

};
```

해당 속성에 대한 언리얼 에디터에서의 인터페이스는 다음과 같이 변경된다.

그림 2-22 값 유형 속성에 카테고리와 EditAnywhere 키워드를 추가한 화면

애셋의 지정

이번에는 언리얼 에디터에서 일일이 관련 애셋을 지정하지 않고, C++ 코드에서 분수대에 관련된 애셋이 자동으로 로딩되도록 기능을 추가해본다.

언리얼 에디터로 이동해 **콘텐츠 브라우저** 윈도우의 왼쪽 창에서 InfinityBladeGrass Lands 폴더를 선택한 후 검색어로 Fountain를 입력해 Fountain이라는 문자열을 가진 애셋 목록을 생성한다.

그림 2-23 콘텐츠 브라우저의 필터 기능

언리얼 엔진에서 사용하는 모든 애셋은 레벨 애셋을 제외하고 모두 uasset이라는 동일한 확장자를 가진다. 이 애셋들은 외형적으로는 동일한 체계에서 관리되지만 내부적으로는 서로 다른 데이터를 품는데, 애셋 파일이 내부에 어떤 데이터를 품고 있는지는 애셋에 마우스를 올려보거나 애셋 아이콘 하단의 색상을 살펴봄으로써 파악할 수 있다. 예를 들어 스태틱메시 애셋은 스태틱메시 데이터를 보관하고 있는데, 에디터에서는 밝은 하늘색으로 표시된다. 분수대에 사용한 스태틱메시 애셋을 우클릭해 이를 확인해본다. 우클릭한 메뉴에서 StaticMesh.h 열기라는 메뉴를 볼 수 있다. 이는 해당 애셋에는 스태틱메시라는 언리얼 오브젝트의 데이터가 담겨져 있다는 것을 의미한다.

코드 2-15 Fountain.cpp

```
...
AFountain::AFountain()
{
    // Set this actor to call Tick() every frame.  You can turn this off to
improve performance if you don't need it.
    PrimaryActorTick.bCanEverTick = true;

    Body = CreateDefaultSubobject<UStaticMeshComponent>(TEXT("BODY"));
    Water = CreateDefaultSubobject<UStaticMeshComponent>(TEXT("WATER"));
    Light = CreateDefaultSubobject<UPointLightComponent>(TEXT("LIGHT"));
    Splash = CreateDefaultSubobject<UParticleSystemComponent>(TEXT("SPLASH"));

    RootComponent = Body;
    Water->SetupAttachment(Body);
    Light->SetupAttachment(Body);
    Splash->SetupAttachment(Body);

    Water->SetRelativeLocation(FVector(0.0f, 0.0f, 135.0f));
    Light->SetRelativeLocation(FVector(0.0f, 0.0f, 195.0f));
    Splash->SetRelativeLocation(FVector(0.0f, 0.0f, 195.0f));

    static ConstructorHelpers::FObjectFinder<UStaticMesh>
        SM_BODY(TEXT("/Game/InfinityBladeGrassLands/Environments/Plains/
Env_Plains_Ruins/StaticMesh/SM_Plains_Castle_Fountain_01.SM_Plains_Castle_
Fountain_01"));

    if (SM_BODY.Succeeded())
    {
        Body->SetStaticMesh(SM_BODY.Object);
    }

    static ConstructorHelpers::FObjectFinder<UStaticMesh>
        SM_WATER(TEXT("/Game/InfinityBladeGrassLands/Effects/FX_Meshes/Env/SM_
Plains_Fountain_02.SM_Plains_Fountain_02"));
```

```
    if (SM_WATER.Succeeded())
    {
        Water->SetStaticMesh(SM_WATER.Object);
    }

    static ConstructorHelpers::FObjectFinder<UParticleSystem>
        PS_SPLASH(TEXT("/Game/InfinityBladeGrassLands/Effects/FX_Ambient/Water/P_
Water_Fountain_Splash_Base_01.P_Water_Fountain_Splash_Base_01"));

    if (PS_SPLASH.Succeeded())
    {
        Splash->SetTemplate(PS_SPLASH.Object);
    }
}
...
```

언리얼
에디터
참고 출력 로그 윈도우는 언리얼 에디터의 로그를 표시하지만 안드로이드 기기의 로그도 표시할 수 있다. 에디터 개인 설정 창을 열고 왼쪽의 실험 단계 기능 섹션에서 Device Output Log 옵션을 활성화하면 컴퓨터에 연결된 안드로이드 기기의 로그를 언리얼 에디터의 출력 로그 윈도우에서도 편리하게 확인할 수 있다.

그림 3-6 디바이스 로그 활성화 옵션

형식 문자열

로그 매크로는 다양한 데이터를 하나의 문자열로 조합해 출력하도록 C 언어의 printf 함수와 같은 형식 문자열 기능을 지원한다. 이 형식 문자열은 printf와 거의 동일하지만 문자열을 사용할 때는 주의해야 한다.

문자열을 정의할 때는 앞서 설명한 것처럼 모든 플랫폼에서 2바이트 문자열을 지원하는 TEXT 매크로를 사용하는 것이 좋다. 문자열을 관리하는 기본 클래스로 언리얼 엔진은 FString 클래스를 제공하는데, FString으로 선언된 변수에서 문자열 정보를 얻어오려면 반드시 * 연산자를 앞에 지정해줘야 한다. 예를 들어 액터의 이름 값을 FString으로 반환하는 GetName( ) 함수를 형식 문자열의 %s에 대응하는 경우, 반드시 함수 앞에 * 연산자를 선언해야 한다. 다음은 이를 사용한 예시다.

코드 3-1 형식 문자열 사용 예제

```
FString::Printf(TEXT("Actor Name : %s, ID : %d, Location X : %.3f"), *GetName(),
ID, GetActorLocation().X);

/* 출력 결과 - Actor Name : Fountain2_8, ID : 0, Location X : 410.000 */
```

FString 타입의 문자열 값을 가져오는 데 * 연산자를 사용하는 것은 언리얼 엔진만의 독특한 방식이다. 처음에는 익숙하지 않겠지만, 이를 확실히 인지하고 로깅하는 방법을 익히는 것이 좋다.

로깅을 위한 공용 매크로 설정

언리얼 엔진에는 다양한 로그 카테고리가 있지만, 우리가 앞으로 제작할 게임 로직에 대한 로그를 분류하기 위해 로그 카테고리를 직접 선언하면 유용할 것이다. 이번에는 ArenaBattle이라는 로그 카테고리를 새롭게 정의해본다.

언리얼 엔진은 로그 카테고리를 선언하기 위해 두 개의 매크로를 제공하는데, 하나는 선언부에 사용하고 다른 하나는 구현부에 사용한다. 게임 모듈명으로 된 헤더 파일과 소스 파일에 위의 매크로를 각각 선언하는 것이 일반적인데, 우리의 게임 프로젝트에서 이들은 각각 ArenaBattle.h와 ArenaBattle.cpp로 생성돼 있다.

이 책의 예제는 해당 로그 매크로를 ArenaBattle.h에 선언하고 모듈의 모든 헤더들이 이 헤더를 참조하도록 구성했다. ArenaBattle.h에도 CoreMinimal.h 대신 EngineMinimal.h를 사용하도록 #include 지시문을 변경한다.

코드 3-2 ArenaBattle.h

```
// Fill out your copyright notice in the Description page of Project Settings.

#pragma once

#include "EngineMinimal.h"

DECLARE_LOG_CATEGORY_EXTERN(ArenaBattle, Log, All);
```

중대한 문제에 check 어설션을 사용해 확실하게 경고하는 것은 좋은 방법일 수 있지만, 에디터를 다시 종료하고 띄우는 시간이 만만치 않으므로 가볍게 경고만 내리는 것이 바람직할 때도 있다.

이때 사용하는 어설션으로 ensure를 추천한다.

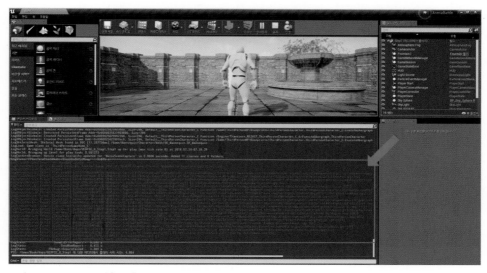

그림 3-12 ensure를 사용해 출력 로그에 오류를 띄운 결과 화면

언리얼 엔진 개발 프레임워크는 이외에도 다양한 어설션 구문을 제공하고 있으며, 이들은 다음 링크에서 확인할 수 있다.

- http://bit.ly/ue4assertions

액터의 주요 이벤트 함수

액터는 게임 콘텐츠를 이루는 단위 구성 요소라고 설명했다. 액터는 내부적으로는 여러 종류의 컴포넌트를 조합해 만들지만, 게임플레이 관점에서는 하나의 독립된 배우로서 게임 콘텐츠에 기여한다.

게임이 시작될 때 액터는 준비와 게임 참여 그리고 퇴장의 과정을 거친다. 액터의 준비 과정이라는 것은 액터를 구성하는 모든 컴포넌트의 세팅이 완료돼 게임이라는 무대에 비로소 나설 수 있게 되는 것을 의미한다. 액터에 속한 모든 컴포넌트의 세팅이 완료되면 언리얼 엔진은 액터의 PostInitializeComponents 함수를 호출한다.

준비된 액터는 이제 비로소 게임에 참여하게 되는데, 이때부터 액터는 자신에게 주어진 역할을 수행한다. 언리얼 엔진은 액터가 게임에 참여할 때 액터의 BeginPlay 함수를 호출하고, 매 프레임마다 액터의 Tick 함수를 호출한다. 그러다가 게임에서 더 이상 액터의 역할이 없어지면, 액터는 게임에서 퇴장하고 메모리에서 소멸된다. 액터가 게임에서 퇴장할 때 언리얼 엔진은 액터의 EndPlay를 호출한다. 이렇게 언리얼 엔진에 의해 자동으로 호출되는 중요한 함수를 이 책에서는 이벤트 함수라고 부르겠다.

언리얼 엔진이 이러한 이벤트 함수를 언제 호출하는지 살펴보기 위해 분수대 액터에서 PostInitializeComponents, EndPlay 함수를 추가로 선언한다.

코드 3-8 Fountain.h

```cpp
// Fill out your copyright notice in the Description page of Project Settings.

#pragma once

#include "ArenaBattle.h"
#include "GameFramework/Actor.h"
#include "Fountain.generated.h"

UCLASS()
class ARENABATTLE_API AFountain : public AActor
{
    GENERATED_BODY()

public:
    // Sets default values for this actor's properties
    AFountain();

protected:
    // Called when the game starts or when spawned
```

```
virtual void BeginPlay() override;
virtual void EndPlay(const EEndPlayReason::Type EndPlayReason) override;
virtual void PostInitializeComponents() override;
```

...
};

C++에는 override 키워드가 있다. 이 키워드가 없어도 C++의 상속 기능은 정상적으로 동작하지만, 이를
활용하면 상속받은 함수인지, 새로운 함수인지 명확하게 컴파일러에게 알려줘서 에러를 방지할 수 있다.
따라서 가상 함수를 상속받아 구현하는 경우에는 override 키워드를 사용하는 것이 좋다.

코드 3-9 override 구문 활용 예시

```
class Parent
{
public:
    void action(); // 컴파일 에러
};

class Child : public Parent
{
public:
    virtual void action() override;
};
```

위의 코드는 부모 클래스에서 실수로 virtual 키워드를 추가하지 않은 상황을 보여준다. 대신 자식 클래스
에서 override 키워드를 사용하면 컴파일 과정에서 부모 클래스의 실수를 감지할 수 있다.

언리얼 엔진이 제공하는 액터 클래스에는 액터 동작의 뼈대를 이루는 BeginPlay, Tick
과 같은 이벤트 함수들이 선언돼 있고, 이들은 자식이 상속받을 수 있도록 가상 함수
virtual function로 선언돼 있다.

부모 클래스인 액터의 가상 함수 로직에는 언리얼 게임 프레임워크가 정상적으로 동작
하기 위해 반드시 실행하고 넘어가야 하는 중요한 로직들이 들어있다. 그래서 상속받
은 자식 클래스가 게임에 필요한 로직을 구현할 때는 그보다 먼저 부모 클래스 함수에
있는 중요한 로직을 실행해야 한다.

다음과 같이 각 함수마다 로그를 남기는 코드를 추가한 후 **플레이** 버튼을 누른다.

코드 3-10 ABFountain.cpp

```
...

void AFountain::EndPlay(const EEndPlayReason::Type EndPlayReason)
{
    Super::EndPlay(EndPlayReason);
    ABLOG_S(Warning);
}

void AFountain::PostInitializeComponents()
{
    Super::PostInitializeComponents();
    ABLOG_S(Warning);
}

...
```

출력 로그 윈도우를 통해 PostInitializeComponents, BeginPlay, EndPlay순으로 로그가 찍히는 것을 확인할 수 있다.

그림 3-13 액터의 주요 이벤트를 로그로 확인한 결과 화면

움직이는 액터의 설계

이번에는 액터의 틱^{Tick} 함수를 사용해 액터의 움직임을 구현해본다. '틱'이란 시계의 똑딱거리는 소리를 의미하는데, 규칙적으로 특정 동작을 반복하는 것이다.

언리얼 엔진에서 액터의 틱 함수는 화면을 만들어내는 렌더링 프레임 단위로 동작한다. 이전 렌더링 프레임으로부터 현재 렌더링 프레임까지 소요된 시간은 Tick 함수의 인자인 DeltaSeconds를 통해 알 수 있다. 렌더링 프레임은 현재 보여지는 레벨의 복잡도와 컴퓨터 성능에 따라 불규칙하게 동작하기 때문에 DeltaSeconds 값도 불규칙한 값이 전달된다.

우리가 회전시키고자 할 각속도의 값을 변수로 지정하고, 이를 사용해 분수대를 Z축을 기준으로 회전시킨다. 이 속도 정보는 값 유형이므로 에디터에서 편집할 수 있게 UPROPERY 매크로에 EditAnywhere 키워드를 넣는다.

변수를 생성할 때 추가로 살펴봐야 할 부분은 객체 지향 언어 설계의 중요한 원칙 중 하나인 데이터 은닉^{Information Hiding}을 고려한 설계 방식이다.

정보를 은닉하기 위해 해당 변수를 private으로 선언하면 컴파일 과정에서 에러가 발생한다. 향후 언리얼 에디터에서 변수의 값을 변경하려면 접근 권한을 개방해야 하기 때문이다. 그런데 UPROPERTY 매크로에 AllowPrivateAccess라는 META 키워드를 추가하면 에디터에서는 이를 편집함과 동시에 변수 데이터를 은닉할 수 있게 돼 프로그래밍 영역에서 캡슐화^{Encapsulation}가 가능해진다. 이를 구현한 코드는 다음과 같다.

코드 3-11 Fountain.h

```
// Fill out your copyright notice in the Description page of Project Settings.

#pragma once

#include "ArenaBattle.h"
#include "GameFramework/Actor.h"
#include "Fountain.generated.h"

UCLASS()
```

```cpp
class ARENABATTLE_API AFountain : public AActor
{
    GENERATED_BODY()

public:
    // Sets default values for this actor's properties
    AFountain();

protected:
    // Called when the game starts or when spawned
    virtual void BeginPlay() override;
    virtual void EndPlay(const EEndPlayReason::Type EndPlayReason) override;
    virtual void PostInitializeComponents() override;

public:
    // Called every frame
    virtual void Tick(float DeltaTime) override;

    UPROPERTY(VisibleAnywhere)
    UStaticMeshComponent *Body;

    UPROPERTY(VisibleAnywhere)
    UStaticMeshComponent *Water;

    UPROPERTY(VisibleAnywhere)
    UPointLightComponent *Light;

    UPROPERTY(VisibleAnywhere)
    UParticleSystemComponent *Splash;

    UPROPERTY(EditAnywhere, Category=ID)
    int32 ID;

private:
    UPROPERTY(EditAnywhere, Category=Stat, Meta = (AllowPrivateAccess = true))
    float RotateSpeed;

};
```

언리얼
C++
참고

UPROPERTY 매크로 구문 내에서 사용하는 키워드 값들은 C++ 언어의 고유한 문법이 아니라, 언리얼 실행 환경에 명령을 내리고자 언리얼 엔진에서 지정한 문법이다. 이 키워드들은 컴파일을 진행하기 전에 언리얼 엔진이 제공하는 언리얼 헤더 툴(Unreal Header Tool)이라는 프로그램으로 분석되는데, 언리얼 헤더 툴은 매크로를 분석한 결과로 generated라는 이름의 추가 코드를 자동으로 생성한다. generated 코드까지 묶어서 소스 코드를 컴파일하면 언리얼 실행 환경은 이를 사용해 해당 언리얼 오브젝트를 관리하고 언리얼 에디터는 인터페이스에서 해당 값을 편집할 수 있게 인터페이스를 제공한다.

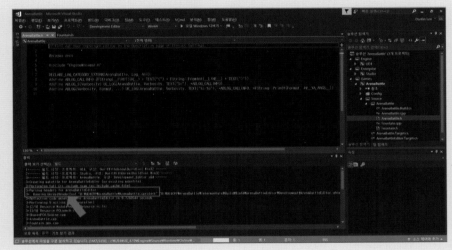

그림 3-14 언리얼 헤더 툴의 분석 과정

언리얼 헤더 툴이 생성하는 코드는 Source 폴더가 아닌 Intermediate 폴더에 저장된다. 이들은 헤더 파일의 내용이 변경될 때마다 자동 생성돼 기존에 생성된 파일을 덮어 쓰므로, 이 코드를 열어서 수정하거나 변경하는 것은 무의미한 행동이다.

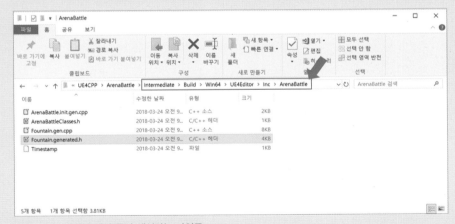

그림 3-15 언리얼 헤더 툴이 생성하는 파일들

RotateSpeed 속성의 기본값을 생성자에서 초기화하고, 액터의 Tick 함수에는 AddActorLocalRotation 함수를 사용해 분수대가 틱마다 회전하도록 코드를 제작한다. 언리얼 엔진은 이동과 스케일을 위한 정보에 FVector를 사용하지만 회전에는 FRotator를 사용한다. FRotator는 회전 값을 지정하는 데이터며 차례대로 Pitch, Yaw , Roll이라는 세 가지 회전 요소로 구성된다.

- Pitch: 좌우를 기준으로 돌아가는 회전이다. 언리얼 엔진에서는 Y축 회전을 표현할 때 사용한다.

- Yaw: 상하를 기준으로 돌아가는 회전이다. 언리얼 엔진에서는 Z축 회전을 표현할 때 사용한다.

- Roll: 정면을 기준으로 돌아가는 회전이다. 언리얼 엔진에서는 X축 회전을 표현할 때 사용한다.

프레임 타임 정보인 DeltaTime을 사용해 초당 일정한 속도로 분수대를 회전시키는 코드는 다음과 같다.

코드 3-12 Fountain.cpp

```
...

AFountain::AFountain()
{
    ...
    RotateSpeed = 30.0f;
}

...

// Called every frame
void AFountain::Tick(float DeltaTime)
{
    Super::Tick(DeltaTime);
    AddActorLocalRotation(FRotator(0.0f, RotateSpeed * DeltaTime, 0.0f));
}
```

언리얼
C++
참고

언리얼 엔진에서 시간을 관리하는 주체는 월드다. 월드에는 시간 관리자(TimeManager)가 있으므로, 이에 접근하면 게임에 필요한 다양한 시간 값들을 얻어올 수 있다. Tick 함수 인자의 DeltaSeconds 값은 `GetWorld( )->GetDeltaSeconds( )` 함수를 사용해 가져올 수 있다. Tick 함수가 아닌 곳에 프레임 시간을 가져오고자 할 때 해당 함수는 유용하게 쓰일 것이다. 이외에도 게임 제작에서 고려할 다양한 시간 정보가 있는데 게임 월드에서 제공하는 시간 정보는 다음의 함수를 사용해 파악할 수 있다.

- 게임을 시작한 후 현재까지 경과된 시간: `GetWorld( )->GetTimeSeconds( )`

- 사용자가 게임을 중지한 시간을 제외한 경과 시간:
  `GetWorld( )->GetUnpausedTimeSeconds( )`

게임 월드의 시간은 현실과 동일한 초 단위로 구성된다. 하지만 게임 내에서는 게임 시간이 프로그래머 마음대로 느리게 가거나 빠르게 가도록 시간의 속도를 조절할 수 있다. 따라서 게임 시간과 현실 세계 시간 간에 차이가 발생하는데, 현실 세계의 시간 단위로 게임의 경과 시간을 알고 싶은 경우 다음 함수를 사용한다.

- 현실 세계의 경과 시간: `GetWorld( )->GetRealTimeSeconds( )`

- 사용자가 게임을 중지한 시간을 제외한 현실 세계의 경과 시간: `GetWorld-> GetAudioTimeSeconds( )`

무브먼트 컴포넌트의 활용

액터의 움직임을 위해 `Tick`과 `DeltaSeconds`를 활용하는 것은 게임 제작에서 많이 사용하는 일반적인 방법이다. 언리얼 엔진에서는 움직임이라는 요소를 분리해 액터와 별도로 관리하도록 프레임워크를 구성했는데, 이것이 무브먼트 컴포넌트다.

무브먼트 컴포넌트는 액터의 움직임에 대한 것을 책임지며, 액터는 무브먼트 컴포넌트가 제공하는 이동 메커니즘에 따라 움직인다. 따라서 이전에 제작한 액터의 움직임과 동일한 움직임을 제공하는 무브먼트 컴포넌트를 사용한다면 `Tick` 함수를 구현하지 않아도 동일하게 움직이는 액터를 제작할 수 있다.

언리얼 엔진은 다음과 같은 무브먼트 컴포넌트를 제공한다.

- FloatingPawnMovement: 중력의 영향을 받지 않는 액터의 움직임을 제공한다. 입력에 따라 자유롭게 움직이도록 설계됐다.

- RotatingMovement: 지정한 속도로 액터를 회전시킨다.

- InterpMovement: 지정한 위치로 액터를 이동시킨다.

- ProjectileMovement: 액터에 중력의 영향을 받아 포물선을 그리는 발사체의 움직임을 제공한다. 주로 총알, 미사일 등에 사용한다.

이번에는 RotatingMovement 컴포넌트를 사용해 이전과 동일한 움직임을 구현해본다.

다음 코드는 액터 클래스에서 Tick 기능을 제거했지만 무브먼트 컴포넌트가 이를 대신해 틱마다 액터를 회전시킨다. 그래서 분수대는 이전과 동일한 움직임을 가진다.

코드 3-13 Fountain.h

```
// Fill out your copyright notice in the Description page of Project Settings.

#pragma once

#include "ArenaBattle.h"
#include "GameFramework/RotatingMovementComponent.h"
#include "GameFramework/Actor.h"
#include "Fountain.generated.h"

UCLASS()
class ARENABATTLE_API AFountain : public AActor
{
    GENERATED_BODY()

    ...

    UPROPERTY(VisibleAnywhere)
    URotatingMovementComponent* Movement;

    ...

};
```

코드 3-14 Fountain.cpp

```cpp
// Fill out your copyright notice in the Description page of Project Settings.

#include "Fountain.h"


// Sets default values
AFountain::AFountain()
{
    // Set this actor to call Tick() every frame.  You can turn this off to
improve performance if you don't need it.
    PrimaryActorTick.bCanEverTick = false;

    Body = CreateDefaultSubobject<UStaticMeshComponent>(TEXT("BODY"));
    Water = CreateDefaultSubobject<UStaticMeshComponent>(TEXT("WATER"));
    Light = CreateDefaultSubobject<UPointLightComponent>(TEXT("LIGHT"));
    Splash = CreateDefaultSubobject<UParticleSystemComponent>(TEXT("SPLASH"));
    Movement = CreateDefaultSubobject<URotatingMovementComponent>(TEXT("MOVEME
NT"));

    ...

    RotateSpeed = 30.0f;
    Movement->RotationRate = FRotator(0.0f, RotateSpeed, 0.0f);
}
```

무브먼트 컴포넌트는 액터의 현재 위치와 관계없이 액터에 지정된 움직임 기능을 제공하기 때문에 위치 정보가 필수적인 다른 컴포넌트들과 달리 독립적으로 액터에 부착된다. 언리얼 에디터에서 무브먼트 컴포넌트의 위치를 확인해보면 다음과 같이 하단의 분리된 영역에 표시된다.

그림 3-16 액터 컴포넌트와 씬 컴포넌트

앞서 사용한 스태틱메시 컴포넌트처럼 트랜스폼 정보가 필수적인 컴포넌트를 씬 컴포
넌트Scene Component라 하고, 무브먼트 컴포넌트와 같이 기능만 제공하는 컴포넌트를 액터
컴포넌트Actor Component라 한다.

언리얼
C++
참고

> 사실 씬 컴포넌트는 액터 컴포넌트와 별개가 아닌, 액터 컴포넌트를 상속받아 트랜스폼 정보를 추가한 클
> 래스다. 따라서 모든 컴포넌트는 액터 컴포넌트로부터 비롯된다.

프로젝트의 재구성

지금까지 언리얼 엔진 C++ 프로그래밍 환경 구축부터 간단한 액터의 설계와 개발까지
콘텐츠 개발에 필요한 기초적인 내용을 진행해봤다. 이번에는 프로젝트를 정리하는 방
법을 살펴본다.

언리얼 엔진에서 액터 추가는 메뉴에서 쉽게 할 수 있지만 액터의 제거 메뉴는 제공하
지 않는다. 따라서 액터는 수동으로 제거해야 한다. 이번 예제에서는 분수대 액터를 프
로젝트에서 제거해본다.

수동으로 액터를 제거하려면 언리얼 엔진에서 C++ 개발 환경이 어떻게 생성되는지 파악할 필요가 있다. C++ 개발 환경을 살펴보기 위해 언리얼 에디터를 종료한 후, 탐색기를 켜고 언리얼 프로젝트가 위치한 폴더로 이동한다. 폴더의 구조는 다음과 같이 보일 것이다.

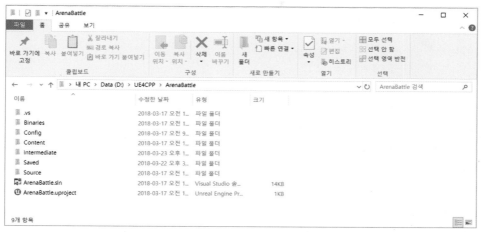

그림 3-17 현재 작업 중인 언리얼 프로젝트의 폴더

여기서 .vs, Binaries, Intermediate 폴더와 ArenaBattle.sln 파일을 제거한다(잘못해서 필수적인 파일을 제거하면 프로젝트가 구동되지 않으므로 휴지통에 보관될 수 있도록 지우는 것을 추천한다). 해당 폴더와 파일을 제거하고 남은 구성은 다음과 같다.

그림 3-18 제거된 폴더의 모습

이번에는 uproject 파일을 우클릭한 후 Generate Visual Studio project files 메뉴를 선택한다. 이 메뉴를 선택하면 언리얼 엔진은 자동으로 비주얼 스튜디오 솔루션을 생성한다.

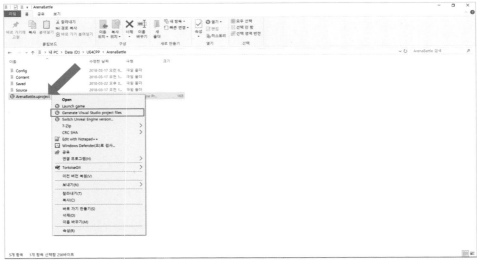

그림 3-19 비주얼 스튜디오 솔루션 재생성 메뉴

다음 그림과 같이 비주얼 스튜디오 솔루션이 재생성되면 더블 클릭해 비주얼 스튜디오를 열고 컴파일을 진행한다. 그러면 프로젝트에 Binaries 폴더가 새롭게 생성되고, 빌드가 완료되면 해당 폴더 안에 언리얼 에디터가 사용할 DLL 파일이 생성된다.

그림 3-20 솔루션이 재생성된 결과 화면

이렇게 비주얼 스튜디오 솔루션이 자동으로 재생성될 수 있는 이유는 언리얼 엔진이 언리얼 빌드 툴Unreal Build Tool이라는 프로그램을 가동시키기 때문이다. 언리얼 빌드 툴은 현재 게임 프로젝트의 폴더 구조와 파일을 분석해 비주얼 스튜디오 솔루션 파일과 비주얼 스튜디오 프로젝트 파일을 생성하는 기능을 가지고 있다. 언리얼 빌드 툴은 C++ 게임 프로젝트의 소스들이 모여 있는 Source 폴더를 분석하면서 비주얼 스튜디오 솔루션 파일을 게임 프로젝트 폴더에 생성하고, 솔루션 파일에서 참조할 프로젝트 파일은 Intermediate 폴더의 ProjectFiles 폴더에 생성한다.

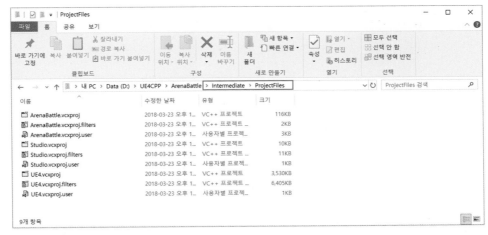

그림 3-21 비주얼 스튜디오 프로젝트 파일의 위치

따라서 언리얼 프로젝트에서 액터를 제거하려면 Source 폴더에서 관련 파일을 지우고 다시 비주얼 스튜디오 프로젝트를 재생성한다.

1. 게임 프로젝트의 Source 폴더 내에 위치한 ArenaBattle 폴더에 있는 Fountain. h와 cpp 파일을 삭제한다. 이때 반드시 탐색기에서 관련 파일을 제거해야 한다.

2. 게임 프로젝트의 uproject 파일을 우클릭하고 Generate Visual Studio project files 메뉴를 선택해 비주얼 스튜디오 프로젝트를 재생성한다.

그러면 프로젝트 구성에서 분수대 관련 액터 파일이 모두 제거된다. 제거된 프로젝트 설정은 다음과 같다.

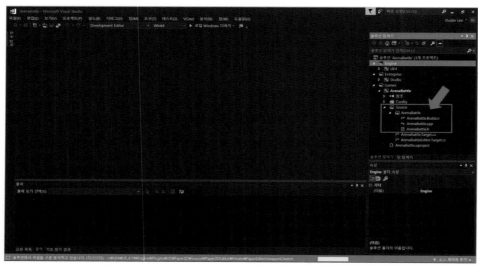

그림 3-22 분수대 액터가 제거된 프로젝트의 결과 화면

언리얼
C++
참고

비주얼 스튜디오 프로젝트의 재생성 과정에서 게임 프로젝트 ArenaBattle이 아닌 언리얼 소스가 담겨 있는 UE4 프로젝트가 시작 프로젝트로 설정되는 일이 가끔씩 발생한다. 이렇게 되는 경우 빌드가 진행되지 않으므로 솔루션의 시작 프로젝트가 게임 프로젝트인 ArenaBattle로 돼 있는지 미리 확인하는 것을 권장한다. 시작 프로젝트의 설정 여부는 프로젝트의 이름이 굵은 글씨로 돼 있는지로 파악할 수 있다. 해당 경우가 발생하면 ArenaBattle 프로젝트를 우클릭하고 시작 프로젝트로 설정 메뉴를 선택해 해결한다.

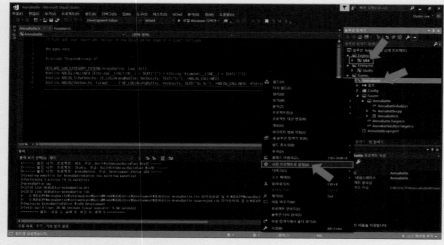

그림 3-23 시작 프로젝트가 잘못 설정된 경우 해결 방법

분수대 액터를 제거하고 언리얼 에디터를 열면 자동으로 **메시지 로그** 윈도우가 뜨면서
레벨 로딩에 에러가 발생했음을 알려준다.

그림 3-24 레벨 로딩 시 발생하는 에러와 경고 메시지들

하지만 이를 무시하고 **플레이** 버튼을 누르면 분수대 액터를 제외한 나머지 기능은 잘
동작한다.

그림 3-25 오류를 무시하고 레벨을 진행한 결과

앞으로 분수대를 사용하지 않을 예정이라면, 레벨에 변경 사항을 발생시키고 레벨을 저장한다. 새롭게 저장한 레벨 정보에서 기존 분수대 액터에 대한 정보가 제거되면서 다음 로딩 시에는 에러가 발생하지 않는다.

4 게임플레이 프레임워크

언리얼 엔진에서 게임이 시작되려면 게임의 규칙, 게임에 입장하는 플레이어, 플레이어가 조종하는 액터가 있어야 한다. 이를 대표하는 액터를 각각 게임 모드(GameMode), 플레이어 컨트롤러(PlayerController), 폰(Pawn)이라고 한다. 게임을 구성하는 핵심 요소인 이 세 가지 액터를 직접 제작하고 이들이 어떻게 동작하는지 학습해본다.

게임 모드

언리얼 엔진에서 게임을 만드는 작업은 레벨을 구성하는 작업과 게임플레이를 설계하는 작업, 이렇게 두 가지로 나눌 수 있다.

지난 장에서 분수대를 배치한 것은 레벨을 제작하는 작업이었다. 이것이 게임이 되기 위해서는 완성된 레벨 위에서 정해진 규칙에 따라 게임플레이가 진행돼야 한다. 이를 짜임새 있게 설계하고 효과적으로 관리할 수 있도록 언리얼 엔진은 게임플레이 프레임워크라는 시스템을 제공한다.

게임플레이 프레임워크는 다양한 게임의 장르와 멀티 플레이까지 수용할 수 있도록 복잡하고 방대한 구조를 가지고 있다. 그중에서 먼저 학습할 핵심적인 두 가지 요소는 게임의 규칙을 관리하는 게임 모드와 플레이어가 조종하는 액터인 폰이다.

게임 규칙이라는 것은 플레이어에게 보이지 않는 실체가 없는 무형적인 요소다. 눈에 보이지는 않지만 게임플레이 중 다양한 사건 사고가 발생할 때 게임 진행에 참고해야 할 게임의 핵심 요소다. 게임에서의 심판에 해당하는 역할이라고 할 수 있다.

예를 들어 팀 대전 슈팅 게임에서 아군이 발사한 총알에 내가 맞을 때, 내가 대미지를 받을지 받지 않을지는 기획자의 설계나 게임을 시작한 방장이 설정한 규칙에 달려 있다. 이를 누군가에게 물어봐야 할 텐데, 답을 알려주는 액터가 심판 역할을 하는 게임 모드인 것이다.

그리고 언리얼 엔진의 게임 모드는 게임의 틀을 잡아주는 역할도 한다. 게임 모드는 플레이어가 입장할 때마다 플레이어를 점검하고 게임에 입장한 플레이어가 조종할 액터를 생성해 전달하는 역할도 겸비한다. 이렇게 플레이어가 조종할 수 있는 액터를 언리얼 엔진에서는 폰Pawn이라고 한다. 지금까지 **플레이** 버튼을 누를 때마다 등장했던 흰색 마네킹 액터는 폰이라 할 수 있다.

그럼 이제 직접 게임 모드와 폰을 제작해보자. **파일 〉 현재를 다른 이름으로 저장** 메뉴를 눌러 작업 중인 Step1 레벨을 Step2로 변경한다.

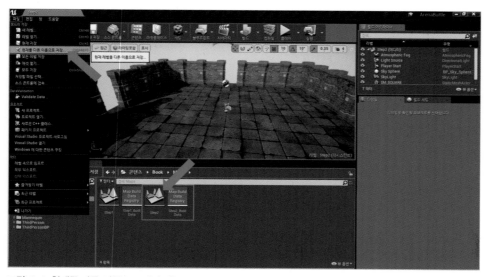

그림 4-1 현재를 다른 이름으로 저장 메뉴

그리고 프로젝트 설정의 **맵 & 모드** 섹션으로 가서 Step2를 시작 레벨로 지정한다.

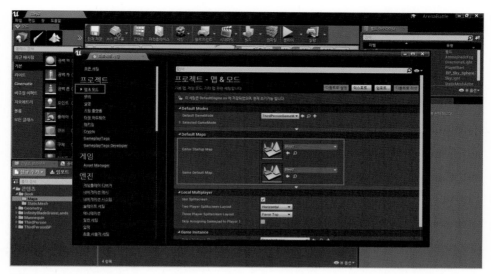

그림 4-2 시작 레벨의 지정

시작 레벨을 지정하는 Default Maps 섹션의 바로 위에 Defaults Modes 섹션이 있는데, 바로 게임 모드를 설정하는 곳이다. 현재는 삼인칭 템플릿에 의해 ThirdPersonGameMode 가 지정돼 있다.

Selected GameMode 메뉴를 펼치면 Default Pawn Class 항목이 보이는데, 게임에 입장한 플레이어에게 주어질 조종할 수 있는 액터, 폰의 타입을 지정하는 곳이다.

그림 4-3 게임 모드의 기본 폰 클래스 설정 항목

폰의 항목은 ThirdPersonCharacter가 지정돼 있는데, 오른쪽에 있는 돋보기 버튼을 누르면 해당 폰의 정체를 확인할 수 있다.

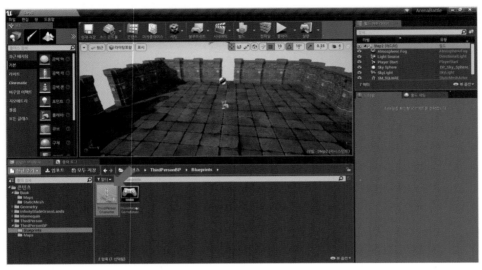

그림 4-4 돋보기 버튼을 눌러 선택한 액터를 확인한 화면

이러한 게임 모드 설정에 따라 **플레이** 버튼을 누르면 모든 레벨에서 항상 흰색 마네킹이 생성돼 플레이어에게 주어지고 플레이어는 이를 조종하게 됐던 것이다.

그럼 이번에는 게임 모드를 직접 생성해본다. **파일 > 새로운 C++ 클래스...** 메뉴를 누른 후, GameModeBase 클래스를 부모로 하는 액터를 생성한다.

그림 4-5 C++ 클래스 생성 메뉴

다음 버튼을 누른 후, 새로운 게임 모드의 이름을 ABGameMode로 정한다.

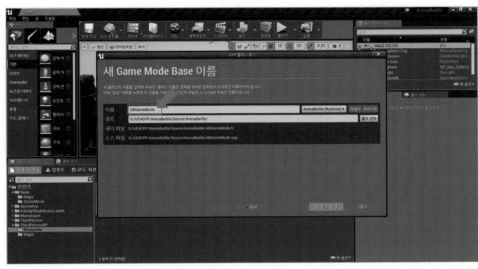

그림 4-6 게임 모드의 생성

클래스 생성 버튼을 눌러 게임 모드 클래스를 생성하고, 다시 언리얼 에디터로 돌아와 동일한 메뉴에서 Pawn 클래스를 상속받은 ABPawn을 생성한다.

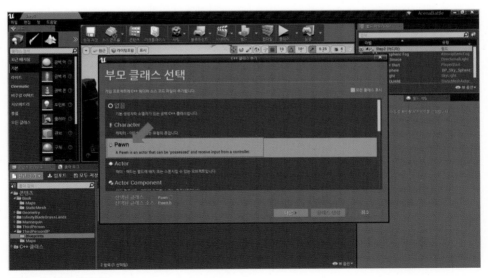

그림 4-7 폰의 생성 메뉴

콘텐츠 브라우저의 C++ 클래스 폴더에 가면, 게임 모드와 폰의 생성이 제대로 완료됐는지 확인할 수 있다.

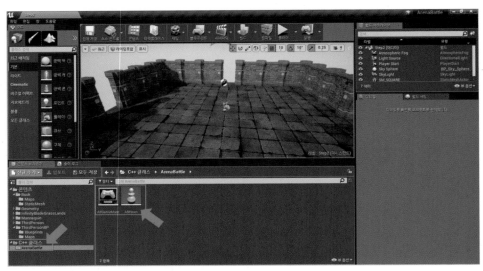

그림 4-8 C++ 클래스 폴더에 있는 게임 모듈의 액터 목록

우리가 제작한 게임 모드를 Step2 레벨에만 적용해본다. 툴바의 **세팅 ▶ 월드 세팅** 메뉴를 선택해 **월드 세팅** 윈도우를 열고, 두 번째 Game Mode 섹션에 있는 GameMode Override 항목을 누른 후 방금 제작한 ABGameMode를 선택한다.

그림 4-9 월드의 게임 모드 변경

그림 4-15 Auto Possess Player 옵션의 설정

언리얼
C++
참고

C++로 제작된 폰이 아닌 블루프린트로 제작된 폰을 기본 폰으로 사용하고자 한다면, 블루프린트 애셋의 클래스 정보를 넘겨주면 동일하게 사용할 수 있다. 언리얼 엔진에서 애셋의 클래스 정보는 애셋 경로에 '_C' 접미사를 붙여서 가져올 수 있다.

ConstructorHelpers의 FClassFinder를 사용하고 위와 같은 특별한 '_C' 경로를 사용하면 블루프린트 애셋의 클래스 정보를 가져올 수 있다.

C++ 게임 모드에 블루프린트로 제작된 마네킹 폰을 지정한 코드는 다음과 같다.

코드 4-11 ABGameMode.cpp

```cpp
// Fill out your copyright notice in the Description page of Project Settings.

#include "ABGameMode.h"
#include "ABPawn.h"
#include "ABPlayerController.h"

AABGameMode::AABGameMode()
{
```

```
    DefaultPawnClass = AABPawn::StaticClass();
    PlayerControllerClass = AABPlayerController::StaticClass();
    static ConstructorHelpers::FClassFinder<APawn> BP_PAWN_C(TEXT("/Game/
ThirdPersonBP/Blueprints/ThirdPersonCharacter.ThirdPersonCharacter_C"));
    if (BP_PAWN_C.Succeeded())
    {
        DefaultPawnClass = BP_PAWN_C.Class;
    }
}

void AABGameMode::PostLogin(APlayerController * NewPlayer)
{
    Super::PostLogin(NewPlayer);
    ABLOG_S(Warning);
}
```

그림 4-16 C++ 코드에서 기본 폰을 블루프린트로 설정한 결과 화면

블루프린트의 클래스 정보도 C++에서 가져올 수 있다는 것을 학습하기 위해 예제를 만들어봤다. 앞으로 의 예제에 마네킹은 더 이상 사용하지 않으므로 해당 코드는 삭제하거나 주석으로 처리한다.

5 폰의 제작과 조작

생성된 폰을 직접 조작하기 위해 프로젝트의 입력을 설정하고, 입력의 신호 값을 폰의 움직임으로 변환하도록 언리얼 엔진이 제공하는 폰 무브먼트 컴포넌트를 사용한다. 그리고 애니메이션 블루프린트를 사용해 우리가 제작한 폰에 애니메이션을 불어넣는 방법을 학습한다.

폰의 구성 요소

플레이어가 조종할 수 있는 특수한 액터인 폰은 움직이는 액터에 조종당하는 기능이 추가된 액터다. 폰은 자동차가 될 수 있고 비행기도 될 수 있는데, 앞서 조종한 마네킹과 같이 애니메이션이 있는 인간형 폰을 제작하려면 여러 가지를 고려해야 한다.

인간형 폰을 제작하기 위해 고려할 요소는 다음과 같다.

- **시각적 요소**: 인간형 폰이 되려면 애니메이션 기능이 필요하다. 애니메이션을 재생하도록 리깅Rigging 데이터를 추가한 메시를 스켈레탈 메시라고 하며, 이를 관리하는 컴포넌트는 스켈레탈 메시 컴포넌트다.

- **충돌 요소**: 스켈레탈 메시는 애니메이션에 따라 변하므로 충돌을 담당할 충돌 컴포넌트를 별도로 사용하는 것이 적합하다. 인간형의 경우 캡슐 컴포넌트를 사용한다.

- **움직임 요소**: 언리얼 엔진은 폰의 움직임을 위해 플레이어의 입력에 따라 반응하는 폰 무브먼트 컴포넌트라 부르는 특별한 컴포넌트를 제공하고 있다. 언리얼 엔

진은 FloatingPawnMovement와 CharacterMovement라는 두 가지 폰 무브먼트 컴포넌트를 제공한다.

- **내비게이션**^{Navigation}: 폰은 언리얼 엔진의 내비게이션 시스템과 연동돼 있어서 목적지를 알려주면 스스로 목적지까지 이동하는 길 찾기 기능을 가지고 있다.

- **카메라 출력**: 플레이어가 조종하는 폰은 플레이어로부터 입력을 해석해 이동하지만, 동시에 자신이 보는 게임 세계를 플레이어의 모니터에 전송해줘야 한다. 언리얼 엔진은 폰에 카메라 컴포넌트를 부착하면, 플레이어 컨트롤러가 폰에 빙의할 때 자동으로 폰에 부착된 카메라의 상을 플레이어의 화면으로 전송한다.

이번에는 스켈레탈 메시 애셋을 사용해 인간형 폰을 만들어본다. 언리얼 엔진 런처의 **마켓플레이스**로 이동해 InfinityBlade: Warriors 패키지를 다운로드하고 프로젝트에 추가한다.

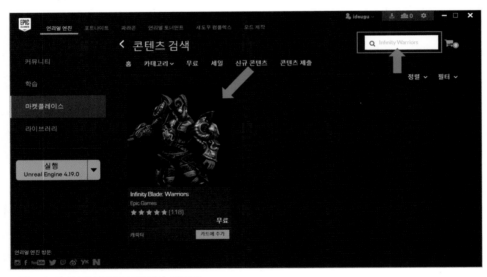

그림 5-1 인피니티 블레이드 워리어스 패키지

패키지가 성공적으로 프로젝트에 추가되면 **콘텐츠 브라우저**에 InfinityBladeWarriors라는 새로운 폴더가 생성되고, Character 폴더 아래로 다양한 캐릭터 애셋이 들어있는 것을 볼 수 있다.

```
void AABPawn::LeftRight(float NewAxisValue)
{
    ABLOG(Warning, TEXT("%f"), NewAxisValue);
}
```

입력 값이 로그에 제대로 찍히는지 **플레이**를 눌러 확인한다. 축^{Axis} 입력의 값은 방향과 크기에 따라 최소 -1에서 최대 1의 작은 값만 가져온다.

그림 5-6 게임에 전달되는 입력 값

입력 값이 확인되면 이를 폰의 움직임으로 활용해야 한다. 이때 사용하는 것이 폰 무브먼트 컴포넌트의 AddMovementInput 함수다. 이 함수는 모든 폰 무브먼트 컴포넌트에 선언돼 있으며 -1부터 1 사이의 입력 값을 폰 무브먼트 컴포넌트에 전달해서 폰을 움직이게 만드는 명령이다.

폰을 자동차에 비유하자면, 무브먼트 컴포넌트는 자동차 엔진이고 AddMovementInput 명령은 자동차 운전석의 인터페이스라 할 수 있다. 이 AddMovementInput 명령에 들어가는 Scale 값은 액셀을 밟는 세기며 1은 전진을, -1은 후진을, 0은 액셀에서 발을 뗀다는 것을 각각 의미한다. AddMovmentInput에는 추가로 이동할 방향을 WorldDirection

에 지정해야 한다. 이는 자동차로 비유하면 핸들이라고 할 수 있는데, 월드 좌표계를 기준으로 하는 방향 벡터 데이터를 전달해줘야 한다. 월드 좌표계 기준으로 액터의 전진 방향의 벡터 데이터는 GetActorForwardVector 함수를 사용해 가져올 수 있다. 이 값을 WorldDirection 인자에 넘겨준다.

AddMovementInput 명령을 사용해 폰을 상하좌우로 조종하는 코드는 다음과 같다.

코드 5-5 ABPawn.cpp

```
...

void AABPawn::UpDown(float NewAxisValue)
{
    AddMovementInput(GetActorForwardVector(), NewAxisValue);
}

void AABPawn::LeftRight(float NewAxisValue)
{
    AddMovementInput(GetActorRightVector(), NewAxisValue);
}
```

폰을 조종하기 위한 입력 로직은 폰 클래스에 구현하는 것이 일반적이다. 하지만 언리얼 엔진의 입력 시스템은 중간에 플레이어 컨트롤러를 거쳐서 폰에 전달된다. 만일 플레이어 컨트롤러에 특정 입력을 처리하는 코드를 구현하면 해당 입력은 플레이어 컨트롤러에서 필터링돼 폰에 더 이상 전달되지 않는다.

플레이어 컨트롤러에서 좌우 입력을 처리한 코드는 다음과 같다.

코드 5-6 ABPlayerController.h

```
// Fill out your copyright notice in the Description page of Project Settings.

#pragma once

#include "ArenaBattle.h"
#include "GameFramework/PlayerController.h"
#include "ABPlayerController.generated.h"
```

```
/**
 *
 */
UCLASS()
class ARENABATTLE_API AABPlayerController : public APlayerController
{
    GENERATED_BODY()

public:
    virtual void PostInitializeComponents() override;
    virtual void Possess(APawn* aPawn) override;

protected:
    virtual void SetupInputComponent() override;

private:
    void LeftRight(float NewAxisValue);

};
```

코드 5-7 ABPlayerController.cpp

```
// Fill out your copyright notice in the Description page of Project Settings.

#include "ABPlayerController.h"

void AABPlayerController::PostInitializeComponents()
{
        Super::PostInitializeComponents();
        ABLOG_S(Warning);

}

void AABPlayerController::Possess(APawn * aPawn)
{
        ABLOG_S(Warning);
        Super::Possess(aPawn);
}

void AABPlayerController::SetupInputComponent()
{
```

```
        Super::SetupInputComponent();
        InputComponent->BindAxis(TEXT("LeftRight"), this, &AABPlayerController::Lef
tRight);
}

void AABPlayerController::LeftRight(float NewAxisValue)
{
        // Do Nothing!
}
```

플레이어 컨트롤러가 이미 LeftRight 입력을 처리했기 때문에 폰에는 더 이상 LeftRight 입력이 전달되지 않는다. 위 예제를 앞으로는 사용하지 않으므로 학습이 끝나면 관련 코드는 삭제한다.

플레이어 컨트롤러에서 추가로 고려할 부분은 화면에 관련된 인터페이스 기능이다. 플레이어 컨트롤러는 게임에서 플레이어의 입력과 출력되는 화면을 책임진다.

현재 **플레이** 버튼을 눌러 콘텐츠를 테스트할 때는 매번 언리얼 에디터 뷰포트를 클릭해 포커스를 잡아야 입력 신호가 비로소 게임에 전달되는 불편함이 있다. 플레이어 컨트롤러에게 UI를 배제하고 게임에게만 입력을 전달하도록 명령을 내리면 앞으로 편리하게 게임을 테스트할 수 있다.

코드 5-8 ABPlayerController.h

```
// Fill out your copyright notice in the Description page of Project Settings.

#pragma once

#include "ArenaBattle.h"
#include "GameFramework/PlayerController.h"
#include "ABPlayerController.generated.h"

/**
 *
 */
UCLASS()
```

```
class ARENABATTLE_API AABPlayerController : public APlayerController
{
    GENERATED_BODY()

    ...

protected:
    virtual void BeginPlay() override;

    ...

};
```

코드 5-9 ABPlayerController.cpp

```
// Fill out your copyright notice in the Description page of Project Settings.

#include "ABPlayerController.h"

...

void AABPlayerController::BeginPlay()
{
    Super::BeginPlay();

    FInputModeGameOnly InputMode;
    SetInputMode(InputMode);
}

...
```

애니메이션의 설정

플레이 버튼을 눌러 결과를 확인하면, 팔 벌린 자세로 정지한 폰이 레벨에 등장하게 된다. 이를 보완하기 위해 스켈레탈 메시에 애니메이션을 설정한다.

우리가 사용하는 캐릭터에 호환되는 애니메이션 애셋이 필요한데, 학습을 위해 몇 가지 애니메이션을 준비했다. 프로젝트와 무관한 경로에 빈 폴더를 만들고 이 책과 함께 제공되는 예제 코드 파일의 Resource ❯ Chapter5 폴더에 있는 애니메이션 파일을 현재 컴퓨터의 임시 폴더에 복사한다. 복사된 결과는 다음과 같다.

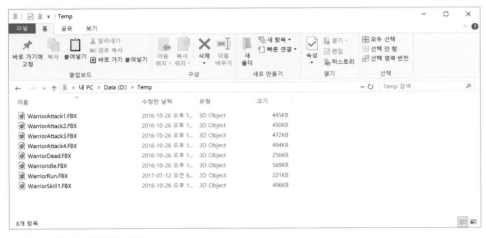

그림 5-7 애니메이션 원본 파일

해당 애셋은 원본 애셋이므로 이를 언리얼 프로젝트에 사용하기 위해서는 임포트 과정을 거쳐야 한다. **콘텐츠 브라우저**에서 애니메이션 애셋이 담길 Animations라는 폴더를 생성하고 이를 선택한 후, **임포트** 버튼을 눌러 앞서 복사한 FBX 파일들을 선택한다.

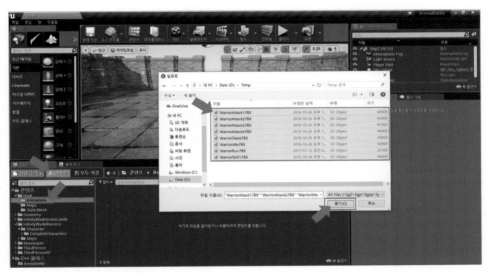

그림 5-8 애니메이션 애셋의 임포트

애니메이션 임포트 설정 창이 뜨면, 상단 항목에서 InfinityBlade: Warriors 캐릭터 패키지에서 제공하는 스켈레톤 애셋인 SK_Mannequin_Skeleton을 선택한다. 해당 스켈레톤 애셋은 패키지에 있는 캐릭터들이 공유해서 사용하고 있다.

그림 5-9 애니메이션이 적용될 대상 스켈레톤의 설정

스켈레톤을 선택한 후 **임포트** 버튼을 눌러 모든 애니메이션의 추가를 완료한다. 애니메이션이 **콘텐츠 브라우저**에 추가되면 **콘텐츠 브라우저**의 **모두 저장** 버튼을 눌러 확실하게 저장하는 것이 좋다.

그림 5-10 애니메이션 애셋을 임포트하고 저장한 결과 화면

임포트한 애니메이션 중 하나를 선택해 더블 클릭하고, 해당 애니메이션이 잘 동작하는지 확인한다. 뷰포트 메뉴에서 **프리뷰 씬 세팅** 메뉴를 선택한 후 뜨는 윈도우의 항목에서 메시를 변경하면 다른 캐릭터로 애니메이션을 재생할 수 있다.

그림 5-11 애니메이션 미리보기 기능과 캐릭터 변경

모든 애니메이션을 확인하고 나면, 그중에서 달리기 애니메이션을 캐릭터에 설정하는 기능을 구현한다. 해당 달리기 애니메이션 애셋을 우클릭해 애셋의 레퍼런스를 복사하고 이 경로를 사용해 달리기를 캐릭터의 기본 애니메이션 애셋으로 지정한다.

그림 5-12 달리기 애니메이션의 레퍼런스

이번에는 생성자 코드에서 애니메이션 애셋을 로드하지 않고, BeginPlay 함수에서 애니메이션 애셋을 로딩하는 기능을 추가해본다. 게임의 실행 중에 애셋을 로드하는 명령어는 LoadObject<타입>이며, 이를 사용해 애니메이션 애셋을 불러들이는 코드는 다음과 같다.

코드 5-10 ABPawn.cpp

```
...

// Called when the game starts or when spawned
void AABPawn::BeginPlay()
{
    Super::BeginPlay();
    Mesh->SetAnimationMode(EAnimationMode::AnimationSingleNode);
    UAnimationAsset* AnimAsset = LoadObject<UAnimationAsset>(nullptr, TEXT("/
Game/Book/Animations/WarriorRun.WarriorRun"));
```

```
    if (AnimAsset != nullptr)
    {
        Mesh->PlayAnimation(AnimAsset, true);
    }
}

...
```

플레이를 누르면 달리기 애니메이션을 재생하면서 폰이 이동한다.

그림 5-13 폰 메시에 달리기 애니메이션을 적용한 결과 화면

이렇게 코드로 애니메이션을 지정하는 방법이 있지만, 게임의 규모가 커지면 이런 방법으로 애니메이션을 재생하는 것은 관리적인 한계에 부딪힌다. 그래서 언리얼 엔진은 체계적으로 애니메이션 시스템을 설계하도록 별도의 애니메이션 시스템을 제공하는데, 이를 애니메이션 블루프린트라고 한다.

애니메이션 블루프린트 시스템은 프로그래밍이 아닌 시각적 도구로 개발하도록 설계돼 있는 것이 특징이다. 이번에는 애니메이션 블루프린트를 사용해 동일한 기능을 구현해본다.

먼저 애니메이션 블루프린트 애셋을 생성해야 하는데, **콘텐츠 브라우저**에서 애니메이션 폴더를 선택한 후 **신규 추가 ❯ 애니메이션 ❯ 애니메이션 블루프린트** 메뉴를 선택한다.

그림 5-14 애니메이션 블루프린트의 생성 메뉴

메뉴를 선택하면 애니메이션 블루프린트와 연결되는 캐릭터 스켈레톤 애셋을 지정하는 다이얼로그가 뜬다. 여기서 앞서 지정한 SK_Mannequin_Skeleton을 선택한다.

그림 5-15 스켈레톤 애셋의 지정

애니메이션 블루프린트가 생성되면 애셋의 이름을 WarriorAnimBlueprint라고 지어준
다. 애니메이션 블루프린트가 완성된 결과 화면은 다음과 같다.

그림 5-16 애니메이션 블루프린트의 생성

애셋을 저장한 후 더블 클릭해 애니메이션 블루프린트를 연다. 애니메이션 블루프린
트에는 여러 기능이 있는데 애니메이션을 설계하는 애님 그래프^Anim Graph라는 작업 환
경을 선택한다.

애님 그래프 작업 환경을 선택한 후 애니메이션 블루프린트 우측 하단에 있는 애셋 브라
우저 윈도우를 선택하고, 목록에 위치한 WarriorRun을 애님 그래프에 끌어다 놓는다.

그림 5-17 애님 그래프의 설정

그리고 WarriorRun 애니메이션 재생 노드에서 사람 모양의 핀을 최종 애니메이션 노드에 드래그해 연결한다. **컴파일**과 **저장**을 누르면, 프리뷰 인스턴스 디버깅에 의해 왼쪽의 프리뷰에서 해당 애니메이션이 재생되는 것을 볼 수 있다.

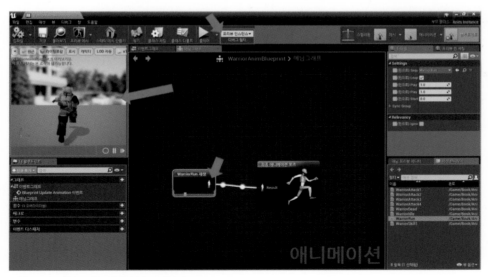

그림 5-18 애님 그래프의 완성과 미리보기

애니메이션 블루프린트는 애님 그래프 로직에 따라 동작하는 캐릭터 애니메이션 시스템을 구동시키는데, 이러한 애니메이션 시스템은 C++ 프로그래밍의 애님 인스턴스^{Anim} Instance라는 클래스로 관리된다.

스켈레탈 메시 컴포넌트는 자신이 관리하는 캐릭터의 애니메이션을 이 애님 인스턴스에 위임하는 구조로 설계돼 있다. 스켈레탈 메시가 이 애니메이션 블루프린트를 실행시키려면 블루프린트 애셋의 클래스 정보를 애님 인스턴스 속성에 지정해줘야 한다. 이를 위해 애니메이션 블루프린트 애셋의 경로를 복사한다.

그림 5-19 애니메이션 블루프린트 애셋의 레퍼런스 복사

스켈레탈 메시 컴포넌트에 애니메이션 블루프린트의 클래스 정보를 등록하면, 컴포넌트는 인스턴스를 생성해 애니메이션을 관리하도록 동작한다. 그래서 애셋의 경로에 _C를 추가로 붙여 클래스 정보를 가져오는 경로를 생성하고, 이를 스켈레탈 메시 컴포넌트의 애니메이션 블루프린트 클래스에 등록한다. 이전에 생성한 BeginPlay 함수의 코드를 제거하고 애니메이션 블루프린트를 사용해 애니메이션을 재생하는 코드는 다음과 같다.

코드 5-11 ABPawn.cpp

```cpp
// Fill out your copyright notice in the Description page of Project Settings.

#include "ABPawn.h"


// Sets default values
AABPawn::AABPawn()
{
    ...

    Mesh->SetAnimationMode(EAnimationMode::AnimationBlueprint);

    static ConstructorHelpers::FClassFinder<UAnimInstance> WARRIOR_ANIM(TEXT("/
Game/Book/Animations/WarriorAnimBlueprint.WarriorAnimBlueprint_C"));
    if (WARRIOR_ANIM.Succeeded())
    {
        Mesh->SetAnimInstanceClass(WARRIOR_ANIM.Class);
    }

}

...
```

애니메이션 블루프린트를 사용한 결과는 아직은 이전과 동일하다.

6

캐릭터의 제작과 컨트롤

인간형 캐릭터를 효과적으로 제작하기 위해 언리얼 엔진이 제공하는 캐릭터 모델을 학습하고, 이를 기반으로 움직이는 캐릭터를 제작한다. 그리고 캐릭터 조종에서 중요한 역할을 하는 카메라를 자유 자재로 설정하기 위해 컨트롤 회전에 대한 개념을 익히고, 이를 활용해 〈GTA〉와 〈디아블로〉 게임에서 사용하는 캐릭터 컨트롤 기능을 흉내 내본다.

캐릭터 모델

지난 장에서 캐릭터 애셋을 사용해 움직이는 인간형 폰을 만들었다. 이렇게 폰 모델로 부터 움직이는 인간형 캐릭터를 제작할 수 있지만, 언리얼 엔진에서는 인간형 폰을 좀 더 효과적으로 제작하기 위한 특수한 모델을 제공한다. 이를 캐릭터Character라고 한다. 이번 장에서는 언리얼 엔진이 제공하는 캐릭터 모델을 사용해 ABPawn과 동일한 폰을 생성해본다.

Character를 부모로 하는 C++ 클래스 ABCharacter를 생성한다.

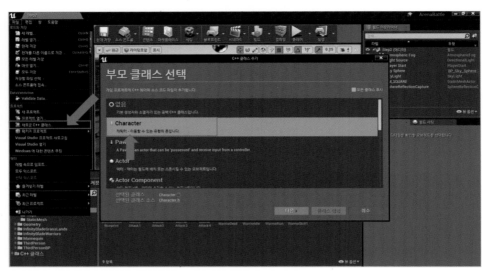

그림 6-1 캐릭터 클래스의 생성

생성된 코드를 보면 ABCharacter 클래스는 ACharacter라는 클래스를 상속받고 있다.

코드 6-1 자동 생성된 ABCharacter.h

```cpp
// Fill out your copyright notice in the Description page of Project Settings.

#pragma once

#include "CoreMinimal.h"
#include "GameFramework/Character.h"
#include "ABCharacter.generated.h"

UCLASS()
class ARENABATTLE_API AABCharacter : public ACharacter
{
    GENERATED_BODY()

public:
    // Sets default values for this character's properties
    AABCharacter();
```

```
protected:
    // Called when the game starts or when spawned
    virtual void BeginPlay() override;

public:
    // Called every frame
    virtual void Tick(float DeltaTime) override;

    // Called to bind functionality to input
    virtual void SetupPlayerInputComponent(class UInputComponent*
PlayerInputComponent) override;



};
```

상속받은 ACharacter에 커서를 놓고 F12 키를 눌러 ACharacter의 선언으로 이동한다. ACharacter의 선언을 살펴보면, ACharacter 클래스는 우리가 제작한 ABPawn과 동일하게 APawn 클래스를 상속받고 있다. private 한정자 영역에 선언된 멤버 변수를 살펴보면 ACharacter 클래스는 ABPawn과 동일하게 Capsule 컴포넌트, SkeletalMesh 컴포넌트를 사용하고 있으며, CharacterMovement라는 컴포넌트를 사용해 움직임을 관리하는 것을 알 수 있다.

코드 6-2 언리얼 엔진의 Character.h

```
class ENGINE_API ACharacter : public APawn
{
    GENERATED_BODY()
public:
    /** Default UObject constructor. */
    ACharacter(const FObjectInitializer& ObjectInitializer =
FObjectInitializer::Get());

    void GetLifetimeReplicatedProps(TArray<FLifetimeProperty>& OutLifetimeProps)
const override;

private:
    /** The main skeletal mesh associated with this Character (optional sub-
object). */
```

```
    UPROPERTY(Category=Character, VisibleAnywhere, BlueprintReadOnly,
meta=(AllowPrivateAccess = "true"))
    USkeletalMeshComponent* Mesh;

    /** Movement component used for movement logic in various movement modes
(walking, falling, etc), containing relevant settings and functions to control
movement. */
    UPROPERTY(Category=Character, VisibleAnywhere, BlueprintReadOnly,
meta=(AllowPrivateAccess = "true"))
    UCharacterMovementComponent* CharacterMovement;

    /** The CapsuleComponent being used for movement collision (by
CharacterMovement). Always treated as being vertically aligned in simple
collision check functions. */
    UPROPERTY(Category=Character, VisibleAnywhere, BlueprintReadOnly,
meta=(AllowPrivateAccess = "true"))
    UCapsuleComponent* CapsuleComponent;
```

ACharacter 클래스는 private으로 선언된 컴포넌트의 포인터를 상속받은 클래스들이 접근할 수 있도록 각각 GetCapsuleComponent, GetMesh, GetCharacterMovement라는 함수를 제공하고 있다. 이를 사용해 이전에 제작한 폰과 동일한 액터를 캐릭터 모델을 기반으로 구현한다.

코드 6-3 ABCharacter.h

```cpp
// Fill out your copyright notice in the Description page of Project Settings.

#pragma once

#include "ArenaBattle.h"
#include "GameFramework/Character.h"
#include "ABCharacter.generated.h"

UCLASS()
class ARENABATTLE_API AABCharacter : public ACharacter
{
    GENERATED_BODY()
```

```cpp
public:
    // Sets default values for this character's properties
    AABCharacter();

protected:
    // Called when the game starts or when spawned
    virtual void BeginPlay() override;

public:
    // Called every frame
    virtual void Tick(float DeltaTime) override;

    // Called to bind functionality to input
    virtual void SetupPlayerInputComponent(class UInputComponent*
PlayerInputComponent) override;

    UPROPERTY(VisibleAnywhere, Category = Camera)
    USpringArmComponent* SpringArm;

    UPROPERTY(VisibleAnywhere, Category = Camera)
    UCameraComponent* Camera;

private:
    void UpDown(float NewAxisValue);
    void LeftRight(float NewAxisValue);

};
```

코드 6-4 ABCharacter.cpp

```cpp
// Fill out your copyright notice in the Description page of Project Settings.

#include "ABCharacter.h"


// Sets default values
AABCharacter::AABCharacter()
{
    // Set this character to call Tick() every frame.  You can turn this off to
```

improve performance if you don't need it.

```cpp
    PrimaryActorTick.bCanEverTick = true;
    SpringArm = CreateDefaultSubobject<USpringArmComponent>(TEXT("SPRINGARM"));
    Camera = CreateDefaultSubobject<UCameraComponent>(TEXT("CAMERA"));

    SpringArm->SetupAttachment(GetCapsuleComponent());
    Camera->SetupAttachment(SpringArm);

    GetMesh()->SetRelativeLocationAndRotation(FVector(0.0f, 0.0f, -88.0f),
FRotator(0.0f, -90.0f, 0.0f));
    SpringArm->TargetArmLength = 400.0f;
    SpringArm->SetRelativeRotation(FRotator(-15.0f, 0.0f, 0.0f));

    static ConstructorHelpers::FObjectFinder<USkeletalMesh> SK_CARDBOARD(TEXT("/
Game/InfinityBladeWarriors/Character/CompleteCharacters/SK_CharM_Cardboard.SK_
CharM_Cardboard"));
    if (SK_CARDBOARD.Succeeded())
    {
        GetMesh()->SetSkeletalMesh(SK_CARDBOARD.Object);
    }

    GetMesh()->SetAnimationMode(EAnimationMode::AnimationBlueprint);

    static ConstructorHelpers::FClassFinder<UAnimInstance> WARRIOR_ANIM(TEXT("/
Game/Book/Animations/WarriorAnimBlueprint.WarriorAnimBlueprint_C"));
    if (WARRIOR_ANIM.Succeeded())
    {
        GetMesh()->SetAnimInstanceClass(WARRIOR_ANIM.Class);
    }

}

// Called when the game starts or when spawned
void AABCharacter::BeginPlay()
{
    Super::BeginPlay();

}

// Called every frame
```

```cpp
void AABCharacter::Tick(float DeltaTime)
{
    Super::Tick(DeltaTime);

}

// Called to bind functionality to input
void AABCharacter::SetupPlayerInputComponent(UInputComponent*
PlayerInputComponent)
{
    Super::SetupPlayerInputComponent(PlayerInputComponent);

    PlayerInputComponent->BindAxis(TEXT("UpDown"), this, &AABCharacter::UpDown);
    PlayerInputComponent->BindAxis(TEXT("LeftRight"), this,
&AABCharacter::LeftRight);
}

void AABCharacter::UpDown(float NewAxisValue)
{
    AddMovementInput(GetActorForwardVector(), NewAxisValue);
}

void AABCharacter::LeftRight(float NewAxisValue)
{
    AddMovementInput(GetActorRightVector(), NewAxisValue);
}
```

새로운 캐릭터 제작이 끝나면 게임 모드에서 이를 기본 폰으로 설정한다.

코드 6-5 ABGameMode.cpp

```cpp
// Fill out your copyright notice in the Description page of Project Settings.

#include "ABGameMode.h"
#include "ABCharacter.h"
#include "ABPlayerController.h"

AABGameMode::AABGameMode()
{
```

```
    DefaultPawnClass = AABCharacter::StaticClass();
    PlayerControllerClass = AABPlayerController::StaticClass();
}

void AABGameMode::PostLogin(APlayerController * NewPlayer)
{
    Super::PostLogin(NewPlayer);
    ABLOG_S(Warning);
}
```

플레이를 눌러 결과를 확인하면, 이동 속도를 제외하고 기존 폰과 대부분 유사하게 동작
하는 것을 볼 수 있다.

그림 6-2 캐릭터 모델로 변경한 결과 화면

캐릭터 모델이 폰 모델과 다른 점은 캐릭터 무브먼트(CharacterMovement) 컴포넌트를
사용한다는 것이다. 이 컴포넌트가 FloatingPawnMovment에 비해 가지는 장점은 다음과
같다.

1. 점프와 같은 중력을 반영한 움직임을 제공한다.

2. 다양한 움직임을 설정할 수 있다. 걷기 외에도 기어가기^{Crouching}, 날아가기, 수영하기 등의 다양한 이동 모드를 설정할 수 있고, 현재 움직임에 대한 좀 더 많은 정보를 전달한다.

3. 멀티 플레이 네트워크 환경에서 캐릭터들의 움직임을 자동으로 동기화한다.

컨트롤 회전의 활용

플레이어가 게임에 입장할 때 부여받는 두 종류의 액터로 플레이어 컨트롤러와 폰이 있다.

플레이어와 1:1로 매칭돼 플레이어의 의지를 전달하는 플레이어의 컨트롤러는 주로 게임 세계의 물리적인 요소를 고려하지 않은 플레이어의 의지에 관련된 데이터를 관리한다. 반면에 폰은 게임 세계에서 물리적인 제약을 가지기 때문에 현재 캐릭터가 처한 물리적인 상황을 관리한다.

폰이 관리하는 속성 중 대표적인 것은 속도^{Velocity}다. 속도는 현재 폰의 이동 상태를 알려주는 중요한 데이터 중 하나다. 반면에 플레이어 컨트롤러는 플레이어의 의지를 나타내는 컨트롤 회전^{Control Rotation}이라는 속성을 제공한다.

이번에는 컨트롤 회전을 알아보기 위한 간단한 예제를 만들어본다. 마우스 움직임에 따라 폰이 회전해야 할 최종 목표 회전 값을 설정하고, 이를 향해 폰이 일정한 속도로 회전하는 기능을 제작한다. 마우스의 상하, 좌우에 대한 움직임은 삼인칭 템플릿에서 제공하는 Turn과 LookUp의 축^{Axis} 입력 설정을 사용해 받아올 수 있다.

그림 6-3 Turn과 Lookup 입력 이벤트

마우스 감도에 따라 입력 값으로 대략적으로 -3부터 3까지의 작은 숫자들이 들어오는
데, 해당 입력 값에 따라 캐릭터가 회전하도록 언리얼 엔진은 AddControllerInputYaw,
Roll, Pitch라는 세 가지 명령을 제공한다.

Turn은 캐릭터의 Z축 회전, LookUp은 캐릭터의 Y축 회전에 대응되므로, 이벤트의 스케
일 값을 위의 명령에 연동하면 플레이어 컨트롤러의 컨트롤 회전 값이 입력에 따라 변
한다.

코드 6-6 ABCharacter.h

```
// Fill out your copyright notice in the Description page of Project Settings.

#pragma once

#include "ArenaBattle.h"
#include "GameFramework/Character.h"
#include "ABCharacter.generated.h"

UCLASS()
class ARENABATTLE_API AABCharacter : public ACharacter
{
```

```cpp
    GENERATED_BODY()

public:
    // Sets default values for this character's properties
    AABCharacter();

protected:
    // Called when the game starts or when spawned
    virtual void BeginPlay() override;

public:
    // Called every frame
    virtual void Tick(float DeltaTime) override;

    // Called to bind functionality to input
    virtual void SetupPlayerInputComponent(class UInputComponent*
PlayerInputComponent) override;

    UPROPERTY(VisibleAnywhere, Category = Camera)
    USpringArmComponent* SpringArm;

    UPROPERTY(VisibleAnywhere, Category = Camera)
    UCameraComponent* Camera;

private:
    void UpDown(float NewAxisValue);
    void LeftRight(float NewAxisValue);
    void LookUp(float NewAxisValue);
    void Turn(float NewAxisValue);

};
```

코드 6-7 ABCharacter.cpp

```cpp
...

// Called to bind functionality to input
void AABCharacter::SetupPlayerInputComponent(UInputComponent*
PlayerInputComponent)
```

```
{
    Super::SetupPlayerInputComponent(PlayerInputComponent);

    PlayerInputComponent->BindAxis(TEXT("UpDown"), this, &AABCharacter::UpDown);
    PlayerInputComponent->BindAxis(TEXT("LeftRight"), this,
&AABCharacter::LeftRight);
    PlayerInputComponent->BindAxis(TEXT("LookUp"), this, &AABCharacter::LookUp);
    PlayerInputComponent->BindAxis(TEXT("Turn"), this, &AABCharacter::Turn);

}

void AABCharacter::UpDown(float NewAxisValue)
{
    AddMovementInput(GetActorForwardVector(), NewAxisValue);
}

void AABCharacter::LeftRight(float NewAxisValue)
{
    AddMovementInput(GetActorRightVector(), NewAxisValue);
}

void AABCharacter::LookUp(float NewAxisValue)
{
    AddControllerPitchInput(NewAxisValue);
}

void AABCharacter::Turn(float NewAxisValue)
{
    AddControllerYawInput(NewAxisValue);
}
```

플레이를 눌러보면 마우스 상하 이동에는 플레이어 회전이 반응하지 않지만, 마우스 좌우 이동에 따라 캐릭터와 카메라 축이 동시에 회전하는 것을 볼 수 있다.

그림 6-4 마우스로 카메라를 이동한 결과

왜 이렇게 동작하는지 알아보기 위해 게임을 실행하고 뷰포트를 클릭해 포커스를 잡은 후 틸드(~) 키를 눌러 콘솔 명령어 입력 창을 띄운다. 그리고 displayall이라는 콘솔 명령을 사용해 플레이어 컨트롤러의 ControlRotation 속성 값을 확인한다. 해당 콘솔 명령은 다음과 같다.

> displayall PlayerController ControlRotation

해당 명령을 콘솔 창에 입력하면 상단에 현재 플레이어 컨트롤러의 컨트롤 회전^{Control}
Rotation 값이 나타나며, 우리가 마우스를 움직일 때마다 이 값이 변화되는 것을 볼 수 있다. 이로써 AddControllerYawInput과 AddControllerPitchInput 명령은 마우스 입력 신호 값을 플레이어 컨트롤러의 컨트롤 회전 값으로 변환하는 명령임이 확인됐다.

실행 중에 Shift+F1 키를 눌러 뷰포트에서 마우스 포커스를 뺀 후 ABPlayerController 액터를 선택하면, 플레이어 컨트롤러의 트랜스폼 회전 값과 화면에 나오는 컨트롤 회전 값이 일치하는 것을 볼 수 있다.

그림 6-5 플레이어 콘솔 창

입력에 따라 변화되는 이 컨트롤 회전 값은 캐릭터의 카메라 설정에서 다양하게 사용된
다. 언리얼 엔진의 캐릭터 모델은 기본으로 컨트롤 회전의 Yaw 회전(Z축 회전) 값과 폰
의 Yaw 회전이 서로 연동돼 있다. 이를 지정하는 속성이 액터의 Pawn 섹션에 위치한
UseControllerRotationYaw다. 이 설정으로 인해 마우스를 좌우로 움직이면 캐릭터는
Z축으로 회전하지만, 마우스의 상하 이동은 폰의 회전에 아무런 영향을 주지 않는다.

그림 6-6 컨트롤 회전 값과 폰 회전의 연동 설정

언리얼
에디터
참고

플레이어 컨트롤러에서는 마우스 입력 값에 따라 변화하는 컨트롤 회전 값의 스케일을 지정할 수 있다. 플레이어 컨트롤러에 내장된 속성인 Input Yaw/Roll/Pitch Scale 값을 변경하면 컨트롤 회전 값의 변화량이 달라진다.

그림 6-7 입력에 따른 컨트롤 회전 값의 변경

삼인칭 컨트롤 구현(GTA 방식)

이번 장에서는 앞서 조작한 흰색 마네킹과 동일한 방식으로 캐릭터가 동작하도록 처음부터 하나씩 기능을 구현해본다.

블루프린트로 제작한 흰색 마네킹은 다음과 같은 설정을 가지고 있다.

- **캐릭터의 이동**: 현재 보는 시점을 기준으로 상하, 좌우 방향으로 마네킹이 이동하고 카메라는 회전하지 않음
- **캐릭터의 회전**: 캐릭터가 이동하는 방향으로 마네킹이 회전함
- **카메라 지지대 길이**: 450cm
- **카메라 회전**: 마우스 상하좌우 이동에 따라 카메라 지지대가 상하좌우로 회전

- **카메라 줌**: 카메라 시선과 캐릭터 사이에 장애물이 감지되면 캐릭터가 보이도록 카메라를 장애물 앞으로 줌인

SpringArm 컴포넌트는 언리얼 엔진에서 삼인칭 시점의 카메라 설정을 구현할 때 편리하게 사용할 수 있는 컴포넌트다. SpringArm 컴포넌트에도 마찬가지로 플레이어 컨트롤러의 컨트롤 회전 값을 활용하도록 여러 속성들이 설계돼 있다.

ABCharacter 클래스에 SetControlMode라는 멤버 함수를 작성하고, 0번 모드에 스프링 암을 활용한 GTA 방식의 삼인칭 조작에 관련된 기능을 설정해본다.

코드 6-8 ABCharacter.h

```cpp
// Fill out your copyright notice in the Description page of Project Settings.

#pragma once

#include "ArenaBattle.h"
#include "GameFramework/Character.h"
#include "ABCharacter.generated.h"

UCLASS()
class ARENABATTLE_API AABCharacter : public ACharacter
{
    GENERATED_BODY()

public:
    // Sets default values for this character's properties
    AABCharacter();

protected:
    // Called when the game starts or when spawned
    virtual void BeginPlay() override;

    void SetControlMode(int32 ControlMode);

...

};
```

코드 6-9 ABCharacter.cpp

```cpp
// Fill out your copyright notice in the Description page of Project Settings.

#include "ABCharacter.h"


// Sets default values
AABCharacter::AABCharacter()
{
    ...

    SetControlMode(0);
}

// Called when the game starts or when spawned
void AABCharacter::BeginPlay()
{
    Super::BeginPlay();

}

void AABCharacter::SetControlMode(int32 ControlMode)
{
    if (ControlMode == 0)
    {
        SpringArm->TargetArmLength = 450.0f;
        SpringArm->SetRelativeRotation(FRotator::ZeroRotator);
        SpringArm->bUsePawnControlRotation = true;
        SpringArm->bInheritPitch = true;
        SpringArm->bInheritRoll = true;
        SpringArm->bInheritYaw = true;
        SpringArm->bDoCollisionTest = true;
        bUseControllerRotationYaw = false;
    }
}

...
```

컴파일하고 **플레이**를 눌러 결과를 확인해본다. 마우스를 움직이면 캐릭터는 회전하지 않고 가만히 서있지만 카메라 지지대가 마우스 움직임에 따라 회전하는 것을 볼 수 있다.

그림 6-8 컨트롤 회전을 사용해 카메라 지지대를 회전시킨 결과

카메라 설정을 완료한 후 이번에는 캐릭터의 움직임을 구현해본다.

현재 캐릭터는 카메라의 방향에 상관없이 시선 방향과 좌우 방향으로만 이동하는데, 카메라의 방향을 중심으로 움직이도록 이동 방향을 변경해줘야 한다. 이동을 위해 현재 필요한 값은 캐릭터의 이동 방향인 FVector에 대한 데이터며, FVector를 얻기 위해 주어진 값은 컨트롤 회전, FRotator에 대한 데이터다. 정리하면 회전 값인 FRotator 데이터로부터 우리가 원하는 방향 값인 FVector 데이터를 얻어야 한다.

회전과 방향은 다음과 같은 관계가 있다. 액터의 회전 값 (0, 0, 0)은 그 액터가 바라보는 방향이 월드의 X축 방향 (1, 0, 0)임을 의미한다. 월드의 X축 방향은 기본 회전 값에 대응하는 방향 값이라고 할 수 있다. 액터가 회전하면 액터의 시선 방향도 자연스럽게 다른 값으로 변한다.

스프링암의 회전 값은 옵션에 의해 컨트롤 회전 값과 동일하므로 컨트롤 회전 값이 카메라가 바라보는 방향이라고 할 수 있다. 이 컨트롤 회전 값으로부터 회전 행렬을 생성한 후, 원하는 방향 축을 대입해 캐릭터가 움직일 방향 값을 가져올 수 있다. 언리얼 엔진에서 시선 방향은 X축, 우측 방향은 Y축을 의미한다.

회전 값으로부터 시선 방향과 우측 방향의 벡터 값을 가져오는 코드는 다음과 같다.

코드 6-10 ABCharacter.cpp

```
...

void AABCharacter::UpDown(float NewAxisValue)
{
    AddMovementInput(FRotationMatrix(GetControlRotation()).GetUnitAxis(EAxis::X),
NewAxisValue);
}

void AABCharacter::LeftRight(float NewAxisValue)
{
    AddMovementInput(FRotationMatrix(GetControlRotation()).GetUnitAxis(EAxis::Y),
NewAxisValue);
}

...
```

그림 6-9 카메라 방향 기준으로 캐릭터가 이동하는 결과 화면

이제 캐릭터는 시선 방향으로 잘 이동하지만, 현재 캐릭터에 회전 기능이 없기 때문에 월드의 X축을 향해 바라보면서 이동하는 어색한 상황이 연출된다. 이는 캐릭터가 움직이는 방향으로 캐릭터를 자동으로 회전시켜주는 캐릭터 무브먼트 컴포넌트의 OrientRotationToMovement 기능을 사용하면 손쉽게 해결할 수 있다. 회전 속도를 함께 지정해 이동 방향으로 캐릭터가 부드럽게 회전하도록 기능을 추가한다.

코드 6-11 ABCharacter.cpp

```
...

void AABCharacter::SetControlMode(int32 ControlMode)
{
    if (ControlMode == 0)
    {
        SpringArm->TargetArmLength = 450.0f;
        SpringArm->SetRelativeRotation(FRotator::ZeroRotator);
        SpringArm->bUsePawnControlRotation = true;
        SpringArm->bInheritPitch = true;
        SpringArm->bInheritRoll = true;
        SpringArm->bInheritYaw = true;
    SpringArm->bDoCollisionTest = true;
        bUseControllerRotationYaw = false;
        GetCharacterMovement()->bOrientRotationToMovement = true;
        GetCharacterMovement()->RotationRate = FRotator(0.0f, 720.0f, 0.0f);
    }
}

...
```

플레이 버튼을 눌러 최종 결과를 확인해본다. 흰색 마네킹과 동일하게 캐릭터가 움직이면 성공한 것이다.

그림 6-10 최종 완성된 결과 화면

삼인칭 컨트롤 구현(디아블로 방식)

이번에는 게임 〈디아블로〉와 같이 고정된 삼인칭 시점에서 캐릭터를 따라다니는 컨트롤을 구현해보자. 〈디아블로〉 게임의 조작 방식을 요약하면 다음과 같다.

- **캐릭터의 이동**: 상하좌우 키를 조합해 캐릭터가 이동할 방향을 결정
- **캐릭터의 회전**: 캐릭터는 입력한 방향으로 회전
- **카메라 길이**: 조금 멀리 떨어진 800cm
- **카메라 회전**: 카메라의 회전 없이 항상 고정 시선으로 45도로 내려다봄
- **카메라 줌**: 없음. 카메라와 캐릭터 사이에 장애물이 있는 경우 외곽선으로 처리

이번에는 SetControlMode의 인자 값을 분리해 디아블로 방식으로 캐릭터를 컨트롤하는 기능을 추가로 구현해본다.

우선 현재 입력 모드를 구분하도록 클래스 내부에 새로운 열거형을 선언하고 현재 입력 모드를 보관할 멤버 변수를 추가한다. GTA 방식에서는 상하 키 입력과 좌우 키 입

력을 각각 처리했지만, 이번에는 상하 키와 좌우 키를 조합해 캐릭터의 회전과 이동이 이뤄져야 한다. 이를 위해 각 축의 입력을 조합해 보관할 벡터 유형의 변수도 추가한다.

C++는 class 키워드로 열거형을 선언하는 방식과 class 없이 선언하는 방식, 이렇게 두 가지를 제공한다. 다른 열거형 간의 묵시적 변환을 허용하지 않는 전자의 방식을 사용하는 것을 추천한다.

코드 6-12 ABCharacter.h

```cpp
// Fill out your copyright notice in the Description page of Project Settings.

#pragma once

#include "ArenaBattle.h"
#include "GameFramework/Character.h"
#include "ABCharacter.generated.h"

UCLASS()
class ARENABATTLE_API AABCharacter : public ACharacter
{
    GENERATED_BODY()

public:
    // Sets default values for this character's properties
    AABCharacter();

protected:
    // Called when the game starts or when spawned
    virtual void BeginPlay() override;

    enum class EControlMode
    {
        GTA,
        DIABLO
    };

    void SetControlMode(EControlMode NewControlMode);
    EControlMode CurrentControlMode = EControlMode::GTA;
```

```
    FVector DirectionToMove = FVector::ZeroVector;

...
```

UPROPERTY를 사용하지 않는 FVector와 같은 값 타입 변수들은 항상 초기 값을 미리 지정하는 것이 안전하다. 찾기 어려운 버그들은 사소한 실수로부터 비롯된다는 점을 명심하자.

축 입력 이벤트가 발생할 때 새로 선언한 DirectionToMove 멤버 변수를 업데이트하고, 이후에 발생하는 Tick 로직에서 최종 멤버 변수를 참고해 이동한다.

> **언리얼**
에디터
참고
>
> 입력의 Axis 이벤트와 Tick 이벤트는 모두 매 프레임마다 호출된다. 플레이어의 입력 값에 따라 액터의 행동을 결정해야 하므로, 이 두 이벤트 함수는 같은 프레임마다 호출되더라도 입력 함수를 먼저 호출해 플레이어의 의지를 확인하고 그 뒤에 틱 함수를 호출해 플레이어의 입력에 대응할 액터의 최종 행동을 결정한다.

코드 6-13 ABCharacter.cpp

```cpp
...
AABCharacter::AABCharacter()
{
    ...

    SetControlMode(EControlMode::DIABLO);
}

...

void AABCharacter::SetControlMode(EControlMode NewControlMode)
{
    CurrentControlMode = NewControlMode;

    switch (CurrentControlMode)
    {
    case EControlMode::GTA:
```

```cpp
        SpringArm->TargetArmLength = 450.0f;
        SpringArm->SetRelativeRotation(FRotator::ZeroRotator);
        SpringArm->bUsePawnControlRotation = true;
        SpringArm->bInheritPitch = true;
        SpringArm->bInheritRoll = true;
        SpringArm->bInheritYaw = true;
        SpringArm->bDoCollisionTest = true;
        bUseControllerRotationYaw = false;
        GetCharacterMovement()->bOrientRotationToMovement = true;
        GetCharacterMovement()->RotationRate = FRotator(0.0f, 720.0f, 0.0f);
        break;
    case EControlMode::DIABLO:
        SpringArm->TargetArmLength = 800.0f;
        SpringArm->SetRelativeRotation(FRotator(-45.0f, 0.0f, 0.0f));
        SpringArm->bUsePawnControlRotation = false;
        SpringArm->bInheritPitch = false;
        SpringArm->bInheritRoll = false;
        SpringArm->bInheritYaw = false;
        SpringArm->bDoCollisionTest = false;
        bUseControllerRotationYaw = true;
        break;
    }
}


void AABCharacter::Tick(float DeltaTime)
{
    Super::Tick(DeltaTime);

    switch (CurrentControlMode)
    {
    case EControlMode::DIABLO:
        if (DirectionToMove.SizeSquared() > 0.0f)
        {
            GetController()->SetControlRotation(FRotationMatrix::MakeFromX(Direct
ionToMove).Rotator());
            AddMovementInput(DirectionToMove);
        }
        break;
    }
}
```

```
...

void AABCharacter::UpDown(float NewAxisValue)
{
    switch (CurrentControlMode)
    {
    case EControlMode::GTA:
        AddMovementInput(FRotationMatrix(FRotator(0.0f, GetControlRotation().Yaw,
0.0f)).GetUnitAxis(EAxis::X), NewAxisValue);
        break;
    case EControlMode::DIABLO:
        DirectionToMove.X = NewAxisValue;
        break;
    }
}

void AABCharacter::LeftRight(float NewAxisValue)
{
    switch (CurrentControlMode)
    {
    case EControlMode::GTA:
        AddMovementInput(FRotationMatrix(FRotator(0.0f, GetControlRotation().Yaw,
0.0f)).GetUnitAxis(EAxis::Y), NewAxisValue);
        break;
    case EControlMode::DIABLO:
        DirectionToMove.Y = NewAxisValue;
        break;
    }
}

void AABCharacter::LookUp(float NewAxisValue)
{
    switch (CurrentControlMode)
    {
    case EControlMode::GTA:
        AddControllerPitchInput(NewAxisValue);
        break;
    }
}
```

```
void AABCharacter::Turn(float NewAxisValue)
{
    switch (CurrentControlMode)
    {
    case EControlMode::GTA:
        AddControllerYawInput(NewAxisValue);
        break;
    }
}
```

언리얼 엔진의 FRotationMatrix는 회전된 좌표계 정보를 저장하는 행렬이다. 앞서 살펴본 GTA 방식에서는 FRotator 값으로 회전 행렬을 생성하고, 이를 토대로 변환된 좌표계의 X, Y축 방향을 가져왔다. 이번 디아블로 방식에서는 거꾸로 하나의 벡터 값과 이에 직교하는 나머지 두 축을 구해 회전 행렬을 생성하고, 이와 일치하는 FRotator 값을 얻어오는 방식을 사용했다. 하나의 벡터로부터 회전 행렬을 구축하는 명령은 MakeFromX, Y, Z가 있는데, 두 축의 입력을 합산한 최종 벡터 방향과 캐릭터의 시선 방향(X축)이 일치해야 하므로 이 중에서 MakeFromX가 사용됐다.

컴파일을 눌러 결과를 적용한 후, 디아블로 방식으로 캐릭터를 조종할 수 있는지 확인한다.

그림 6-11 디아블로 방식을 적용한 결과 화면

현재 캐릭터는 키보드 조합에 따라 최소 45도 단위로 끊어져서 회전한다. 캐릭터 무브
먼트의 UseControllerDesiredRotation 속성을 체크하면 컨트롤 회전이 가리키는 방
향으로 캐릭터가 부드럽게 회전한다. UseControllerRotationYaw 속성을 해제하고 대신
UseControllerDesiredRotation을 지정해 캐릭터의 회전을 보완한다.

코드 6-14 ABCharacter.cpp

```
...

void AABCharacter::SetControlMode(EControlMode NewControlMode)
{
    CurrentControlMode = NewControlMode;

    switch (CurrentControlMode)
    {
    case EControlMode::GTA:
        SpringArm->TargetArmLength = 450.0f;
        SpringArm->SetRelativeRotation(FRotator::ZeroRotator);
        SpringArm->bUsePawnControlRotation = true;
        SpringArm->bInheritPitch = true;
        SpringArm->bInheritRoll = true;
        SpringArm->bInheritYaw = true;
        SpringArm->bDoCollisionTest = true;
        bUseControllerRotationYaw = false;
        GetCharacterMovement()->bOrientRotationToMovement = true;
        GetCharacterMovement()->bUseControllerDesiredRotation = false;
        GetCharacterMovement()->RotationRate = FRotator(0.0f, 720.0f, 0.0f);
        break;
    case EControlMode::DIABLO:
        SpringArm->TargetArmLength = 800.0f;
        SpringArm->SetRelativeRotation(FRotator(-45.0f, 0.0f, 0.0f));
        SpringArm->bUsePawnControlRotation = false;
        SpringArm->bInheritPitch = false;
        SpringArm->bInheritRoll = false;
        SpringArm->bInheritYaw = false;
        SpringArm->bDoCollisionTest = false;
        bUseControllerRotationYaw = false;
        GetCharacterMovement()->bOrientRotationToMovement = false;
        GetCharacterMovement()->bUseControllerDesiredRotation = true;
```

```
        GetCharacterMovement()->RotationRate = FRotator(0.0f, 720.0f, 0.0f);
        break;
    }
}
...
```

컨트롤 설정의 변경

이번에는 입력에 따라 컨트롤 방식을 변경하도록 기능을 추가해본다.

특정 키 입력에 따라 앞서 제작한 두 가지 조작 방식이 서로 전환되도록 코드에 기능을 추가한다. **프로젝트 설정**의 **입력**으로 가서 ViewChange라는 액션 매핑^{Action Mapping}을 하나 추가해주고 Shift+V 키를 여기에 할당한다.

그림 6-12 시점을 변환하는 키 입력 설정

입력 설정을 완료하면 해당 키가 눌러질 때마다 SetControlMode 함수에 다른 인자 값이 들어가도록 코드를 추가한다. 언리얼 엔진은 액션 매핑 입력 설정과 연동하도록 BindAction이라는 함수를 제공하는데, 이 함수에는 버튼이 눌렸는지 (EInputEvent::IE_Pressed), 떼어졌는지(EInputEvent::IE_Released)에 대한 부가 인자를 지정할 수 있다.

코드 6-15 ABCharacter.h

```
// Fill out your copyright notice in the Description page of Project Settings.

#pragma once

#include "ArenaBattle.h"
#include "GameFramework/Character.h"
#include "ABCharacter.generated.h"

UCLASS()
class ARENABATTLE_API AABCharacter : public ACharacter
{
    GENERATED_BODY()

public:
    // Sets default values for this character's properties
    AABCharacter();

...

private:
    void UpDown(float NewAxisValue);
    void LeftRight(float NewAxisValue);
    void LookUp(float NewAxisValue);
    void Turn(float NewAxisValue);

    void ViewChange();
};
```

코드 6-16 ABCharacter.cpp

```
...

// Called to bind functionality to input
void AABCharacter::SetupPlayerInputComponent(UInputComponent*
PlayerInputComponent)
{
    Super::SetupPlayerInputComponent(PlayerInputComponent);

    PlayerInputComponent->BindAction(TEXT("ViewChange"), EInputEvent::IE_Pressed,
this, &AABCharacter::ViewChange);

    PlayerInputComponent->BindAxis(TEXT("UpDown"), this, &AABCharacter::UpDown);
    PlayerInputComponent->BindAxis(TEXT("LeftRight"), this,
&AABCharacter::LeftRight);
    PlayerInputComponent->BindAxis(TEXT("LookUp"), this, &AABCharacter::LookUp);
    PlayerInputComponent->BindAxis(TEXT("Turn"), this, &AABCharacter::Turn);
}

...

void AABCharacter::ViewChange()
{
    switch (CurrentControlMode)
    {
    case EControlMode::GTA:
        SetControlMode(EControlMode::DIABLO);
        break;
    case EControlMode::DIABLO:
        SetControlMode(EControlMode::GTA);
        break;
    }
}
```

컴파일하고 실행하면 Shift+V 키를 누를 때마다 캐릭터의 컨트롤이 변경되는 것을 확인
할 수 있다. 이번에는 컨트롤 방식을 변경할 때 카메라의 길이가 부드럽게 전환되도록
기능을 추가해본다.

캐릭터 컨트롤을 변경할 때마다 SpringArm의 길이와 회전 값이 목표 값까지 각각의 목표 설정 값으로 서서히 변경되도록 FMath 클래스에서 제공하는 InterpTo 명령어를 사용한다.

InterpTo 명령어는 지정한 속력으로 목표 지점까지 진행하되, 목표 지점까지 도달하면 그 값에서 멈추는 기능이다. 언리얼 엔진은 float형을 처리하는 FInterpTo, Vector형을 처리하는 VInterpTo, Rotator형을 처리하는 RInterpTo라는 세 가지 함수를 FMath에서 제공한다.

코드 6-17 ABCharacter.h

```cpp
// Fill out your copyright notice in the Description page of Project Settings.

#pragma once

#include "ArenaBattle.h"
#include "GameFramework/Character.h"
#include "ABCharacter.generated.h"

UCLASS()
class ARENABATTLE_API AABCharacter : public ACharacter
{
    GENERATED_BODY()

public:
    // Sets default values for this character's properties
    AABCharacter();

protected:
    // Called when the game starts or when spawned
    virtual void BeginPlay() override;

    enum class EControlMode
    {
        GTA,
        DIABLO
    };
```

```
    void SetControlMode(EControlMode NewControlMode);
    EControlMode CurrentControlMode;
    FVector DirectionToMove;

    float ArmLengthTo = 0.0f;
    FRotator ArmRotationTo = FRotator::ZeroRotator;
    float ArmLengthSpeed = 0.0f;
    float ArmRotationSpeed = 0.0f;
```

...

코드 6-18 ABCharacter.cpp

```
// Fill out your copyright notice in the Description page of Project Settings.

#include "ABCharacter.h"


// Sets default values
AABCharacter::AABCharacter()
{
    ...

    ArmLengthSpeed = 3.0f;
    ArmRotationSpeed = 10.0f;
}

...

void AABCharacter::SetControlMode(EControlMode NewControlMode)
{
    CurrentControlMode = NewControlMode;

    switch (CurrentControlMode)
    {
    case EControlMode::GTA:
        //SpringArm->TargetArmLength = 450.0f;
        //SpringArm->SetRelativeRotation(FRotator::ZeroRotator);
        ArmLengthTo = 450.0f;
```

```cpp
        SpringArm->bUsePawnControlRotation = true;
        SpringArm->bInheritPitch = true;
        SpringArm->bInheritRoll = true;
        SpringArm->bInheritYaw = true;
        SpringArm->bDoCollisionTest = true;
        bUseControllerRotationYaw = false;
        GetCharacterMovement()->bOrientRotationToMovement = true;
        GetCharacterMovement()->bUseControllerDesiredRotation = false;
        GetCharacterMovement()->RotationRate = FRotator(0.0f, 720.0f, 0.0f);
        break;
    case EControlMode::DIABLO:
        //SpringArm->TargetArmLength = 800.0f;
        //SpringArm->SetRelativeRotation(FRotator(-45.0f, 0.0f, 0.0f));
        ArmLengthTo = 800.0f;
        ArmRotationTo = FRotator(-45.0f, 0.0f, 0.0f);
        SpringArm->bUsePawnControlRotation = false;
        SpringArm->bInheritPitch = false;
        SpringArm->bInheritRoll = false;
        SpringArm->bInheritYaw = false;
        SpringArm->bDoCollisionTest = false;
        bUseControllerRotationYaw = false;
        GetCharacterMovement()->bOrientRotationToMovement = false;
        GetCharacterMovement()->bUseControllerDesiredRotation = true;
        GetCharacterMovement()->RotationRate = FRotator(0.0f, 720.0f, 0.0f);
        break;
    }
}


// Called every frame
void AABCharacter::Tick(float DeltaTime)
{
    Super::Tick(DeltaTime);

    SpringArm->TargetArmLength = FMath::FInterpTo(SpringArm->TargetArmLength,
ArmLengthTo, DeltaTime, ArmLengthSpeed);

    switch (CurrentControlMode)
    {
    case EControlMode::DIABLO:
        SpringArm->RelativeRotation = FMath::RInterpTo(SpringArm-
```

```
>RelativeRotation, ArmRotationTo, DeltaTime, ArmRotationSpeed);
        break;
    }

    switch (CurrentControlMode)
    {
    case EControlMode::DIABLO:
        if (DirectionToMove.SizeSquared() > 0.0f)
        {
            GetController()->SetControlRotation(FRotationMatrix::MakeFromX(Direct
ionToMove).Rotator());
            AddMovementInput(DirectionToMove);
        }
        break;
    }
}

...

void AABCharacter::ViewChange()
{
    switch (CurrentControlMode)
    {
    case EControlMode::GTA:
        GetController()->SetControlRotation(GetActorRotation());
        SetControlMode(EControlMode::DIABLO);
        break;
    case EControlMode::DIABLO:
        GetController()->SetControlRotation(SpringArm->RelativeRotation);
        SetControlMode(EControlMode::GTA);
        break;
    }
}
```

컨트롤 회전 값은 GTA 방식에서는 SpringArm의 회전에 사용하고, 디아블로 방식에서
는 캐릭터의 방향에 사용한다. 컨트롤을 전환할 때 어색해 보이지 않도록 이 값을 미리
지정해주는 코드를 ViewChange 함수에 추가했다.

그림 6-13 부드럽게 시점이 변경된 최종 결과 화면

7

애니메이션 시스템의 설계

애니메이션 블루프린트의 기반을 이루는 애님 인스턴스 클래스를 C++로 제작하고 애님 인스턴스 클래스에서 제공하는 데이터를 기반으로 캐릭터가 상황에 따라 적합한 애니메이션을 체계적으로 재생할 수 있도록 스테이트 머신에 기반한 애니메이션 시스템의 제작 방법을 학습한다.

애니메이션 블루프린트

언리얼 엔진은 캐릭터가 다양한 상황에 적절한 애니메이션을 체계적으로 재생하도록 애니메이션 시스템 제작 도구인 애니메이션 블루프린트를 제공한다. 애니메이션 블루프린트는 시각적 도구를 사용해 애니메이션 시스템을 제작하도록 설계된 애님 그래프 Anim Graph, 애니메이션 블루프린트의 기반을 이루는 애님 인스턴스 Anim Instance 이렇게 두 가지로 구성된다. 각 역할은 다음과 같다.

- **애님 인스턴스**: 스켈레탈 메시를 소유하는 폰의 정보를 받아 애님 그래프가 참조할 데이터를 제공한다. 블루프린트와 C++로 제작할 수 있다.
- **애님 그래프**: 애님 인스턴스의 변수 값에 따라 변화하는 애니메이션 시스템을 설계하는 공간이다. 블루프린트로만 제작할 수 있다.

이번에는 C++로 애님 인스턴스를 제작해 폰의 현재 속력을 애님 인스턴스에 저장하고, 이 값에 따라 애님 그래프에서는 IDLE 애니메이션 혹은 RUN 애니메이션을 재생하도록 기능을 구현해본다.

파일 〉 새로운 C++ 클래스... 메뉴를 누른 후, **모든 클래스 표시**를 체크한다. 그리고 AnimInstance 클래스를 부모로 하는 ABAnimInstance라는 클래스를 생성한다.

그림 7-1 애님 인스턴스 클래스의 생성

ABAnimInstance 클래스를 생성하면, 여기에 CurrentPawnSpeed라는 float 변수를 추가한다. 이 변수를 애니메이션 블루프린트의 애님 그래프에서 사용할 수 있도록 UPROPERTY 매크로와 EditAnywhere 키워드를 추가한다. 이때 블루프린트에서 접근하는 방법에 대한 키워드를 추가로 지정해줘야 하는데, 블루프린트에서 접근하는 키워드로는 BlueprintReadOnly와 BlueprintReadWrite가 있다.

블루프린트에서는 오로지 값을 읽기만 하도록 BlueprintReadOnly를 사용한다.

코드 7-1 ABAnimIntance.h

```cpp
// Fill out your copyright notice in the Description page of Project Settings.

#pragma once

#include "ArenaBattle.h"
#include "Animation/AnimInstance.h"
#include "ABAnimInstance.generated.h"

/**
 *
 */
UCLASS()
class ARENABATTLE_API UABAnimInstance : public UAnimInstance
{
    GENERATED_BODY()

public:
    UABAnimInstance();

private:
    UPROPERTY(EditAnywhere, BlueprintReadOnly, Category=Pawn,
Meta=(AllowPrivateAccess=true))
    float CurrentPawnSpeed;
};
```

코드 7-2 ABAnimIntance.cpp

```cpp
// Fill out your copyright notice in the Description page of Project Settings.

#include "ABAnimInstance.h"

UABAnimInstance::UABAnimInstance()
{
    CurrentPawnSpeed = 0.0f;
}
```

UABAnimInstance 클래스 생성을 완료하면 기존에 생성한 애니메이션 블루프린트를 더블 클릭해 연다. 툴바의 **클래스 세팅**을 누른 후 부모 클래스 정보를 AnimInstance에서 ABAnimInstance로 변경하고 **컴파일** 버튼을 눌러 세팅을 변경한다.

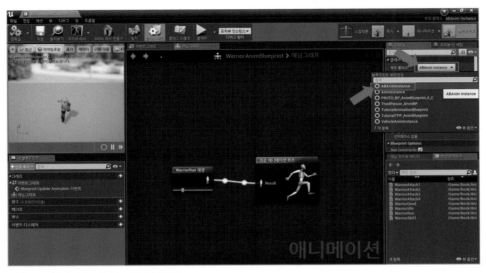

그림 7-2 블루프린트의 부모 클래스 변경

부모 클래스를 변경하면 C++ 클래스에서 UPROPERTY 매크로로 노출한 Current PawnSpeed 변수 값을 애님 그래프에서 이용할 수 있게 된다. 블루프린트 메뉴에서 **상속된 변수 표시** 버튼을 눌러 이를 사용할 수 있도록 노출한다.

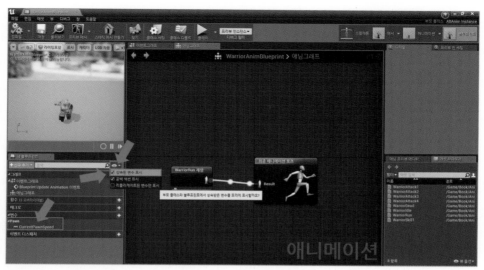

그림 7-3 상속된 변수의 표시 기능

CurrentPawnSpeed 변수 값을 바탕으로 애님 그래프에서 걷기와 뛰기 모션 중 하나를 재생하는 노드를 만든다. 변수를 애님 그래프 작업 공간에 드래그하고 Get 메뉴를 선택해 가져오는 노드를 생성한다. 앞서 해당 UPROPERTY 매크로에 BlueprintReadOnly 키워드를 지정했기 때문에 드래그해 뜨는 메뉴에서 Set 메뉴는 비활성화된 것을 볼 수 있다.

그림 7-4 Get 노드의 생성

변수의 Get 노드로부터 마우스를 드래그한 후 빈 작업 공간에서 버튼을 떼면 float 관련된 명령어 목록이 뜬다. 우리는 변수 값을 0과 비교한 후 결과에 따라 걷기 혹은 뛰기 애니메이션을 재생할 예정이다. 이를 위해 '>' 부등호 기호를 입력해 검색하고 float 데이터 간의 크기를 비교하는 float > float 노드를 선택한다.

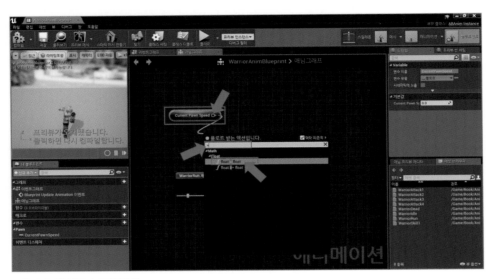

그림 7-5 값 비교 노드의 검색

비교 결과는 참/거짓 값만 처리하는 빨간색의 불리언 유형으로 나온다. 빨간색 결과 핀에서 동일하게 드래그한 후 blend라는 검색어를 입력함으로써 두 애니메이션 중 하나를 선택해 재생하는 **bool로 포즈를 블렌딩합니다.** 노드를 선택한다.

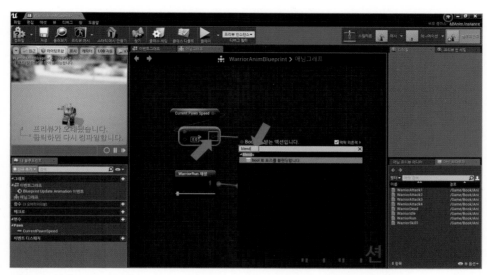

그림 7-6 블렌드 노드의 선택

노드를 완성하면 Alt 키를 누른 상태에서 기존의 노드 연결을 클릭해 끊어주고 애셋 브라우저 창에서 IDLE 애니메이션을 드래그해 이의 재생 노드를 추가한다. True 핀에는 RUN 애니메이션을 연결하고, False 핀에는 IDLE 애니메이션을 연결해 애님 그래프를 완성한다.

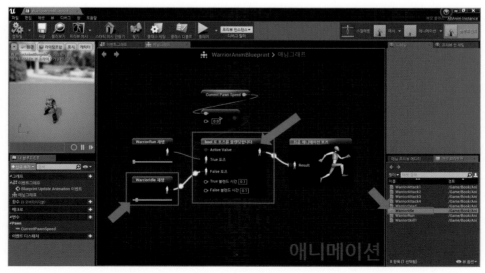

그림 7-7 애님 그래프의 완성

컴파일하고 저장한 후, 이제 이 애님 그래프가 우리가 설계한 대로 정상적으로 동작하는지 테스트한다. 캐릭터는 CurrentPawnSpeed 값이 0보다 크면 RUN 애니메이션을, 0보다 작거나 같으면 IDLE 애니메이션을 수행해야 한다. 애니메이션 블루프린트에서 이를 시뮬레이션할 수 있는 공간이 **애님 프리뷰 에디터** 윈도우다.

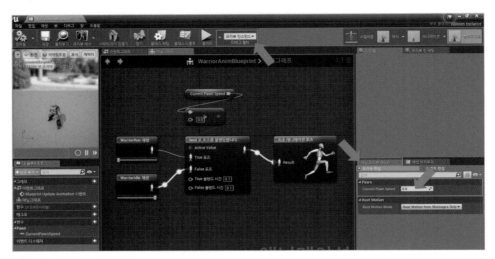

그림 7-8 애님 프리뷰 에디터

애님 블루프린트 에디터의 CurrentPawnSpeed 항목에 마우스를 올려서 드래그하면 값에 따라 프리뷰 화면에 위치한 캐릭터는 각기 다른 애니메이션을 재생한다.

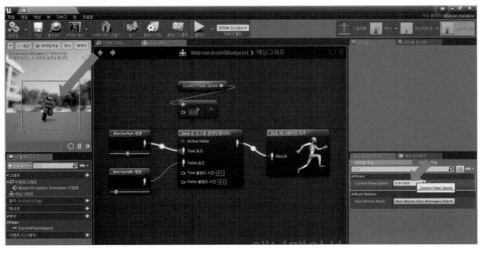

그림 7-9 시뮬레이션의 최종 결과

폰과 데이터 연동

지금까지 애님 인스턴스에서 선언한 속성을 활용해 상황에 따라 다른 애니메이션을 재생하는 시스템을 제작해봤다. 실제 게임에서 폰의 속도에 따라 다른 애니메이션을 재생하기 위해서는 프레임마다 폰의 속력과 애님 인스턴스의 CurrentPawnSpeed 값이 같은 값을 가져야 한다.

폰의 데이터와 애님 인스턴스 데이터를 동일하게 만들려면 폰의 Tick 함수에서 애님 인스턴스의 CurrentPawnSpeed에 쓰거나 애님 인스턴스의 Tick에서 폰의 속도 정보를 가져온 후 이를 CurrentPawnSpeed에 업데이트하는 방법이 있다. 후자의 방법인 애님 인스턴스에서 폰의 정보를 얻어오는 기능을 구현해본다.

애님 인스턴스 클래스는 틱마다 호출되는 NativeUpdateAnimation 함수를 가상 함수로 제공한다. 그래서 ABAnimInstance에 이를 상속받은 하나의 함수를 선언한다.

코드 7-3 ABAnimInstance.h

```cpp
// Fill out your copyright notice in the Description page of Project Settings.

#pragma once

#include "ArenaBattle.h"
#include "Animation/AnimInstance.h"
#include "ABAnimInstance.generated.h"

/**
 *
 */
UCLASS()
class ARENABATTLE_API UABAnimInstance : public UAnimInstance
{
    GENERATED_BODY()

public:
    UABAnimInstance();
    virtual void NativeUpdateAnimation(float DeltaSeconds) override;

private:
```

```
    UPROPERTY(EditAnywhere, BlueprintReadOnly, Category = Pawn, Meta =
(AllowPrivateAccess = true))
    float CurrentPawnSpeed;
};
```

애니메이션 시스템의 틱에서 폰에 접근해 폰의 속력 값을 얻어와야 한다. 이를 위해 제
공하는 함수가 TryGetPawnOwner다.

코드 7-4 ABAnimInstance.cpp

```
// Fill out your copyright notice in the Description page of Project Settings.

#include "ABAnimInstance.h"

UABAnimInstance::UABAnimInstance()
{
    CurrentPawnSpeed = 0.0f;
}

void UABAnimInstance::NativeUpdateAnimation(float DeltaSeconds)
{
    Super::NativeUpdateAnimation(DeltaSeconds);

    auto Pawn = TryGetPawnOwner();
    if (::IsValid(Pawn))
    {
        CurrentPawnSpeed = Pawn->GetVelocity().Size();
    }
}
```

언리얼
에디터
참고

게임 엔진은 틱마다 입력 시스템 ❯ 게임 로직 ❯ 애니메이션 시스템순으로 로직을 실행한다. 이는 플레이
어의 의지인 입력 값을 받은 후 그것을 해석해 폰을 움직이게 만들고, 폰의 최종 움직임과 맞는 애니메이
션을 재생시키는 것이 자연스럽기 때문이다.

만일 애니메이션에 앞서 실행되는 게임 로직 단계에서 폰이 제거하는 명령을 내린다면 그 뒤에 실행되는
애니메이션 로직에서는 더 이상 유효하지 않은 폰 객체를 참조하게 될 것이다. 그래서 애니메이션 시스템은
폰에 접근할 때 먼저 폰 객체가 유효한지를 점검해야 한다. 이를 검사하는 명령이 TryGetPawnOwner다.

TryGetPawnOwner 함수로 유효한 Pawn 오브젝트의 포인터를 받아오면, 여기서 속력을 구해 CurrentPawnSpeed에 저장한다. **플레이** 버튼을 눌러 이동 속력에 따라 캐릭터가 쉬기 혹은 뛰기 애니메이션을 재생하는지 확인해본다.

그림 7-10 상황에 따라 두 개의 애니메이션을 재생하는 결과 화면

언리얼
에디터
참고

애님 인스턴스의 틱에서 폰에 접근해 애니메이션을 생성하는 방법이 일반적이지만, 이와 반대로 폰에서 스켈레탈 메시 컴포넌트의 GetAnimInstance 함수를 사용하면 폰에서 애님 인스턴스에 접근할 수 있다. 캐릭터에서 직접 애님 인스턴스의 값을 변경하는 코드는 다음과 같다.

코드 7-5 ABAnimInstance.h

```
// Fill out your copyright notice in the Description page of Project Settings.

#pragma once

#include "ArenaBattle.h"
#include "Animation/AnimInstance.h"
#include "ABAnimInstance.generated.h"

/**
 *
 */
```

```
UCLASS( )
class ARENABATTLE_API UABAnimInstance : public UAnimInstance
{
    GENERATED_BODY( )

public:
    UABAnimInstance( );
    virtual void NativeUpdateAnimation(float DeltaSeconds) override;

    void SetPawnSpeed(float NewPawnSpeed) { CurrentPawnSpeed = NewPawnSpeed; }

private:
    UPROPERTY(EditAnywhere, BlueprintReadOnly, Category = Pawn, Meta =
(AllowPrivateAccess = true))
    float CurrentPawnSpeed;
};
```

코드 7-6 ABAnimInstance.cpp

```
// Fill out your copyright notice in the Description page of Project Settings.

#include "ABAnimInstance.h"

UABAnimInstance::UABAnimInstance( )
{
    CurrentPawnSpeed = 0.0f;
}

void UABAnimInstance::NativeUpdateAnimation(float DeltaSeconds)
{
    Super::NativeUpdateAnimation(DeltaSeconds);
}
```

코드 7-7 ABCharacter.cpp

```
#include "ABCharacter.h"
#include "ABAnimInstance.h"

...
```

```cpp
void AABCharacter::Tick(float DeltaTime)
{
        Super::Tick(DeltaTime);

        SpringArm->TargetArmLength = FMath::FInterpTo(SpringArm->TargetArmLength,
ArmLengthTo, DeltaTime, ArmLengthSpeed);

        switch (CurrentControlMode)
        {
        case EControlMode::DIABLO:
                SpringArm->RelativeRotation = FMath::RInterpTo(SpringArm-
>RelativeRotation, ArmRotationTo, DeltaTime, ArmRotationSpeed);
                break;
        }

        switch (CurrentControlMode)
        {
        case EControlMode::DIABLO:
                if (DirectionToMove.SizeSquared() > 0.0f)
                {
                        GetController()->SetControlRotation(DirectionToMove.
ToOrientationRotator());
                        AddMovementInput(DirectionToMove);
                }
                break;
        }

        auto ABAnimInstance = Cast<UABAnimInstance>(GetMesh()->GetAnimInstance());
        if (nullptr != ABAnimInstance)
        {
                ABAnimInstance->SetPawnSpeed(GetVelocity().Size());
        }
}

...
```

컴파일하고 플레이를 눌러보면 두 방식 모두 동일하게 동작함을 확인할 수 있다. 하지만 대부분의 프로젝트에서는 전자의 방식을 사용한다. 전자의 방식으로 설계하면 애니메이션 로직과 폰의 로직을 분리할 수 있으므로 애니메이션이 필요 없는 서버 코드에도 문제없이 동작하기 때문이다.

스테이트 머신의 제작

상황에 따른 복잡한 애니메이션 시스템을 체계적으로 설계할 수 있도록 애니메이션 블루프린트의 애님 그래프는 스테이트 머신State Machine이라는 기능을 제공한다.

스테이트 머신은 유한 상태 기계라고도 불리며 개찰구, 자판기와 같은 기계의 동작을 설계할 때도 사용돼왔던 오래된 설계 기법이다.

스테이트 머신은 기계가 반복 수행해야 하는 동작을 설계한 단위인 스테이트State를 정의하는 것으로 시작한다. 스테이트 머신에는 여러 스테이트를 설계할 수 있는데, 스테이트 머신은 그중 하나의 스테이트만 지정해 해당 스테이트에서 지정한 동작을 반복 수행한다.

애니메이션 시스템에서 스테이트라는 것은 캐릭터가 반복해서 재생해야 할 애니메이션 동작이라고 할 수 있다. 애니메이션 블루프린트의 스테이트 머신 시스템을 사용해 점프 애니메이션을 구현하는 애니메이션 시스템을 구축해본다.

애님 그래프의 빈 공간에서 우클릭으로 메뉴를 열고 **스테이트 머신 새로 추가**를 눌러 스테이트 머신을 만든 후 이 머신의 이름을 BaseAction으로 지정한다. 최종 애니메이션 포즈에 연결된 기존의 노드를 끊고(Alt 키를 누른 상태에서 클릭) 스테이트 머신 노드를 대신 연결한다. 스테이트 머신을 연결한 애님 그래프는 다음과 같다.

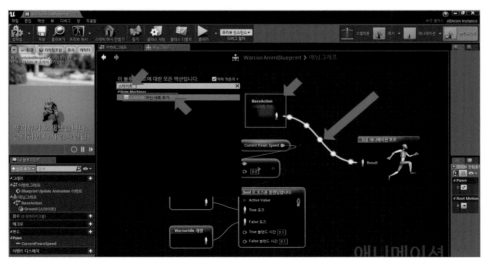

그림 7-11 스테이트 머신의 추가

스테이트 머신을 더블 클릭하면 스테이트 머신 편집 화면이 나온다. 다시 우클릭으로 메뉴를 연 후 **스테이트 추가** 메뉴를 눌러 Ground 스테이트를 추가한다.

스테이트 머신을 설계할 때는 하나의 스테이트에서 다른 스테이트로 이동하기 위한 조건이 필요하다. 스테이트 머신에서는 이를 트랜지션^{Transition}이라 불리는 단방향 화살표 선으로 표현한다. 스테이트 머신의 시작 지점인 Entry 노드로부터 Ground 스테이트의 테두리까지 드래그하면 트랜지션이 자동으로 생성된다. 시작 지점인 Entry와 연결된 스테이트를 특별히 시작 스테이트라고 한다.

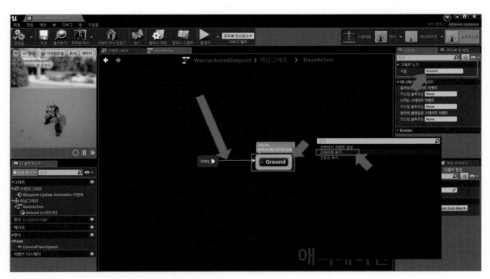

그림 7-12 스테이트 머신에서 스테이트와 트랜지션의 추가

Ground 스테이트를 더블 클릭해 스테이트의 애니메이션 설정으로 들어간다. 여기에는 처음 애님 그래프를 봤을 때와 동일하게 최종 애니메이션 포즈 노드가 존재한다.

처음에 애님 그래프에서 사용했던 **bool로 포즈를 블렌딩합니다.** 노드를 사용해 Ground 스테이트의 애님 그래프를 제작한다. 기존에 제작한 애님 그래프의 노드를 오려 붙여도 무방하다.

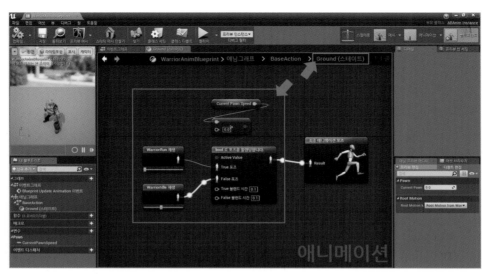

그림 7-13 Ground 스테이트의 애니메이션 제작

Ground 스테이트의 작업을 완료하면 **컴파일** 버튼을 눌러 애니메이션 시스템을 테스트
한다. 이전과 동일하게 동작하는 것을 볼 수 있다. 애님 그래프의 최종 포즈에 연결된
스테이트 머신은 시작할 때 Ground 스테이트를 실행하는데, Ground 스테이트의 설계는
이전 애님 그래프 설계와 동일하기 때문이다.

그림 7-14 애님 그래프의 동작 확인

폰 무브먼트 컴포넌트가 제공하는 `IsFalling( )` 함수를 사용해 폰이 현재 점프 중인지 아닌지에 대한 정보를 애님 인스턴스에 보관하고 이를 활용해 점프 애니메이션을 재생하도록 구현한다. 폰의 점프 상황을 보관하기 위해 애님 인스턴스에 `IsInAir`라는 불리언 속성을 선언하고 폰 무브먼트 컴포넌트의 `IsFalling` 함수를 호출해 두 값이 일치하도록 만들어준다. 해당 코드는 다음과 같다.

코드 7-9 ABAnimInstance.h

```cpp
// Fill out your copyright notice in the Description page of Project Settings.

#pragma once

#include "ArenaBattle.h"
#include "Animation/AnimInstance.h"
#include "ABAnimInstance.generated.h"

/**
 *
 */
UCLASS( )
class ARENABATTLE_API UABAnimInstance : public UAnimInstance
{
    GENERATED_BODY( )

public:
    UABAnimInstance( );
    virtual void NativeUpdateAnimation(float DeltaSeconds) override;

private:
    UPROPERTY(EditAnywhere, BlueprintReadOnly, Category = Pawn, Meta =
(AllowPrivateAccess = true))
    float CurrentPawnSpeed;

    UPROPERTY(EditAnywhere, BlueprintReadOnly, Category = Pawn, Meta =
(AllowPrivateAccess = true))
    bool IsInAir;
};
```

코드 7-10 ABAnimInstance.cpp

```cpp
// Fill out your copyright notice in the Description page of Project Settings.

#include "ABAnimInstance.h"
#include "GameFramework/Character.h"
#include "GameFramework/PawnMovementComponent.h"

UABAnimInstance::UABAnimInstance()
{
    CurrentPawnSpeed = 0.0f;
    IsInAir = false;
}

void UABAnimInstance::NativeUpdateAnimation(float DeltaSeconds)
{
    Super::NativeUpdateAnimation(DeltaSeconds);

    auto Pawn = TryGetPawnOwner();
    if (::IsValid(Pawn))
    {
        CurrentPawnSpeed = Pawn->GetVelocity().Size();
        auto Character = Cast<ACharacter>(Pawn);
        if (Character)
        {
            IsInAir = Character->GetMovementComponent()->IsFalling();
        }
    }
}
```

코드를 컴파일하면 애니메이션 블루프린트에 IsInAir 변수가 추가된 것을 확인할 수 있다.

그림 7-17 점프 구현을 위한 블루프린트 변수의 추가

이 변수를 사용해 점프를 위한 애니메이션 시스템을 설계해본다. 이 값이 False에서 True로 변하면 캐릭터가 지면에 있다가 공중에 뜨는 도약 상황임을 의미한다. 반대로 이 값이 True에서 False로 변하면 캐릭터가 공중에 떠있다가 땅에 내려앉은 착지 상황임을 의미할 것이다.

스테이트 머신 편집 화면에서 Jump 스테이트를 추가하고, Ground 스테이트와 Jump 스테이트의 테두리 사이를 드래그해 양방향 트랜지션을 추가한다. 양방향 트랜지션을 생성하면 동그란 버튼을 눌러 트랜지션이 발생할 조건을 지정하는 창을 연다. Ground 스테이트에서 Jump로 가기 위해서는 IsInAir가 True여야 하고 반대의 경우에는 False여야 한다.

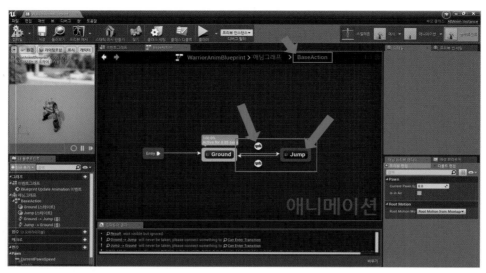

그림 7-18 점프 기능을 위한 스테이트 머신의 설계

Ground 스테이트에서 Jump 스테이트로 가기 위한 트랜지션의 조건은 다음과 같다. IsInAir 변수를 드래그해 Get 노드를 생성하고 이를 바로 결과 노드에 연결한다.

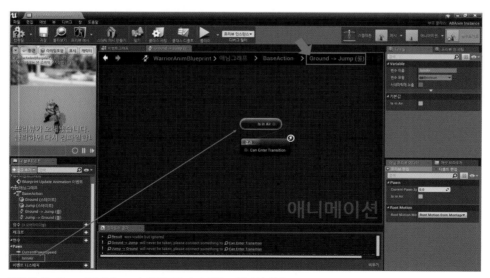

그림 7-19 Ground에서 Jump 스테이트로 가기 위한 트랜지션 설정

Jump 스테이트에서 Ground 스테이트로 가기 위해서는 IsInAir 값을 반전시켜야 한다. 불리언 값의 반전은 NOT Boolean 노드를 사용하면 된다.

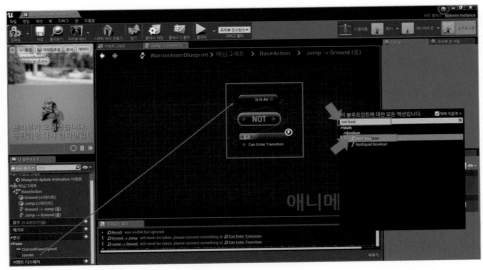

그림 7-20 Jump 스테이트에서 Ground 스테이트로 가기 위한 트랜지션 설정

스테이트 머신과 스테이트 머신에서 제작한 스테이트와 트랜지션은 왼쪽의 내 블루프린트 메뉴에서 언제든지 더블 클릭으로 열 수 있다.

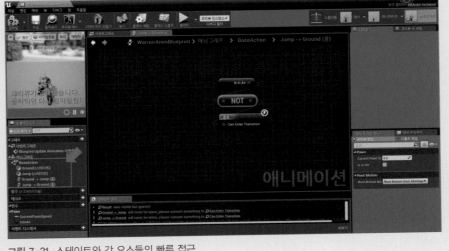

그림 7-21 스테이트와 각 요소들의 빠른 접근

컴파일을 눌러 우리가 원하는 대로 스테이트 머신이 잘 동작하는지 시뮬레이션한다.

애님 프리뷰 에디터 윈도우에 있는 IsInAir 속성을 체크하고 해제하면 Ground 스테이트
와 Jump 스테이트가 번갈아가면서 활성화되는 것을 볼 수 있다. 현재 Jump 스테이트에
는 애니메이션을 설정하지 않았기 때문에 점프 스테이트로 이동하면 캐릭터는 기본 포
즈를 취하게 된다.

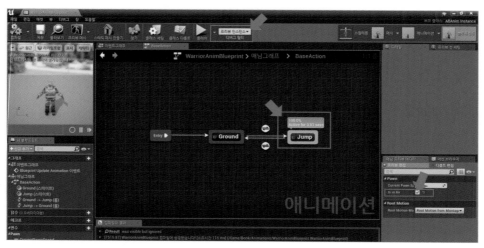

그림 7-22 변수 값에 의한 스테이트 변경 테스트

플레이 버튼을 누르면 점프 중에 캐릭터가 기본 자세로 변하는 것을 알 수 있다.

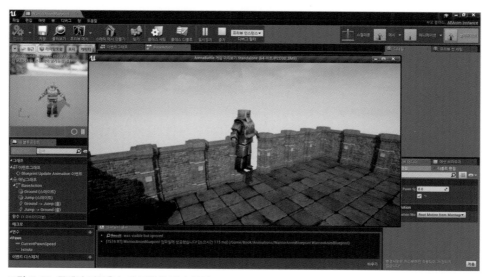

그림 7-23 플레이 버튼을 눌러 적용한 결과 화면

애니메이션 리타겟

점프 기능을 제대로 완성하려면 캐릭터에 맞는 점프 애니메이션이 있어야 한다. 현재 캐릭터에 점프 애니메이션은 없지만 마네킹에 있는 점프 애니메이션을 가져와서 우리의 캐릭터에 사용할 수 있다면 어떨까? 다른 스켈레톤 구성을 가진 캐릭터의 애니메이션 교환은 불가능하지만, 언리얼 엔진은 인간형 캐릭터의 경우 스켈레톤의 구성이 달라도 애니메이션을 교환할 수 있도록 애니메이션 리타겟^{Animation Retarget} 기능을 제공한다. 언리얼 엔진의 애니메이션 리타겟 기능을 사용해 마네킹에서 사용하는 점프 애니메이션을 우리 캐릭터가 사용할 수 있도록 변환해본다.

애니메이션 리타겟 기능이 동작하려면 애니메이션을 교환할 캐릭터들의 스켈레톤을 세팅해줘야 한다. 마네킹의 스켈레톤 애셋으로 가서 더블 클릭으로 에디터를 연다.

그림 7-24 마네킹 캐릭터의 스켈레톤 애셋

스켈레톤 애셋의 툴바에서 **리타겟 매니저**를 누른 후 **릭 셋업** 메뉴를 선택한다.

그림 7-25 리타겟 매니저의 위치

릭 선택 메뉴에서 인간형 릭을 선택하면 언리얼 엔진은 캐릭터의 뼈대를 이루는 각 본 Bone의 이름을 분석해 리타겟을 위한 설정 값을 자동으로 매핑한다. 마네킹 모델의 본 정보가 인간형 릭에 매핑된 결과는 다음과 같다.

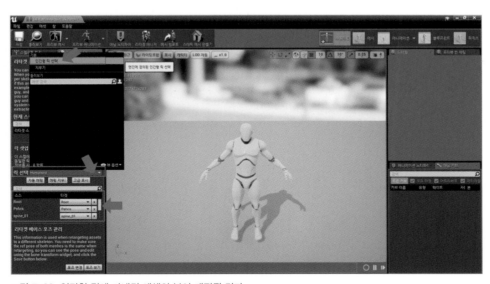

그림 7-26 인간형 릭에 마네킹 애셋의 본이 매핑된 결과

리타겟 설정이 완료된 마네킹 스켈레탈 애셋을 저장하고, 이번에는 우리가 사용하는 캐릭터의 스켈레탈도 동일하게 인간형 릭에 매핑한다. 스켈레탈 애셋의 위치는 다음과 같다.

그림 7-27 워리어의 스켈레탈 애셋의 위치

스켈레탈 애셋을 더블 클릭한 후, 리타겟 매니저를 사용해 인간형 릭 메뉴를 선택함으로써 매핑하고 저장한다.

그림 7-28 워리어 스켈레탈에 인간형 릭을 매핑한 결과 화면

이렇게 두 스켈레탈 애셋의 리타겟 세팅을 완료하면, 두 스켈레탈 애셋에서 사용하는 애니메이션은 서로 교환할 수 있게 된다. 이제 우리의 캐릭터 애셋이 점프 애니메이션을 사용할 수 있도록 리타겟 기능을 사용해 새롭게 애니메이션 애셋을 생성해본다.

점프 애셋이 있는 마네킹의 Animations 폴더로 이동한다. 이어서 Jump_End, Jump_Loop, Jump_Start라는 세 애셋을 선택하고 우클릭한 후 **애님 애셋 리타겟 ❯ 애님 애셋 복제후 리타겟** 메뉴를 누른다.

그림 7-29 마네킹의 점프 관련 애니메이션을 리타겟시키는 메뉴

리타겟 다이얼로그가 뜨면 가장 먼저 해야 할 일은 애니메이션을 옮길 대상 스켈레톤을 지정하는 것이다. 왼쪽 목록에 있는 SK_Mannequin_Skeleton 애셋을 선택한다.

우리가 선택한 애니메이션 애셋은 해당 스켈레톤에 맞게 복제돼 앞으로 새로운 애셋으로 만들어지는데, ThirdPerson으로 시작하는 애셋명을 Warrior로 변경하면 향후 관리하기 편할 것이다. 이를 위해 우측 가운데 부분의 대체 메뉴에 변환할 정보를 기입한다.

마지막으로 복제할 애니메이션 애셋이 저장될 대상 폴더는 현재 예제에서 제공하는 애니메이션들이 보관된 Book 폴더 내의 Animations 폴더를 지정한다.

이렇게 모든 설정을 완료하고 좌측 하단의 **리타겟** 버튼을 눌러 애니메이션을 생성한다.

다이얼로그에서 해당 값들을 설정한 결과는 다음과 같다.

그림 7-30 애님 애셋 리타겟 다이얼로그의 설정

리타겟을 성공적으로 완성하면 워리어용으로 점프 애니메이션이 생성된 것을 확인할 수 있다. **모두 저장** 버튼을 눌러 애셋들을 저장한다.

그림 7-31 생성된 리타겟 애니메이션

애셋을 더블 클릭하면 워리어 캐릭터도 마네킹과 유사하게 점프 애니메이션을 재생하는 것을 볼 수 있다.

그림 7-32 워리어용으로 점프 애니메이션이 생성된 결과 화면

언리얼 엔진은 두 캐릭터가 같은 구조의 스켈레톤을 사용하지만 비율이 다를 때와 두 캐릭터가 서로 다른 스켈레톤을 사용할 때라는 두 가지 상황에 대해 각기 다른 리타겟 방법을 제공한다. 현재 예제에서는 마네킹과 워리어의 두 캐릭터는 동일한 본 이름과 스켈레톤 구조를 가지지만, 각자 독립적인 스켈레톤 애셋을 가지고 있기 때문에 다른 스켈레톤을 사용할 때 시도하는 리타겟 방법을 사용했다.

리타겟에 관련된 좀 더 자세한 정보는 다음 영상 링크로 확인할 수 있다.

- http://bit.ly/ue4retartgetvideo

점프의 구현

점프 동작은 지형에 따라 체공 시간이 다르므로 지형을 고려해서 점프 기능을 구현하려면 점프 동작을 도약, 체공, 착지로 나누고 상황에 맞게 애니메이션의 재생 시간을 조절해줘야 한다.

도약 상황에서는 무릎을 구부렸다 펴는 애니메이션을 한 번만 재생하고, 체공 상황에서는 땅에 닿을 때까지 몸이 둥둥 뜨는 애니메이션을 반복적으로 재생한다. 한편, 착지 상황에서 땅에 발을 딛는 애니메이션을 한 번 재생해주면 체공 시간에 무관한 점프 애니메이션 시스템을 구축할 수 있다. 체공 시간에 무관한 애니메이션 시스템을 구축하기 위해 애니메이션 블루프린트의 스테이트 머신으로 이동해 Ground와 Jump라는 두 개의 스테이트로 구성된 현재 설계를 Ground, JumpStart, JumpLoop, JumpEnd라는 네 개의 스테이트로 확장한다.

도약에 해당하는 Ground 스테이트에서 JumpStart 스테이트로의 트랜지션 조건은 IsInAir 변수가 True일 때 이동하도록 지정하고, 착지에 해당하는 JumpLoop 스테이트에서 JumpEnd 스테이트로의 트랜지션 조건은 IsInAir 변수가 False일 때로 지정한다.

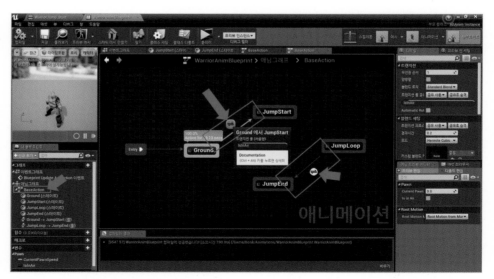

그림 7-33 점프 구현을 위한 스테이트의 분리 설계

그다음에는 JumpStart, JumpLoop, JumpEnd 스테이트로 들어가서 리타겟으로 새롭게 생성한 애니메이션을 드래그해 배치하고 최종 포즈에 연결해준다. 이때 JumpStart와 JumpEnd에 사용한 애니메이션은 한 번만 재생돼야 하므로 애니메이션 재생 노드에서 Loop Animation 옵션을 꺼야 한다.

그림 7-34 애니메이션 노드의 반복 재생 옵션

각 점프 스테이트별로 애니메이션을 설정하면 점프 스테이트와 연결된 트랜지션에서는 해당 스테이트에서 사용하는 애니메이션에 관련된 노드를 사용할 수 있게 된다. JumpStart 스테이트에서 JumpLoop 스테이트로 가는 트랜지션을 생성하고 트랜지션으로 들어가서 ratio라는 이름으로 노드를 검색한다. 그러면 JumpStart에서 사용한 애니메이션 재생의 남은 시간 비율을 얻어오는 Time Remaining 노드가 나온다.

이 값이 0.1이면 재생 시간이 10% 남은 상황이며, 이는 현재 사용하고 있는 도약 애니메이션이 90% 진행됐다는 것을 의미한다. 남은 시간의 비율이 0.1보다 작으면 다음 스테이트로 이동하도록 다음과 같이 노드를 제작한다.

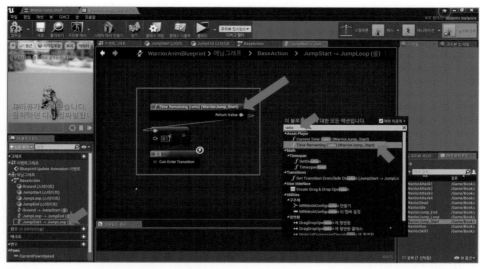

그림 7-35 애니메이션 재생 정보를 활용한 트랜지션의 설계

점프를 종료하는 트랜지션인 JumpEnd 스테이트에서 Ground 스테이트로 가는 트랜지션도 동일하게 ratio 노드를 사용해 구성한다.

그림 7-36 JumpEnd 스테이트에서 Ground 스테이트로의 트랜지션 설계

스테이트 머신의 모든 스테이트와 트랜지션의 설계를 완료하면 **애님 프리뷰 에디터** 윈도우를 사용해 해당 시스템이 잘 동작하는지 시뮬레이션한다. IsInAir 변수 값을 클릭해 한 번 켰다가 한 번 끄면 스테이트의 이동과 캐릭터 애니메이션이 우리가 설계한 대로 시계 방향으로 돌아가면서 전환되는지 확인할 수 있다.

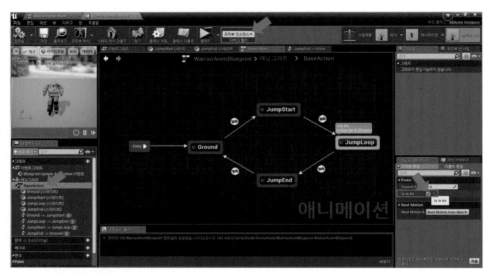

그림 7-37 완성된 애니메이션 시스템의 테스트

이제 **플레이** 버튼을 눌러 결과를 확인해본다. 우리의 캐릭터는 점프를 하면 세 가지 모션을 차례대로 실행한다.

그림 7-38 체공 시간에 무관하게 점프 애니메이션을 재생하는 캐릭터

이번 예제와 같이 애니메이션 재생을 모두 종료하고 스테이트를 이동하는 경우에는 트랜지션의 로직을 구현할 필요 없이 트랜지션 노드에서 제공하는 Automatic Rule Based on Sequence Player in State 옵션을 체크하면 애니메이션 종료 시 자동으로 스테이트가 전환된다.

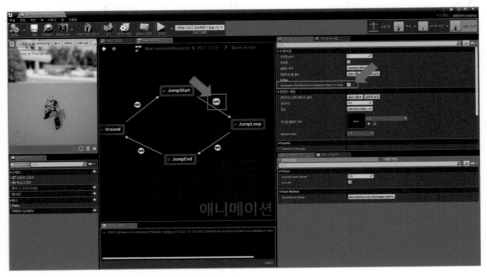

그림 7-39 애니메이션 종료 시 자동 전환하는 옵션

8

애니메이션 시스템 활용

언리얼이 제공하는 애니메이션 시스템에는 애니메이션 몽타주, 노티파이와 같은 프로그래밍과 연동해 복잡한 설계를 간편하게 만들어주는 기능이 들어있다. 이 기능을 활용해 플레이어의 입력 타이밍에 따라 각기 다르게 반응하는 다단 공격 시스템을 제작해본다.

애니메이션 몽타주

캐릭터에 공격 기능을 넣기 위해 공격 입력을 설정하고 공격 입력을 누를 때마다 캐릭터가 연속된 모션으로 공격하도록 애니메이션 기능을 구현해본다.

현재 캐릭터는 네 개의 공격 애니메이션이 있으며, 연속으로 공격 명령을 내리면 콤보 공격처럼 각 공격 애니메이션을 순서대로 연계해야 한다. 만일 공격 입력이 늦으면 진행 중인 연계 동작은 취소하고 다시 처음부터 공격을 시작한다.

지난 장에서 학습한 스테이트 머신을 사용해 모든 공격에 대한 스테이트를 생성하고 트랜지션을 연계해 위의 기능을 구현할 수 있다. 하지만 이러한 방식으로 구현한다면 스테이트를 계속 추가해야 하므로 스테이트 머신의 설계가 복잡해진다는 단점이 있다. 언리얼 엔진은 스테이트 머신의 확장 없이 특정 상황에서 원하는 애니메이션을 발동시키는 애니메이션 몽타주라는 기능을 제공한다. 이번 장에서는 이를 활용한 콤보 공격 기능을 구현해본다.

애니메이션 몽타주 제작을 위해서는 먼저 몽타주 애셋이 있어야 한다. 워리어 캐릭터 애니메이션 창을 열고 **애님 몽타주** 생성 메뉴를 눌러 몽타주 애셋을 생성한다.

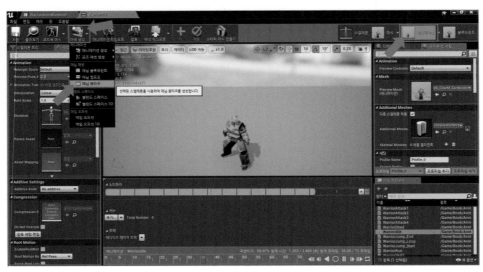

그림 8-1 몽타주 애셋의 생성 메뉴

다이얼로그에서 몽타주 애셋을 저장할 경로를 현재 캐릭터에서 사용할 애니메이션들이 모여 있는 /Game/Book/Animations로 지정한다.

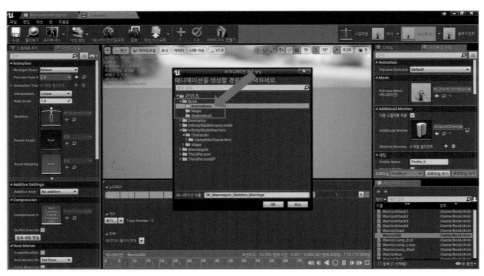

그림 8-2 몽타주 애셋의 저장 위치

몽타주 애셋이 생성되면 자동으로 편집하는 화면으로 이동한다.

몽타주는 섹션^Section을 단위로 애니메이션을 관리한다. 본래 몽타주^Montage는 촬영된 화면이나 인쇄된 종이를 떼어 붙여서 새로운 장면이나 이미지를 만드는 미술 기법을 의미한다. 애니메이션 몽타주도 이와 유사하게 여러 애니메이션 클립들의 일부를 떼어내고 붙여서 새로운 애니메이션을 생성하는 기법이다. 이때 섹션 단위로 애니메이션들을 자르고 붙이는 작업을 진행한다.

몽타주 애셋을 생성하면 기본으로 Default라는 이름의 섹션이 주어진다.

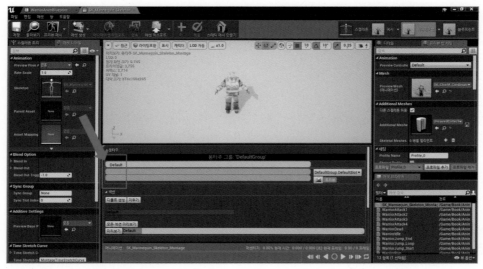

그림 8-3 몽타주에 자동으로 추가된 Default 섹션

아래에 위치한 녹색의 사각형을 눌러 섹션을 선택한 후 **디테일** 윈도우에서 섹션 이름을 Default에서 Attack1으로 변경한다.

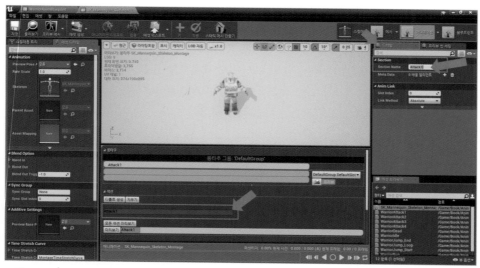

그림 8-4 몽타주 섹션 이름의 변경

Attack1 섹션 하단에 준비된 공격 애니메이션을 1부터 4까지 차례대로 드래그하면 순서대로 애니메이션 클립이 지그재그로 배치된다.

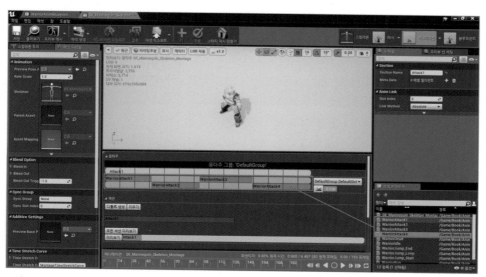

그림 8-5 몽타주 섹션에 애니메이션들을 배치한 결과

하단의 **플레이** 버튼을 누르면 모든 공격 애니메이션이 합쳐진 결과를 볼 수 있다. 각 공격 애니메이션은 공격 후 제자리로 돌아오는 움직임을 가지는데, 이번에는 제자리로 돌아오지 않고 연속으로 공격 모션이 발생하도록 각 애니메이션의 길이를 줄여준다.

각 애니메이션의 공격 모션이 끝나는 시각을 파악하고 녹색의 애니메이션 클립을 클릭한 후 **끝 시간** 항목을 수정한다. Attack1, Attack2, Attack3 애니메이션에서 지정할 시간은 대략 0.56, 0.67, 0.67초다.

각 애니메이션의 재생 시간을 변경한 결과는 다음과 같다.

그림 8-6 몽타주 섹션 내 애니메이션 정보를 변경한 결과

이렇게 애니메이션들을 원하는 대로 잘라 붙인 결과는 Attack1이라는 섹션으로 저장되며, 공격 명령을 누를 때 섹션 이름을 사용해 필요한 때 이를 재생할 수 있다. 이를 구현하기 위해 공격 명령을 위한 입력 설정을 추가한다.

툴바의 **세팅 ▶ 프로젝트 세팅**으로 가서 Action Mappings의 `Attack`이라는 입력 명령에 왼쪽 마우스 버튼 입력을 지정한다.

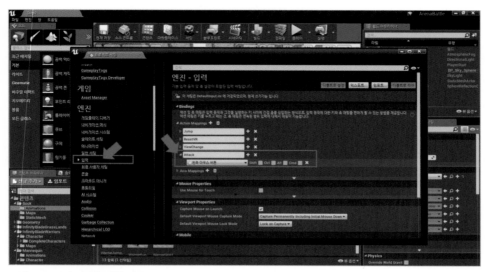

그림 8-7 공격 명령을 위한 입력 설정

Attack 입력을 처리하는 함수를 ABCharacter에 하나 추가한다.

코드 8-1 ABCharacter.h

```cpp
// Fill out your copyright notice in the Description page of Project Settings.

#pragma once

#include "ArenaBattle.h"
#include "GameFramework/Character.h"
#include "ABCharacter.generated.h"

UCLASS()
class ARENABATTLE_API AABCharacter : public ACharacter
{
    GENERATED_BODY()

public:
    // Sets default values for this character's properties
    AABCharacter();

...

private:
```

```
    void UpDown(float NewAxisValue);
    void LeftRight(float NewAxisValue);
    void Turn(float NewAxisValue);
    void LookUp(float NewAxisValue);

    void ViewChange();
    void Attack();
};
```

코드 8-2 ABCharacter.cpp

```
...

// Called to bind functionality to input
void AABCharacter::SetupPlayerInputComponent(UInputComponent*
PlayerInputComponent)
{
    Super::SetupPlayerInputComponent(PlayerInputComponent);

    PlayerInputComponent->BindAction(TEXT("ViewChange"), EInputEvent::IE_Pressed,
this, &AABCharacter::ViewChange);
    PlayerInputComponent->BindAction(TEXT("Jump"), EInputEvent::IE_Pressed, this,
&ACharacter::Jump);
    PlayerInputComponent->BindAction(TEXT("Attack"), EInputEvent::IE_Pressed,
this, &AABCharacter::Attack);

    PlayerInputComponent->BindAxis(TEXT("UpDown"), this, &AABCharacter::UpDown);
    PlayerInputComponent->BindAxis(TEXT("LeftRight"), this,
&AABCharacter::LeftRight);
    PlayerInputComponent->BindAxis(TEXT("LookUp"), this, &AABCharacter::LookUp);
    PlayerInputComponent->BindAxis(TEXT("Turn"), this, &AABCharacter::Turn);
}

...

void AABCharacter::Attack()
{
    ABLOG_S(Warning);
}
```

현재는 입력을 처리하는 Attack 함수에 로그만 추가했다. 실행하면 마우스를 클릭할 때마다 로그가 찍히는 것을 볼 수 있다.

그림 8-8 공격 입력과 함수를 연동한 결과

이번에는 애님 인스턴스에 멤버 함수와 변수를 생성하고 함수를 실행하면 몽타주 애니메이션을 재생하도록 기능을 구현한다.

몽타주 애셋과 관련된 명령은 항상 몽타주 애셋을 참조하기 때문에 생성자에서 이를 미리 설정해두면 편리하다. /Game/Book/Animations 폴더에 생성된 몽타주 애셋을 우클릭해 레퍼런스를 복사한 후 이를 멤버 변수에 미리 저장한다. 그리고 Montage_IsPlaying 함수를 사용해 현재 몽타주가 재생하는지 파악하고, 재생 중이 아니면 Montage_Play 함수를 사용해 재생하도록 로직을 구현한다.

코드 8-3 ABAnimInstance.h

```
// Fill out your copyright notice in the Description page of Project Settings.

#pragma once

#include "ArenaBattle.h"
#include "Animation/AnimInstance.h"
```

```cpp
#include "ABAnimInstance.generated.h"

/**
 *
 */
UCLASS()
class ARENABATTLE_API UABAnimInstance : public UAnimInstance
{
    GENERATED_BODY()

public:
    UABAnimInstance();
    virtual void NativeUpdateAnimation(float DeltaSeconds) override;

    void PlayAttackMontage();

private:
    UPROPERTY(EditAnywhere, BlueprintReadOnly, Category = Pawn, Meta =
(AllowPrivateAccess = true))
    float CurrentPawnSpeed;

    UPROPERTY(EditAnywhere, BlueprintReadOnly, Category = Pawn, Meta =
(AllowPrivateAccess = true))
    bool IsInAir;

    UPROPERTY(VisibleDefaultsOnly, BlueprintReadOnly, Category = Attack, Meta =
(AllowPrivateAccess = true))
    UAnimMontage* AttackMontage;
};
```

코드 8-4 ABAnimInstance.cpp

```cpp
// Fill out your copyright notice in the Description page of Project Settings.

#include "ABAnimInstance.h"
#include "GameFramework/Character.h"
#include "GameFramework/PawnMovementComponent.h"


UABAnimInstance::UABAnimInstance()
```

```
{
    CurrentPawnSpeed = 0.0f;
    IsInAir = false;
    static ConstructorHelpers::FObjectFinder<UAnimMontage> ATTACK_MONTAGE(TEXT("/
Game/Book/Animations/SK_Mannequin_Skeleton_Montage.SK_Mannequin_Skeleton_
Montage"));
    if (ATTACK_MONTAGE.Succeeded())
    {
        AttackMontage = ATTACK_MONTAGE.Object;
    }
}

void UABAnimInstance::NativeUpdateAnimation(float DeltaSeconds)
{
    Super::NativeUpdateAnimation(DeltaSeconds);

    auto Pawn = TryGetPawnOwner();
    if (::IsValid(Pawn))
    {
        CurrentPawnSpeed = Pawn->GetVelocity().Size();
        auto Character = Cast<ACharacter>(Pawn);
        if (Character)
        {
            IsInAir = Character->GetMovementComponent()->IsFalling();
        }
    }
}

void UABAnimInstance::PlayAttackMontage()
{
    if (!Montage_IsPlaying(AttackMontage))
    {
        Montage_Play(AttackMontage, 1.0f);
    }
}
```

언리얼
C++
참고

UPROPERTY에 설정하는 키워드인 EditAnywhere와 VisibleAnywhere에 있는 Anywhere 키워드는 에디터와의 연동 방법에 따라 DefaultsOnly와 InstanceOnly로 세분화할 수 있다. DefaultsOnly는 클래스의 기본값을 담당하는 블루프린트 편집 화면에서만 보여지고 InstanceOnly는 인스턴스의 속성을 보여주는 에디터 뷰포트에서만 보여진다. 이번 예제에서는 애니메이션 블루프린트 클래스 설계도에만 해당 항목이 보여지도록 속성의 키워드를 VisibleDefaultsOnly로 지정했다.

컴파일하고 애니메이션 블루프린트를 열어보면, 해당 속성에 몽타주 애셋이 자동 할당된 것을 볼 수 있다.

그림 8-9 몽타주 애셋을 지정한 결과 화면

몽타주에게 재생 명령을 내려도 애니메이션 블루프린트에서 이를 재생하려면 몽타주 재생 노드를 애님 그래프에 추가해야 한다. 이 몽타주 재생 노드를 적당한 애니메이션 재생 흐름 사이에 끼워 넣으면 해당 타이밍에 발동할 수 있다. 우리는 모든 상황에서 몽타주를 재생할 예정이므로 애님 그래프의 최종 애니메이션 포즈와 스테이트 머신 사이에 몽타주 재생 노드를 추가해본다.

애님 그래프를 우클릭해 애니메이션 노드 목록을 열고 slot 검색어를 입력해 나오는 **DefaultSlot 슬롯** 메뉴를 선택한 후 해당 노드를 다음과 같이 추가한다.

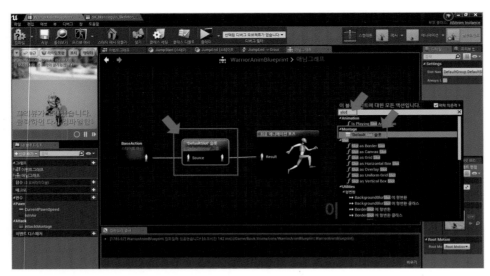

그림 8-10 몽타주 재생을 담당하는 슬롯 노드의 추가

노드를 완성하면 캐릭터에게 몽타주를 사용해 공격 애니메이션을 재생하라는 명령을
내린다.

코드 8-5 ABCharacter.cpp

```cpp
// Fill out your copyright notice in the Description page of Project Settings.

#include "ABCharacter.h"
#include "ABAnimInstance.h"

/* ... */

void AABCharacter::Attack()
{
    auto AnimInstance = Cast<UABAnimInstance>(GetMesh()->GetAnimInstance());
    if (nullptr == AnimInstance) return;

    AnimInstance->PlayAttackMontage();
}
```

그림 8-13 어설션 매크로의 동작 예시

매크로를 활용해 애님 인스턴스의 `OnMontageEnded` 델리게이트와 우리가 선언한 `OnAttackMontageEnded`를 연결해, 델리게이트가 발동할 때까지 애니메이션 시스템에 몽타주 재생 명령을 내리지 못하게 폰 로직에서 막아준다.

코드 8-8 ABCharacter.cpp

```cpp
// Fill out your copyright notice in the Description page of Project Settings.

#include "ABCharacter.h"
#include "ABAnimInstance.h"

// Sets default values
AABCharacter::AABCharacter()
{
    ...
    IsAttacking = false;
}

...
```

```cpp
void AABCharacter::PostInitializeComponents()
{
    Super::PostInitializeComponents();
    auto AnimInstance = Cast<UABAnimInstance>(GetMesh()->GetAnimInstance());
    ABCHECK(nullptr != AnimInstance);

    AnimInstance->OnMontageEnded.AddDynamic(this, &AABCharacter::OnAttackMontageEnded);
}

...

void AABCharacter::Attack()
{
    if (IsAttacking) return;

    auto AnimInstance = Cast<UABAnimInstance>(GetMesh()->GetAnimInstance());
    if (nullptr == AnimInstance) return;

    AnimInstance->PlayAttackMontage();
    IsAttacking = true;
}

void AABCharacter::OnAttackMontageEnded(UAnimMontage * Montage, bool bInterrupted)
{
    ABCHECK(IsAttacking);
    IsAttacking = false;
}
```

언리얼
C++
참고

OnMontageEnded 델리게이트는 블루프린트와 호환되는 성질 외에도 여러 개의 함수를 받을 수 있어서 행동이 끝나면 등록된 모든 함수들에게 모두 알려주는 기능도 제공한다. 이러한 델리게이트를 멀티캐스트 델리게이트(Multicast Delegate)라고 한다.

애님 인스턴스 헤더에 선언된 OnMontageEnded가 사용하는 델리게이트를 정의한 코드는 다음과 같다. 언리얼 엔진에서 델리게이트의 선언은 언리얼이 제공하는 매크로를 통해 정의되며, 이렇게 정의된 델리게이트의 형식을 시그니처(Signature)라고 한다.

코드 8-9 AnimInstance.h에 있는 델리게이트 선언

```
DECLARE_DYNAMIC_MULTICAST_DELEGATE_TwoParams(FOnMontageEndedMCDelegate,
UAnimMontage*, Montage, bool, bInterrupted);
```

이렇게 두 가지 기능이 있는 OnMontageEnded 델리게이트는 다이내믹 멀티캐스트 델리게이트라고 할 수 있다. 참고로 다이내믹 멀티캐스트 델리게이트에서 사용하는 AddDynamic 함수는 코딩할 때 비주얼 C++ 인텔리센스에서 검색되지 않는다. 인텔리센스를 무시하고 타이핑해도 컴파일에는 문제가 없다.

플레이 버튼을 눌러 공격 명령이 잘 동작하는지 확인한다. 우리가 만든 로직이 잘 동작하는지를 검사하는 테스트는 ABCharacter 액터의 IsAttacking 속성을 검색해 공격이 시작될 때와 끝날 때 해당 속성 값이 변화되는지 살펴보는 것이다.

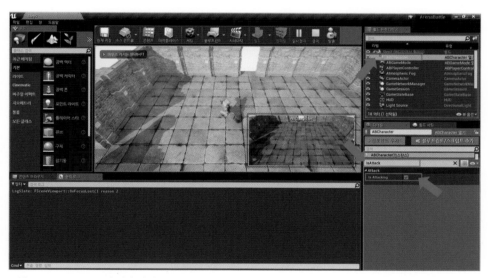

그림 8-14 IsAttacking 속성의 점검

앞으로 캐릭터 클래스에서 애님 인스턴스는 자주 사용할 예정이므로 이를 멤버 변수로 선언해 런타임에서 이를 활용하도록 구조를 변경해본다. UABAnimInstance 클래스의 멤버 변수를 선언할 때 이를 전방 선언으로 설계하는 것이 바람직하다. 전방 선언은 헤더 파일에서 같은 모듈에 있는 다른 헤더 파일을 참조하지 않아도 되므로 상호 참조를 방지하는 한편, 코드 구조를 관리하기도 좀 더 용이해진다.

코드 8-10 ABCharacter.h

```
// Fill out your copyright notice in the Description page of Project Settings.

#pragma once

#include "ArenaBattle.h"
#include "GameFramework/Character.h"
#include "ABCharacter.generated.h"

UCLASS()
class ARENABATTLE_API AABCharacter : public ACharacter
{

...

private:
    UPROPERTY(VisibleInstanceOnly, BlueprintReadOnly, Category = Attack, Meta =
(AllowPrivateAccess = true))
    bool IsAttacking;

    UPROPERTY()
    class UABAnimInstance* ABAnim;
};
```

이제 폰 로직에서 입력이 들어오면 애님 인스턴스의 **PlayAttack**을 호출하도록 로직을 추가한다.

코드 8-11 ABCharacter.cpp

```
// Fill out your copyright notice in the Description page of Project Settings.

#include "ABCharacter.h"
#include "ABAnimInstance.h"

...

void AABCharacter::PostInitializeComponents()
{
    Super::PostInitializeComponents();
```

```cpp
    ABAnim = Cast<UABAnimInstance>(GetMesh()->GetAnimInstance());
    ABCHECK(nullptr != ABAnim);

    ABAnim->OnMontageEnded.AddDynamic(this, &AABCharacter::OnAttackMontageEnded);
}

...


void AABCharacter::Attack()
{
    if (IsAttacking) return;

    ABAnim->PlayAttackMontage();
    IsAttacking = true;
}

void AABCharacter::OnAttackMontageEnded(UAnimMontage * Montage, bool
bInterrupted)
{
    ABCHECK(IsAttacking);
    IsAttacking = false;
}
```

델리게이트에 의해 공격의 시작과 종료가 감지되므로 AnimInstance에서 사용한
Montage_IsPlaying 함수는 사용하지 않아도 무방하다. 이를 제거한 코드는 다음과
같다.

코드 8-12 ABAnimInstance.cpp

```cpp
...

void UABAnimInstance::PlayAttackMontage()
{
    Montage_Play(AttackMontage, 1.0f);
}

...
```

애니메이션 노티파이

언리얼 엔진의 애니메이션 시스템은 애니메이션을 재생하는 동안 특정 타이밍에 애님 인스턴스에게 신호를 보내는 애니메이션 노티파이라는 기능을 제공한다. 애니메이션 노티파이는 일반 애니메이션과 몽타주 모두 사용 가능하다. 이번 예제에서는 공격 애 니메이션의 특정 타이밍에 공격 판정을 할 수 있도록 몽타주 시스템에서 애니메이션 노티파이를 지정하고 이를 코드에서 활용하는 방법을 알아본다.

애니메이션 몽타주 창을 열고 스크롤을 내려 하단의 노티파이 창이 보이는 곳까지 이 동한다. 최하단에 있는 **플레이** 버튼을 눌러 애니메이션 재생을 정지한 후 그림에 나오는 것처럼 팔이 캐릭터 앞으로 나오는 타이밍을 찾아 붉은색의 굵은 세로선을 이동시킨다.

그리고 굵은 세로선이 나오는 곳에 맞춰서 노티파이 창을 우클릭한 후, **노티파이 추가 〉 새 노티파이** 메뉴를 선택한다.

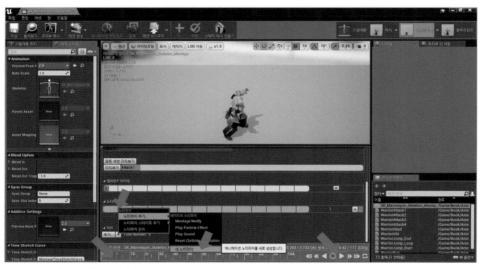

그림 8-15 애니메이션 노티파이의 추가

이름을 정하는 다이얼로그에 `AttackHitCheck`를 입력해 노티파이를 추가하고, 붉은 굵 은 선에 맞춰서 이를 배치한다. 배치가 완료된 화면은 다음과 같다.

으로 모든 섹션의 애니메이션을 재생한다. 우리는 수동으로 섹션을 하나씩 재생할 예정이 므로 섹션 사이에 있는 녹색 x 버튼을 눌러 각 섹션들이 독립적으로 구동되도록 설정한다.

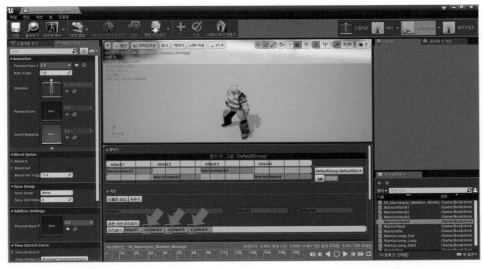

그림 8-20 섹션 간의 연동 설정

모든 섹션을 분리한 결과 화면은 다음과 같이 변한다.

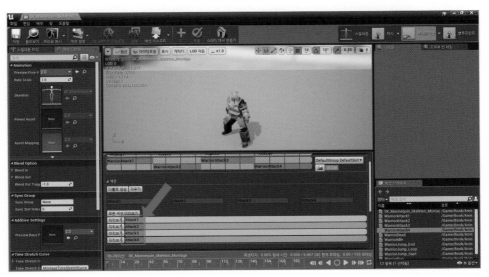

그림 8-21 모든 섹션이 독립적으로 동작하도록 분리한 결과

이제 노티파이 설정으로 가서 각 섹션별로 공격 판정을 할 타이밍을 재설정한다.

+ 버튼을 눌러 노티파이 작업 영역을 한 줄 늘리고, 여기에는 다음 공격으로 점프할 타이밍을 파악하는 새로운 애니메이션 노티파이를 설정한다. 새로운 애니메이션 노티파이의 이름은 NextAttackCheck로 한다. NextAttackCheck가 발동하는 타이밍은 공격 모션이 끝나고 다시 IDLE 모션으로 되돌아가기 전으로 설정한다.

마지막 공격인 4번에는 더 이상 연계할 콤보가 없으므로 NextAttackCheck는 설정하지 않는다. 애니메이션 노티파이를 모두 설정한 결과 화면은 다음과 같다.

그림 8-22 공격 판정과 콤보 판정을 위한 애니메이션 노티파이 설정 화면

애니메이션 노티파이를 설정한 후에는 해당 프레임에 즉각적으로 반응하는 방식인 Branching Point 값으로 틱 타입Tick Type을 변경하는 것이 좋다. 기본값인 Queued로 설정하게 되면 비동기 방식으로 신호를 받게 돼서 적절한 타이밍에 신호를 받는 것을 놓치게 될 수 있다. Queued 값은 주로 타이밍에 민감하지 않은 사운드나 이펙트를 발생시킬 때 사용하는 것이 적합하다.

```
private:
    UFUNCTION()
    void AnimNotify_AttackHitCheck();

    UFUNCTION()
    void AnimNotify_NextAttackCheck();

    FName GetAttackMontageSectionName(int32 Section);


...
};
```

코드 8-18 ABAnimInstance.cpp

```
...

void UABAnimInstance::JumpToAttackMontageSection(int32 NewSection)
{
    ABCHECK(Montage_IsPlaying(AttackMontage));
    Montage_JumpToSection(GetAttackMontageSectionName(NewSection),
AttackMontage);
}

void UABAnimInstance::AnimNotify_AttackHitCheck()
{
    OnAttackHitCheck.Broadcast();
}

void UABAnimInstance::AnimNotify_NextAttackCheck()
{
    OnNextAttackCheck.Broadcast();
}

FName UABAnimInstance::GetAttackMontageSectionName(int32 Section)
{
    ABCHECK(FMath::IsWithinInclusive<int32>(Section, 1, 4), NAME_None);
    return FName(*FString::Printf(TEXT("Attack%d"), Section));
}
```

플레이어가 공격 명령을 내리면 ABCharacter는 콤보가 가능한지 아닌지 파악하고 각
상황에 따라 대응한다. 공격을 시작하고 NextAttackCheck 타이밍 전까지 공격 명령이
들어오면 NextAttackCheck 타이밍에서 다음 콤보 공격을 시작한다. 이를 파악하기 위
해 CanNextCombo 속성을 사용한다.

ABAnimInstance의 OnNextAttackCheck 델리게이트와 등록할 로직을 ABCharacter에서
선언하고 구현해본다. 이번 예제에서는 간편하게 처리하기 위해 C++의 람다식^{Lambda}
Expression 구문을 사용했다.

C++ 11 규약부터 정식으로 추가된 람다식은 함수를 헤더에 선언할 필요가 없으므로 간단한 로직을 간편
하게 처리할 수 있다는 장점이 있다. 람다식은 세 가지 영역으로 구분된다.

- 람다 소개자(Lambda Introducer): []로 표시되며 람다 구문이 참조할 환경을 지정한다. 람다 함수가
  참조할 환경을 캡처(Capture)라고도 하는데, 우리 코드의 경우 람다 구문에서 인스턴스의 관련 멤버
  함수와 변수를 사용하기 때문에 캡처 환경을 this로 지정했다.

- 파라미터 리스트(Parameter List): 람다 함수가 사용할 파라미터를 지정하는 구문이다. 우리가 사용할
  델리게이트는 함수 인자가 없으므로 빈 괄호를 사용한다.

- 후행 반환 타입(Trailing Return 'Type): '→' 기호를 사용한 후 람다 함수가 반환할 타입을 지정한다.
  우리가 사용할 델리게이트는 반환 값이 없으므로 void를 사용한다.

- 람다 함수 구문(Lambda Body): {}로 캡처 환경을 사용한 람다 함수의 로직을 넣어준다. 앞서 람다 소
  개자의 캡처를 this로 지정했기 때문에 멤버 변수와 함수에 자유롭게 접근할 수 있다.

코드 8-19 ABCharacter.cpp

```
...

void AABCharacter::PostInitializeComponents()
{
    Super::PostInitializeComponents();
    ABAnim = Cast<UABAnimInstance>(GetMesh()->GetAnimInstance());
    ABCHECK(nullptr != ABAnim);

    ABAnim->OnMontageEnded.AddDynamic(this, &AABCharacter::OnAttackMontageEnded);

    ABAnim->OnNextAttackCheck.AddLambda([this]() -> void {
```

```
        ABLOG(Warning, TEXT("OnNextAttackCheck"));
        CanNextCombo = false;

        if (IsComboInputOn)
        {
            AttackStartComboState();
            ABAnim->JumpToAttackMontageSection(CurrentCombo);
        }

    });

}

...

void AABCharacter::Attack()
{
    if (IsAttacking)
    {
        ABCHECK(FMath::IsWithinInclusive<int32>(CurrentCombo, 1, MaxCombo));
        if (CanNextCombo)
        {
            IsComboInputOn = true;
        }
    }
    else
    {
        ABCHECK(CurrentCombo == 0);
        AttackStartComboState();
        ABAnim->PlayAttackMontage();
        ABAnim->JumpToAttackMontageSection(CurrentCombo);
        IsAttacking = true;
    }
}

void AABCharacter::OnAttackMontageEnded(UAnimMontage * Montage, bool
bInterrupted)
{
    ABCHECK(IsAttacking);
```

```
    ABCHECK(CurrentCombo > 0);
    IsAttacking = false;
    AttackEndComboState();
}

...
```

컴파일을 완료해 캐릭터가 콤보 공격을 제대로 발동하는지 확인한다. 마우스를 계속 빠르게 클릭해 공격 명령을 내리면 캐릭터는 4타까지 공격을 진행하며, 중간에 조금이라도 타이밍이 늦는 경우에는 콤보가 끊기고 처음부터 공격을 시작한다.

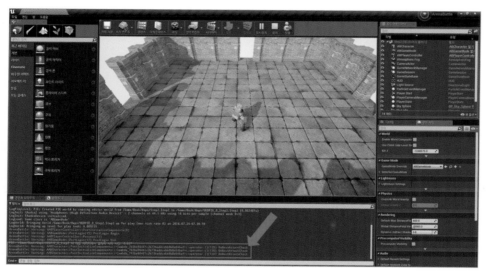

그림 8-24 콤보 기능을 구현한 결과 화면

9

충돌 설정과 대미지 전달

게임 콘텐츠는 액터와 액터 간의 상호작용을 기반으로 기획자가 설정한 문제를 플레이어가 해결하도록 설계된 콘텐츠다. 좋은 게임 콘텐츠가 되기 위해서는 눈에 보이는 시각적인 요소뿐 아니라 기획의 의도대로 액터들이 상호작용할 수 있도록 물리 엔진을 제대로 설정하는 것이 중요하다. 이번에는 언리얼 엔진에서 물리 엔진을 설정하는 방법을 살펴보고 기획한 대로 물리 시스템이 동작하는지 파악하기 위한 디버깅 방법과 대미지 시스템을 사용해 충돌한 액터에게 대미지를 가하는 기능을 학습한다.

콜리전 설정

게임 세계는 가상의 물리 법칙이 동작하는 공간이다. 게임 세계에 속해 있는 움직이는 액터는 이 가상의 물리 엔진으로부터 영향을 받는다. 캐릭터가 뚫고 지나갈 수 없는 벽이 대표적인 예라고 할 수 있다. 캐릭터의 길을 막는 용도 외에도 중력과 외부로부터 작용한 힘을 받은 물체의 움직임을 사실적으로 표현하는 데 물리 엔진이 활용된다.

또한 물리 엔진은 액터가 지정한 영역에 들어왔는지 감지하는 기능을 사용해 게임에서 플레이어가 해결해야 하는 기믹Gimmick 요소를 제작하는 데도 중요한 역할을 한다.

이렇게 다양한 기능을 제공하는 물리 엔진을 활용하려면 콜리전^{Collision}이라 불리는 물리적 충돌 영역을 설정하는 방법부터 학습해야 한다.

언리얼 엔진에서 콜리전은 크게 세 가지 방법으로 제작할 수 있다.

- **스태틱메시 애셋**: 스태틱메시 애셋에 콜리전 영역을 심는 방법이다. 스태틱메시를 더블 클릭하면 열리는 스태틱메시 에디터에서 해당 콜리전 영역을 설정하고 확인할 수 있다. 스태틱메시 애셋에 콜리전을 심으면 스태틱메시 컴포넌트에서 비주얼과 충돌이라는 두 가지 기능을 설정할 수 있어 관리가 간편해진다.

- **기본 도형**^{Primitive} **컴포넌트**: 구체, 박스, 캡슐의 기본 도형을 사용해 충돌 영역을 지정하는 방법이다. 스태틱메시와 별도로 충돌 영역을 제작하는 데 사용한다. 스켈레탈 메시를 움직일 때 주로 사용한다.

- **피직스 애셋**: 일반적으로 캐릭터의 이동은 캡슐 컴포넌트를 사용해 처리한다. 하지만 특정 상황에서 캐릭터의 각 관절이 흐느적거리는 헝겊 인형^{RagDoll} 효과를 구현할 때 이 피직스 애셋을 사용한다. 캐릭터의 각 부위에 기본 도형으로 충돌 영역을 설정하고 이를 연결해 캐릭터의 물리를 설정한다. 피직스 애셋은 스켈레탈 메시에만 사용할 수 있다.

충돌 영역을 설정하면 이를 어떻게 활용할지 지정해야 한다. 스태틱메시 애셋에는 BlockAll이라는 기본 설정이 있으므로 별도의 설정을 하지 않아도 캐릭터의 이동을 방해하는 레벨 콘텐츠를 제작할 수 있었다. 하지만 단순히 길만 막는 것이 아니라 플레이어가 레벨과 상호작용하면서 문제를 풀어나가는 콘텐츠를 제작하려면 물리 엔진의 세부적인 설정을 학습해야 한다. 물리 설정은 크게 다음 세 가지로 구분된다.

1. 콜리전 채널과 기본 반응
2. 콜리전 채널의 용도
3. 다른 콜리전 채널과의 반응

충돌체에는 반드시 하나의 콜리전 채널을 설정해야 한다. 언리얼 엔진은 WorldStatic, WorldDynamic, Pawn, Visibility, Camera, PhysicsBody, Vehicle, Destructible이라는 여덟 개의 기본 콜리전 채널을 제공한다. 언리얼 엔진은 액터의 종류에 따라 위의 콜리전 채널 중 하나를 충돌체를 사용하는 컴포넌트에 부여하고 있다. 각 콜리전 채널의 용도는 다음과 같다.

- WorldStatic: 움직이지 않는 정적인 배경 액터에 사용하는 콜리전 채널이다. 주로 스태틱메시 액터에 있는 스태틱메시 컴포넌트에 사용한다.

- WorldDynamic: 움직이는 액터에 사용하는 콜리전 채널이다. 블루프린트에 속한 스태틱메시 컴포넌트에 사용한다.

- Pawn: 플레이어가 조종하는 물체에 주로 사용한다. 캐릭터의 충돌을 담당하는 캡슐 컴포넌트에 설정된다.

- Visibility: 배경 물체가 시각적으로 보이는지 탐지하는 데 사용한다. 탐지에서 폰은 제외된다. 마우스로 물체를 선택하는 피킹Picking 기능을 구현할 때 사용한다.

- Camera: 카메라 설정을 위해 카메라와 목표물 간에 장애물이 있는지 탐지하는 데 사용한다. 이전 GTA 방식으로 캐릭터를 조작할 때 장애물이 시야를 가리면 카메라를 장애물 앞으로 줌인하는 기능이 있었다. 이때 사용하는 채널이 Camera 채널이다.

- PhysicsBody: 물리 시뮬레이션으로 움직이는 컴포넌트에 설정한다.

캐릭터의 루트 컴포넌트인 캡슐 컴포넌트에는 Pawn이라는 콜리전 채널이 설정된다. 이를 확인해보자. **콘텐츠 브라우저**에서 C++로 제작한 ABCharacter를 레벨에 드래그해 플레이어 스타트 액터의 정면 방향으로 배치한다. 생성된 캐릭터의 캡슐 컴포넌트를 선택한 후 Collision 섹션으로 가서 그 설정을 확인한다.

콜리전 프리셋 메뉴를 펼치고 Object Type 항목을 살펴보면 Pawn이라는 콜리전 채널 설정이 보인다. **콜리전 프리셋**의 값 Pawn과 Object Type의 값 Pawn은 서로 다른 설정 값이니 혼동하지 않도록 주의한다. 우리가 확인해야 할 콜리전 채널은 Object Type의 값 Pawn이다.

그림 9-1 캐릭터 모델의 물리 설정

그다음에는 해당 컴포넌트에서 물리 기능을 어떻게 사용할지 지정해야 하는데 Object Type 위에 위치한 Collision Enabled 항목이다. 여기서 설정할 수 있는 값은 다음과 같다.

- Query: 두 물체의 충돌 영역이 서로 겹치는지 테스트하는 설정이다. 충돌 영역의 겹침을 감지하는 것은 언리얼 엔진에서 오버랩Overlap이라 부르며, 충돌 영역이 겹치면 관련 컴포넌트에 BeginOverlap 이벤트가 발생한다. 지정한 영역에 물체가 충돌하는지 탐지하는 레이캐스트Raycast나 스윕Sweep 기능도 Query에 속한다.

- Physics: 물리적인 시뮬레이션을 사용할 때 설정한다.

- Query and Physics: 위의 두 기능을 모두 사용하는 설정이다.

Query and Physics 설정을 사용하면 모든 기능이 잘 동작하겠지만, 물리 엔진이 수행할 계산량이 많아질 것이다. 따라서 액터마다 자신에게 필요한 기능을 파악해 Query나 Physics 설정만 지정하는 것이 효과적이라고 할 수 있다. 콜리전 프리셋 Pawn에는 Collision Enabled 항목에 Query and Physics가 설정돼 있다. 그리고 Query 기능을 사용하는 경우 관련 이벤트가 발생하도록 Generates Overlap Events 옵션이 체크돼 있다.

그림 9-2 캐릭터에 설정된 콜리전 채널의 용도

마지막으로는 해당 컴포넌트에 설정된 콜리전 채널이 상대방 컴포넌트의 콜리전 채널과 어떻게 반응할지 지정하는 작업이 필요하다. 다른 콜리전 채널과의 반응에 **무시, 겹침, 블록**이라는 세 가지 값을 지정할 수 있다.

- **무시**Ignore는 콜리전이 있어도 아무 충돌이 일어나지 않는다.
- **겹침**Overlap은 무시와 동일하게 물체가 뚫고 지나갈 수 있지만 이벤트를 발생시킨다.
- **블록**Block은 물체가 뚫고 지나가지 못하도록 막는다.

Pawn 프리셋에는 다음과 같이 다른 콜리전 채널들과의 반응이 지정돼 있다.

그림 9-3 콜리전 채널 간의 반응 설정

충돌은 두 물체의 상호작용이기 때문에 두 물체가 가진 반응 값에 따라 결과가 달라진다. 언리얼 엔진에서 물리는 무시 반응을 최대화하고, 블록 반응을 최소화하도록 동작한다. 예를 들어 충돌 컴포넌트 중 하나를 무시 반응으로 설정하면 겹침과 블록 반응은 발생하지 않는다. 그리고 충돌 컴포넌트 중 하나를 겹침 반응으로 설정하면 앞으로 블록 반응은 발생하지 않는다.

이렇게 두 컴포넌트 간에 물리적 반응이 일어날 때 각 컴포넌트에는 특별한 이벤트가 발생한다. 겹침 반응에는 BeginOverlap 이벤트가 발생하고 블록 반응에는 Hit 이벤트가 발생하는데, 이를 사용해 다이내믹하게 반응하는 게임 콘텐츠를 설계할 수 있다.

블록 반응을 설정하면 Hit 이벤트가 발생하지만 BeginOverlap 이벤트도 발동시킬 수 있는데, 앞서 살펴본 Generates Overlap Events 항목이 양쪽 컴포넌트에 모두 체크돼 있어야 한다.

- **Trigger**: 지정한 영역에 물체가 들어오면 이벤트가 발동하는 용도로 사용한다. **겹침**으로 설정한다.

- **UI**: UI 요소에 사용하는 설정이다. **겹침**으로 설정한다.

위에서 열거한 모든 콜리전 프리셋과의 반응 설정을 완료하면, 이제 캡슐 컴포넌트가 해당 프리셋을 사용하도록 코드로 기본값을 지정한다.

코드 9-1 ABCharacter.cpp

```
// Fill out your copyright notice in the Description page of Project Settings.

#include "ABCharacter.h"
#include "ABAnimInstance.h"

// Sets default values
AABCharacter::AABCharacter()
{
    ...

    GetCapsuleComponent()->SetCollisionProfileName(TEXT("ABCharacter"));
}
```

플레이 버튼을 눌러 새롭게 생성된 캐릭터의 캡슐 컴포넌트에 있는 **콜리전 프리셋**이 기존의 Pawn에서 ABCharacter로 변경됐는지 살펴본다.

언리얼
에디터
참고

핫 리로드 방식으로 컴파일을 진행하면 이미 레벨에 배치된 액터의 속성 값은 컴파일로 변경된 값이 아닌 이전 코드의 값을 그대로 유지한다. 그래서 캡슐 컴포넌트의 프리셋 값이 이전 값인 Pawn으로 남아있을 수 있다. 이러한 경우 우측의 노란색 버튼을 눌러 기본값인 ABCharacter로 변경하거나 에디터를 재시작하면 해결된다. 핫 리로드 기능은 안정적으로 사용하기에 아직 몇 가지 불안한 예외 상황들이 존재한다. 언리얼 오브젝트의 기본값을 변경하는 경우 가급적 에디터를 종료하고 다시 시작하는 것을 권장한다.

그림 9-8 변경된 캐릭터의 물리 설정

트레이스 채널의 활용

새로운 콜리전 채널로 캡슐 컴포넌트를 설정했다면, 이번에는 물리 엔진을 사용해 캐릭터의 공격 기능을 구현해본다. 게임에서 공격이라는 행동은 공격 애니메이션이 일어나는 특정 타이밍에 공격 범위 안에 위치한 액터가 있는지 감지하고 감지된 액터에게 대미지를 전달하는 행위라고 할 수 있다.

이렇게 어떠한 행동에 대한 물리적 판정이 필요할 때도 물리 엔진을 활용할 수 있다. 언리얼 엔진은 행동에 대한 판정을 위해 트레이스 채널이라는 카테고리로 콜리전 채널을 제공한다. 캐릭터의 공격 판정을 위한 트레이스 채널을 하나 추가해보자. 이전과 동일하게 프로젝트 설정의 Collision 메뉴로 이동한 후 Attack이라는 이름의 트레이스 채널을 하나 추가하고 이번에는 기본 반응을 **무시**로 설정한다.

그림 9-9 트레이스 채널의 추가

트레이스 채널을 추가한 후, 하단의 Preset 설정으로 이동해 앞서 제작한 콜리전 프리셋 ABCharacter를 연다. 그리고 방금 추가한 Attack 트레이스 채널과의 설정을 **블록**으로 지정한다. 트레이스 채널의 기본 반응은 무시이므로, 앞으로 Attack 트레이스 채널을 사용하는 액터의 물리적 행동은 캐릭터의 캡슐 컴포넌트에 설정한 ABCharacter 콜리전 프리셋에만 반응하게 된다.

그림 9-10 트레이스 채널의 설정

새로운 트레이스 채널의 설정을 완료하면 이제 공격 판정을 내리는 로직을 캐릭터에 추가해본다. 트레이스 채널을 사용해 물리적 충돌 여부를 가리는 함수 중 하나로 SweepSingleByChannel이 있다. 물리는 월드의 기능이므로 GetWorld( ) 함수를 사용해 월드에게 명령을 내려야 한다.

해당 함수는 기본 도형을 인자로 받은 후 시작 지점에서 끝 지점까지 쓸면서Sweep 해당 영역 내에 물리 판정이 일어났는지를 조사한다. 이 함수에서 사용할 파라미터 설정은 꽤나 복잡한데, 인자로 넣은 요소들은 다음과 같다.

- HitResult: 물리적 충돌이 탐지된 경우 관련된 정보를 담을 구조체
- Start: 탐색을 시작할 위치
- End: 탐색을 끝낼 위치
- Rot: 탐색에 사용할 도형의 회전
- TraceChannel: 물리 충돌 감지에 사용할 트레이스 채널 정보
- CollisionShape: 탐색에 사용할 기본 도형 정보. 구체, 캡슐, 박스를 사용한다.
- Params: 탐색 방법에 대한 설정 값을 모아둔 구조체
- ResponseParams: 탐색 반응을 설정하기 위한 구조체

공격의 범위를 설정하기 위해 반지름이 50cm인 구를 만들고, 이를 캐릭터 위치에서 정면 방향으로 2미터(200cm) 떨어진 곳까지 쓸어서 충돌하는 물체가 있는지 감지해본다. 이때 TraceChannel은 Attack 채널을 사용한다. Attack 채널의 값은 언리얼 엔진에서 정의한 ECollisionChannel 열거형으로 가져올 수 있는데 C++ 코드에서 이를 가져오는 방법이 다소 복잡하다.

언리얼 엔진은 게임에서 활용할 수 있도록 총 32개의 콜리전 채널을 제공한다. 32개 중 여덟 개는 언리얼 엔진이 기본으로 사용하고, 여섯 개는 엔진에서 다른 용도로 사용하도록 예약돼 있다. 우리가 만드는 게임 프로젝트에서는 이를 뺀 나머지 18개만 사용할 수 있다.

엔진 소스에서 ECollisionChannel 열거형에 대한 선언은 다음과 같다.

언리얼 실행 환경은 메모리에 떠있는 언리얼 오브젝트가 사용 중인지 아닌지를 주기적으로 검사하고, 사용하지 않는 물체를 발견하면 메모리에서 자동으로 제거한다. 이를 가비지 컬렉션(Garbage Collection)이라고 한다. 언리얼 오브젝트가 사용 중인지 여부는 다른 언리얼 오브젝트가 해당 오브젝트를 참조하는지로 판단하는데, FHitResult의 멤버 변수 Actor의 선언이 일반 참조로 선언된다면 해당 함수에서의 참조로 인해 제거돼야 할 액터가 메모리에 그대로 남아있는 문제가 발생할 수 있다. 이런 문제를 방지하기 위해 FHitResult는 참조로부터 자유롭게 포인터 정보를 전달해주는 약 포인터(TWeakObjectPtr) 방식으로 멤버 변수를 선언했다. 약 포인터로 지정된 액터에 접근하려면 IsValid 함수를 사용해 사용하려는 액터가 유효한지 먼저 점검하고 사용해야 한다.

코드를 완성하면, 컴파일을 진행하고 배치한 캐릭터에 가까이 가서 공격을 시도해 다른 캐릭터가 판정되는지 로그로 확인한다.

그림 9-11 공격 판정 기능이 적용된 결과 화면

디버그 드로잉

공격할 때마다 로그 창을 열고 이를 매번 탐지하는 것은 번거로운 작업이다. 공격 범위가 시각적으로 보이지 않다 보니, 어떻게 맞았는지 어떻게 미스가 났는지 파악할 수 없는 문제도 있다. 이럴 때 언리얼 엔진에서 제공하는 디버그 드로잉Debug Drawing 기능을 사용하면 이 문제를 해결할 수 있다.

디버그 드로잉 기능을 사용하기 위해 소스 상단에 DrawDebugHelpers.h 헤더를 추가한다. 이 헤더에는 다양한 그리는 함수들이 선언돼 있다.

코드 9-6 DrawDebugHelpers.h

```
...
FORCEINLINE void DrawDebugLine(..
FORCEINLINE void DrawDebugPoint(..
FORCEINLINE void DrawDebugDirectionalArrow(..
FORCEINLINE void DrawDebugBox(..
FORCEINLINE void DrawDebugSphere(..
FORCEINLINE void DrawDebugCylinder(..
FORCEINLINE void DrawDebugCone(..
FORCEINLINE void DrawDebugFrustum(..
FORCEINLINE void DrawDebugCapsule(const UWorld* InWorld, FVector const& Center,
float HalfHeight, float Radius, const FQuat& Rotation, FColor const& Color, bool
bPersistentLines = false, float LifeTime = -1.f, uint8 DepthPriority = 0, float
Thickness = 0) ..
...
```

그중에서 캡슐 모양을 그리는 기능인 DrawDebugCapsule 함수를 사용해서 탐색을 위해 원이 움직인 궤적을 표현해본다. 캡슐의 반지름을 50으로 설정하고 탐색 시작 위치에서 탐색 끝 위치로 향하는 벡터를 구한 후, 벡터의 중점 위치와 벡터 길이의 절반을 대입하면 우리가 원하는 크기의 캡슐 모양을 구할 수 있다.

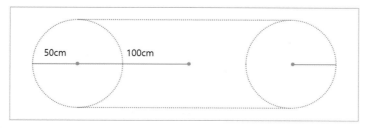

그림 9-12 캡슐 그리기를 활용한 탐색 영역의 표시

캡슐은 상하로 서있는 모습을 가지므로, 회전 행렬을 적용해 캡슐 방향을 캐릭터 시선 방향으로 눕힌 후 공격 범위에 맞게 길이를 설정한다. 해당 코드는 다음과 같다.

언리얼
C++
참고

캡슐이 캐릭터 시선 방향으로 눕는다는 것은 캡슐의 상단으로 향하는 벡터(Z 벡터)가 캐릭터의 시선 방향 과 일치한다는 것을 의미한다. 따라서 FRotationMatrix의 MakeFromZ 함수에 캐릭터의 시선 방향 벡터를 입력하면 필요한 회전 좌표축을 생성할 수 있다.

코드 9-7 ABCharacter.h

```cpp
// Fill out your copyright notice in the Description page of Project Settings.

#pragma once

#include "ArenaBattle.h"
#include "GameFramework/Character.h"
#include "ABCharacter.generated.h"

UCLASS()
class ARENABATTLE_API AABCharacter : public ACharacter
{
    /* ... */

    UPROPERTY(VisibleInstanceOnly, BlueprintReadOnly, Category = Attack, Meta =
(AllowPrivateAccess = true))
    float AttackRange;

    UPROPERTY(VisibleInstanceOnly, BlueprintReadOnly, Category = Attack, Meta =
(AllowPrivateAccess = true))
    float AttackRadius;

};
```

코드 9-8 ABCharacter.cpp

```cpp
// Fill out your copyright notice in the Description page of Project Settings.

#include "ABCharacter.h"
#include "ABAnimInstance.h"
#include "DrawDebugHelpers.h"
```

```cpp
// Sets default values
AABCharacter::AABCharacter()
{
    ....
    AttackRange = 200.0f;
    AttackRadius = 50.0f;
}

...

void AABCharacter::AttackCheck()
{
    FHitResult HitResult;
    FCollisionQueryParams Params(NAME_None, false, this);
    bool bResult = GetWorld()->SweepSingleByChannel(
        HitResult,
        GetActorLocation(),
        GetActorLocation() + GetActorForwardVector() * AttackRange,
        FQuat::Identity,
        ECollisionChannel::ECC_GameTraceChannel2,
        FCollisionShape::MakeSphere(AttackRadius),
        Params);

#if ENABLE_DRAW_DEBUG

    FVector TraceVec = GetActorForwardVector() * AttackRange;
    FVector Center = GetActorLocation() + TraceVec * 0.5f;
    float HalfHeight = AttackRange * 0.5f + AttackRadius;
    FQuat CapsuleRot = FRotationMatrix::MakeFromZ(TraceVec).ToQuat();
    FColor DrawColor = bResult ? FColor::Green : FColor::Red;
    float DebugLifeTime = 5.0f;

    DrawDebugCapsule(GetWorld(),
        Center,
        HalfHeight,
        AttackRadius,
        CapsuleRot,
        DrawColor,
        false,
```

```
        DebugLifeTime);

#endif

    if (bResult)
    {
        if (HitResult.Actor.IsValid())
        {
            ABLOG(Warning, TEXT("Hit Actor Name : %s"), *HitResult.Actor-
>GetName());
        }
    }

}
```

플레이 버튼을 눌러 우리가 판정할 공격 범위가 잘 표시되는지 확인한다. 공격 판정이 발생하면 녹색으로 표시되고, 판정되지 않으면 붉은색으로 표시될 것이다.

그림 9-13 디버깅을 표시한 화면

대미지 프레임워크

지금까지 물리 엔진을 사용해 공격 영역을 설정하고 공격을 받을 액터를 감지하는 부분까지 구현했다. 이제 공격 행동을 완성하려면 감지된 액터에 대미지를 전달해야 한다.

언리얼 엔진이 제공하는 대미지 프레임워크를 사용하면 대미지에 관련된 여러 기능을 간편하게 처리할 수 있다.

언리얼 엔진의 액터 클래스 `AActor`는 `TakeDamage`라는 함수가 구현돼 있다. 이 함수를 사용하면 손쉽게 액터에 대미지를 전달할 수 있다. `TakeDamage` 함수는 총 네 개의 인자를 가지고 있으며 각 인자의 용도는 다음과 같다.

- `DamageAmount`: 전달할 대미지의 세기
- `DamageEvent`: 대미지 종류
- `EventInstigator`: 공격 명령을 내린 가해자
- `DamageCauser`: 대미지 전달을 위해 사용한 도구

대미지를 전달하는 행위에는 항상 가해자와 피해자가 존재한다. 가해자란 피해를 입히는 주체를 의미하는데, 여기서 대미지를 가한 진정한 가해자는 폰이 아니라 폰에게 명령을 내린 플레이어 컨트롤러라고 할 수 있다. 따라서 `EventInstigator`에는 폰이 아닌 컨트롤러의 정보를 보내줘야 한다.

공격 범위 내에 감지된 액터에 대미지를 전달하는 로직은 다음과 같다. 우리가 조종하는 폰은 플레이어가 대미지 전달을 위해 사용하는 도구라고도 해석할 수 있기 때문에 마지막 파라미터에 지정했다.

코드 9-9 ABCharacter.cpp

```
...

void AABCharacter::AttackCheck()
{
```

```
        ...

    if (bResult)
    {
        if (HitResult.Actor.IsValid())
        {
            ABLOG(Warning, TEXT("Hit Actor Name : %s"), *HitResult.Actor-
>GetName());

            FDamageEvent DamageEvent;
            HitResult.Actor->TakeDamage(50.0f, DamageEvent, GetController(),
this);
        }
    }

}
```

해당 로직을 사용해 대상 액터에 대미지를 잘 전달했다. 하지만 대미지라는 것은 피해
를 입은 액터에 관련 로직을 구성해줘야 최종 완성된다. 이번에는 액터의 TakeDamage
함수를 오버라이드해 액터가 받은 대미지를 처리하는 로직을 추가한다. TakeDamage 함
수는 부모 클래스인 AActor에 기본적인 대미지 관련 로직이 구현돼 있기 때문에 Super
키워드를 사용해 부모 클래스의 로직을 먼저 실행해줘야 한다.

코드 9-10 ABCharacter.h

```cpp
// Fill out your copyright notice in the Description page of Project Settings.

#pragma once

#include "ArenaBattle.h"
#include "GameFramework/Character.h"
#include "ABCharacter.generated.h"

UCLASS()
class ARENABATTLE_API AABCharacter : public ACharacter
{
    GENERATED_BODY()
```

```
public:
    // Sets default values for this character's properties
    AABCharacter();


    ...

public:
    // Called every frame
    virtual void Tick(float DeltaTime) override;
    virtual void PostInitializeComponents() override;
    virtual float TakeDamage(float DamageAmount, struct FDamageEvent const&
DamageEvent, class AController* EventInstigator, AActor* DamageCauser) override;


    ...

};
```

코드 9-11 ABCharacter.cpp

```
// Fill out your copyright notice in the Description page of Project Settings.

#include "ABCharacter.h"
#include "ABAnimInstance.h"
#include "DrawDebugHelpers.h"


...

float AABCharacter::TakeDamage(float DamageAmount, FDamageEvent const &
DamageEvent, AController * EventInstigator, AActor * DamageCauser)
{
    float FinalDamage = Super::TakeDamage(DamageAmount, DamageEvent,
EventInstigator, DamageCauser);
    ABLOG(Warning, TEXT("Actor : %s took Damage : %f"), *GetName(), FinalDamage);
    return FinalDamage;
}


...
```

그림 10-3 이미 생성돼 있는 스켈레탈 메시 소켓 hands_rSocket

캐릭터의 소켓에는 착용할 아이템을 미리 볼 수 있는 기능이 있다. 소켓을 우클릭하고 **프리뷰 애셋 추가** 메뉴를 선택한 후, 선택한 무기 이름을 검색해 캐릭터에 부착한다. 이 예제에서는 Knight로 검색해 BlackKnight 무기를 착용했다.

그림 10-4 소켓에 미리보기 메시를 부착하기

무기를 선택하면 소켓에 무기를 부착한 캐릭터를 볼 수 있다. 하지만 이 기능은 말 그대로 미리보기 기능이므로 실제 캐릭터에 이 무기가 부착되는 것은 아니다.

그림 10-5 소켓에 무기를 부착한 결과 화면

그런데 현재 사용하는 hand_rSocket의 트랜스폼이 정확하지 않아 무기의 위치가 부자연스럽다. 무기의 손잡이가 캐릭터의 오른손 바닥에 들어오도록 위치를 재조정한다. 그리고 무기를 부착한 캐릭터가 자연스럽게 애니메이션을 재생하도록 애니메이션을 조정한다. 애니메이션은 툴바의 **프리뷰 애니메이션**으로 선택할 수 있다.

그림 10-6 소켓 조정을 위한 애니메이션 미리보기 설정

공격 애니메이션의 타임라인을 돌려보면서 부착 위치가 어색하지 않도록 소켓의 이동과 회전 트랜스폼 값을 조정한다.

예제에서 지정한 소켓의 위치 값은 (-9.4, 3.0, 5.3)이고, 회전 값은 (18.4, 23.2, 83.0)이다.

그림 10-7 소켓의 트랜스폼 설정

소켓의 설정을 완료하면 이를 사용해 캐릭터에 무기를 부착해본다.

패키지에서 제공하는 무기 애셋은 모두 스켈레탈 메시이기 때문에 스켈레탈 메시 컴포넌트를 캐릭터 메시에 부착한다. BlackKnight 무기 애셋의 레퍼런스를 복사한 후 스켈레탈 메시 컴포넌트에 로딩하고 SetupAttachment 함수에 소켓 이름을 인자로 넘기면 소켓 위치를 기준으로 트랜스폼이 자동으로 설정된다.

코드 10-1 ABCharacter.h

```cpp
// Fill out your copyright notice in the Description page of Project Settings.

#pragma once

#include "ArenaBattle.h"
```

```cpp
#include "GameFramework/Character.h"
#include "ABCharacter.generated.h"

UCLASS()
class ARENABATTLE_API AABCharacter : public ACharacter
{
    GENERATED_BODY()

public:
    // Sets default values for this character's properties
    AABCharacter();
    ...

public:
    // Called every frame
    virtual void Tick(float DeltaTime) override;
    virtual void PostInitializeComponents() override;
    virtual float TakeDamage(float DamageAmount, struct FDamageEvent const&
DamageEvent, class AController* EventInstigator, AActor* DamageCauser) override;

    // Called to bind functionality to input
    virtual void SetupPlayerInputComponent(class UInputComponent*
PlayerInputComponent) override;

    UPROPERTY(VisibleAnywhere, Category = Weapon)
    USkeletalMeshComponent* Weapon;

    UPROPERTY(VisibleAnywhere, Category = Camera)
    USpringArmComponent* SpringArm;

    UPROPERTY(VisibleAnywhere, Category = Camera)
    UCameraComponent* Camera;

    ...

};
```

코드 10-2 ABCharacter.cpp

```cpp
// Fill out your copyright notice in the Description page of Project Settings.

#include "ABCharacter.h"
#include "ABAnimInstance.h"
#include "DrawDebugHelpers.h"

// Sets default values
AABCharacter::AABCharacter()
{
    ...

    FName WeaponSocket(TEXT("hand_rSocket"));
    if (GetMesh()->DoesSocketExist(WeaponSocket))
    {
        Weapon = CreateDefaultSubobject<USkeletalMeshComponent>(TEXT("WEAPON"));
        static ConstructorHelpers::FObjectFinder<USkeletalMesh> SK_WEAPON(TEXT("/
Game/InfinityBladeWeapons/Weapons/Blade/Swords/Blade_BlackKnight/SK_Blade_
BlackKnight.SK_Blade_BlackKnight"));
        if (SK_WEAPON.Succeeded())
        {
            Weapon->SetSkeletalMesh(SK_WEAPON.Object);
        }

        Weapon->SetupAttachment(GetMesh(), WeaponSocket);
    }


    SetControlMode(EControlMode::DIABLO);

    ArmLengthSpeed = 3.0f;
    ArmRotationSpeed = 10.0f;
    GetCharacterMovement()->JumpZVelocity = 800.0f;

    IsAttacking = false;
    MaxCombo = 4;

    AttackEndComboState();
```

```
    GetCapsuleComponent()->SetCollisionProfileName(TEXT("ABCharacter"));
    AttackRange = 200.0f;
    AttackRadius = 50.0f;
}

...
```

에디터를 다시 시작하고 **플레이**를 누르면 캐릭터의 손에 무기가 쥐어진 것을 확인할 수 있다.

그림 10-8 캐릭터에 무기를 부착한 결과 화면

언리얼 **에디터** 참고

핫 리로드 기능을 사용할 때 생성자에서 값을 변경했음에도 에디터에서 자동으로 반영되지 않는 경우가 종종 발생한다. 이런 경우가 발생하면 에디터를 재시작한다.

무기 액터의 제작

액터에 고정으로 무기를 장착하지 않고 필요에 따라 무기를 바꿀 수 있게 하려면 무기를 액터로 분리해 만드는 것이 좋다. **파일 ❯ 새로운 C++ 클래스…** 메뉴를 눌러 **ABWeapon**이라는 이름을 가진 무기 액터의 클래스를 생성한다.

그림 10-9 Weapon 액터의 생성

우리 예제에서 캐릭터가 드는 무기는 실제로 충돌을 발생시키지 않고 플레이어의 액세서리로만 사용했다. 그래서 무기 액터의 루트 컴포넌트인 스켈레탈 메시 컴포넌트의 충돌 설정을 NoCollision으로 지정한다. BlackKnight 무기 애셋을 설정한 **ABWeapon**의 코드는 다음과 같다.

코드 10-3 ABWeapon.h

```
// Fill out your copyright notice in the Description page of Project Settings.

#pragma once

#include "ArenaBattle.h"
#include "GameFramework/Actor.h"
#include "ABWeapon.generated.h"
```

```
UCLASS( )
class ARENABATTLE_API AABWeapon : public AActor
{
    GENERATED_BODY( )

public:
    // Sets default values for this actor's properties
    AABWeapon( );

protected:
    // Called when the game starts or when spawned
    virtual void BeginPlay( ) override;

public:
    UPROPERTY(VisibleAnywhere, Category = Weapon)
    USkeletalMeshComponent* Weapon;

};
```

코드 10-4 ABWeapon.cpp

```
// Fill out your copyright notice in the Description page of Project Settings.

#include "ABWeapon.h"


// Sets default values
AABWeapon::AABWeapon( )
{
    // Set this actor to call Tick( ) every frame.  You can turn this off to
improve performance if you don't need it.
    PrimaryActorTick.bCanEverTick = false;

    Weapon = CreateDefaultSubobject<USkeletalMeshComponent>(TEXT("WEAPON"));
    RootComponent = Weapon;

    static ConstructorHelpers::FObjectFinder<USkeletalMesh> SK_WEAPON(TEXT("/
Game/InfinityBladeWeapons/Weapons/Blade/Swords/Blade_BlackKnight/SK_Blade_
BlackKnight.SK_Blade_BlackKnight"));
    if (SK_WEAPON.Succeeded())
```

```
    {
        Weapon->SetSkeletalMesh(SK_WEAPON.Object);
    }

    Weapon->SetCollisionProfileName(TEXT("NoCollision"));
}

// Called when the game starts or when spawned
void AABWeapon::BeginPlay()
{
    Super::BeginPlay();

}
```

무기 액터를 제작하고 나면, 이를 레벨에 드래그해 원하는 무기와 콜리전 프리셋이 잘
적용되고 있는지 확인한다. 확인 후에 레벨에 배치한 무기 액터는 제거한다.

그림 10-10 완성된 무기 액터의 확인

무기의 비주얼을 완성하면 이번에는 캐릭터가 이를 손에 집도록 기능을 추가해보자.
기존의 캐릭터에 장착된 무기 생성 코드를 제거한 후 BeginPlay에서 무기 액터를 생성
하고 이를 캐릭터에 부착시키는 코드를 추가한다.

월드에서 새롭게 액터를 생성하는 명령은 SpawnActor다. 액터는 월드에 존재하는 물체이므로 이는 월드의 명령어다. GetWorld 함수로 월드의 포인터를 가져와서 해당 함수를 실행한다. SpawnActor의 인자에는 생성할 액터의 클래스와 액터가 앞으로 생성할 위치 및 회전을 지정한다.

코드 10-5 ABCharacter.cpp

```
// Fill out your copyright notice in the Description page of Project Settings.

#include "ABCharacter.h"
#include "ABAnimInstance.h"
#include "ABWeapon.h"
#include "DrawDebugHelpers.h"

...

void AABCharacter::BeginPlay()
{
    Super::BeginPlay();

    FName WeaponSocket(TEXT("hand_rSocket"));
    auto CurWeapon = GetWorld()->SpawnActor<AABWeapon>(FVector::ZeroVector,
FRotator::ZeroRotator);\
    if (nullptr != CurWeapon)
    {
        CurWeapon->AttachToComponent(GetMesh(), FAttachmentTransformRules::SnapTo
TargetNotIncludingScale, WeaponSocket);
    }
}

...
```

위에서 배치한 무기 액터를 제거한 후 **플레이** 버튼을 눌러 결과를 확인한다. 이전과 결과는 동일하지만, 월드 아웃라이너에서 캐릭터가 들고 있는 무기는 액터로 분리돼 있다는 점이 다르다.

그림 10-17 ABCharacter 프리셋에서 ItemBox와의 물리 반응 설정

새로운 프리셋을 박스 컴포넌트에 설정하고, 박스 컴포넌트에서 캐릭터를 감지할 때 관련된 행동을 구현한다. 박스 컴포넌트에는 `Overlap` 이벤트를 처리할 수 있게 `OnComponentBeginOverlap`이라는 이름의 델리게이트가 선언돼 있다. 해당 델리게이트의 선언은 다음과 같다.

코드 10-8 PrimitiveComponent.h

```
UPROPERTY(BlueprintAssignable, Category="Collision")
FComponentBeginOverlapSignature OnComponentBeginOverlap;
```

델리게이트를 선언하는 데 사용한 `FComponentBeginOverlapSignature`는 언리얼 엔진 소스 코드에 다음과 같이 선언돼 있다.

코드 10-9 PrimitiveComponent.h

```
DECLARE_DYNAMIC_MULTICAST_DELEGATE_SixParams( FComponentBeginOverlapSig
nature, UPrimitiveComponent*, OverlappedComponent, AActor*, OtherActor,
UPrimitiveComponent*, OtherComp, int32, OtherBodyIndex, bool, bFromSweep, const
FHitResult &, SweepResult);
```

매크로를 보면 OnComponentBeginOverlap 델리게이트는 멀티캐스트 다이내믹 델리게이트임을 확인할 수 있다. 유형과 인자를 모두 복사해 매크로 설정과 동일한 멤버 함수를 선언하고 이를 해당 델리게이트에 바인딩하면 Overlap 이벤트가 발생할 때마다 바인딩한 멤버 함수가 호출된다. 이를 구현한 코드는 다음과 같다.

코드 10-10 ABItemBox.h

```
// Fill out your copyright notice in the Description page of Project Settings.

#pragma once

#include "ArenaBattle.h"
#include "GameFramework/Actor.h"
#include "ABItemBox.generated.h"

UCLASS()
class ARENABATTLE_API AABItemBox : public AActor
{
    GENERATED_BODY()

public:
    // Sets default values for this actor's properties
    AABItemBox();

protected:
    // Called when the game starts or when spawned
    virtual void BeginPlay() override;
    virtual void PostInitializeComponents() override;

public:
    UPROPERTY(VisibleAnywhere, Category = Box)
    UBoxComponent* Trigger;

    UPROPERTY(VisibleAnywhere, Category = Box)
    UStaticMeshComponent* Box;

private:
    UFUNCTION()
    void OnCharacterOverlap(UPrimitiveComponent* OverlappedComp, AActor*
OtherActor, UPrimitiveComponent* OtherComp, int32 OtherBodyIndex, bool
```

```
bFromSweep, const FHitResult& SweepResult);

};
```

코드 10-11 ABItemBox.cpp

```
// Fill out your copyright notice in the Description page of Project Settings.

#include "ABItemBox.h"

// Sets default values
AABItemBox::AABItemBox()
{
    ...

    Trigger->SetCollisionProfileName(TEXT("ItemBox"));
    Box->SetCollisionProfileName(TEXT("NoCollision"));

}

// Called when the game starts or when spawned
void AABItemBox::BeginPlay()
{
    Super::BeginPlay();

}

void AABItemBox::PostInitializeComponents()
{
    Super::PostInitializeComponents();
    Trigger->OnComponentBeginOverlap.AddDynamic(this, &AABItemBox::OnCharacterOverlap);
}

void AABItemBox::OnCharacterOverlap(UPrimitiveComponent* OverlappedComp,
AActor* OtherActor, UPrimitiveComponent* OtherComp, int32 OtherBodyIndex, bool
bFromSweep, const FHitResult& SweepResult)
{
    ABLOG_S(Warning);
}
```

이제 캐릭터가 아이템 박스를 통과할 때마다 오버랩 델리게이트와 바인딩된 함수가 실행돼 로그가 출력된다.

그림 10-18 오버랩 이벤트의 확인

아이템의 습득

이번에는 아이템 상자를 통과하면 빈손의 플레이어에게 아이템을 쥐어주는 기능을 구현해본다. 배치한 아이템 상자에 클래스 정보를 저장할 속성을 추가하고, 이 값을 기반으로 플레이어가 아이템 상자의 영역에 들어왔을 때 아이템을 생성하도록 기능을 구현해본다.

클래스 정보를 저장하는 변수를 선언할 때 UClass의 포인터를 사용할 수 있지만, 이를 사용하면 현재 프로젝트에 사용하는 모든 언리얼 오브젝트의 선언이 보이게 된다. 언리얼 엔진은 특정 클래스와 상속받은 클래스들로 목록을 한정하도록 TSubclassof라는 키워드를 제공한다. 이를 사용하면 목록에서 아이템 상자와 이를 선언한 클래스 목록만 볼 수 있다.

스켈레탈 메시 컴포넌트의 스켈레탈 메시에서 Great라고 검색해 BlackKnight를 SK_
Blade_GreatBlade라는 도끼로 변경한다.

그림 10-25 도끼로 변경한 결과

툴바의 **컴파일** 버튼과 **저장** 버튼을 누르고, 상자의 WeaponClass 설정을 방금 생성한 블
루프린트의 클래스 이름 BP_WeaponAxe로 변경한다.

그림 10-26 상자에서 생성할 액터 클래스의 지정

이제 클래스 정보를 변경한 아이템 상자를 습득하면 캐릭터에게는 도끼가 쥐어진다.

그림 10-27 최종 결과 화면

11

게임 데이터와 UI 위젯

엑셀 데이터로부터 캐릭터의 능력치를 체계적으로 관리할 수 있도록 테이블 데이터를 언리얼 엔진에 불러들이는 방법을 알아본다. 또한 게임 데이터를 효과적으로 관리하기에 적합한 게임 인스턴스클래스와 방대한 로직을 분산시킬 수 있도록 액터 컴포넌트를 설계해 액터에 적용하는 방법을 학습한다. 마지막으로 캐릭터의 현재 스탯을 시각적으로 표시할 수 있도록 캐릭터 머리에 HP바를 표시하는 기능을 구현해본다.

엑셀 데이터의 활용

이번에는 엑셀에 저장돼 있는 캐릭터의 스탯 데이터 테이블을 언리얼 엔진에 불러들이는 기능을 구현해본다.

캐릭터 스탯 데이터는 게임의 기반을 이루는 변하지 않는 데이터이므로 보통 게임 앱이 초기화될 때 불러들인다. 언리얼 엔진은 게임 앱을 관리하기 위한 용도로 게임 인스턴스라는 언리얼 오브젝트를 제공한다. 이 게임 인스턴스가 캐릭터의 스탯을 관리하도록 설계하면 게임 앱이 초기화될 때 캐릭터 스탯 데이터를 불러들이고, 게임 앱이 종료될 때까지 캐릭터 스탯 데이터는 보존된다.

GameInstance를 부모 클래스로 하는 새로운 클래스를 만들고 캐릭터 스탯을 관리하는 기능을 추가해본다. GameInstance 클래스는 **파일 ❯ 새로운 C++ 클래스...**에서 기본으로 뜨는 클래스 목록에는 없으므로 우측 상단의 **모든 클래스 표시** 체크 박스를 누른 후 GameInstance라고 검색해 선택해야 한다.

그림 11-1 GameInstance 클래스를 부모로 하는 클래스의 제작

새로운 클래스의 이름을 ABGameInstance로 지정해 클래스를 생성한다. 새롭게 생성된 게임 인스턴스가 게임 앱을 관리하기 위해서는 **프로젝트 세팅**의 **맵 & 모드** 탭에 있는 GameInstance 항목을 변경해야 한다.

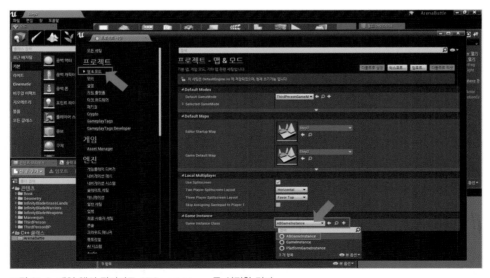

그림 11-2 게임 앱의 관리자로 ABGameInstance를 설정한 결과

```cpp
    // Sets default values for this character's properties
    AABCharacter();

...

public:
    // Called every frame
    virtual void Tick(float DeltaTime) override;
    virtual void PostInitializeComponents() override;
    virtual float TakeDamage(float DamageAmount, struct FDamageEvent const&
DamageEvent, class AController* EventInstigator, AActor* DamageCauser) override;

    // Called to bind functionality to input
    virtual void SetupPlayerInputComponent(class UInputComponent*
PlayerInputComponent) override;

    bool CanSetWeapon();
    void SetWeapon(class AABWeapon* NewWeapon);

    UPROPERTY(VisibleAnywhere, Category = Weapon)
    class AABWeapon* CurrentWeapon;

    UPROPERTY(VisibleAnywhere, Category = Stat)
    class UABCharacterStatComponent* CharacterStat;

    UPROPERTY(VisibleAnywhere, Category = Camera)
    USpringArmComponent* SpringArm;

    UPROPERTY(VisibleAnywhere, Category = Camera)
    UCameraComponent* Camera;

...
```

코드 11-7 ABCharacter.cpp

```cpp
// Fill out your copyright notice in the Description page of Project Settings.

#include "ABCharacter.h"
#include "ABAnimInstance.h"
```

```
#include "ABWeapon.h"
#include "ABCharacterStatComponent.h"
#include "DrawDebugHelpers.h"

// Sets default values
AABCharacter::AABCharacter()
{
    // Set this character to call Tick() every frame.  You can turn this off to
improve performance if you don't need it.
    PrimaryActorTick.bCanEverTick = true;
    SpringArm = CreateDefaultSubobject<USpringArmComponent>(TEXT("SPRINGARM"));
    Camera = CreateDefaultSubobject<UCameraComponent>(TEXT("CAMERA"));
    CharacterStat = CreateDefaultSubobject<UABCharacterStatComponent>(TEXT("CHARA
CTERSTAT"));

...
```

컴파일을 완료하고 레벨에 배치한 액터를 선택하면 컴포넌트 목록 하단에 CharacterStat이라는 액터 컴포넌트가 추가된다.

그림 11-11 액터 컴포넌트가 추가된 결과 화면

액터 컴포넌트를 생성하면 자동으로 제공되는 템플릿 코드에는 BeginPlay와 TickComponent 함수가 제공된다. 하지만 예제에서는 스탯에 변경이 일어날 때만 관련 데이터를 처리할 예정이므로 Tick 로직이 필요 없다. 따라서 액터 컴포넌트의 설정을 이에 맞도록 변경해야 한다. 액터의 PostInitializeComponents에 대응하는 컴포넌트의 함수는 InitializeComponent 함수다. 이 함수는 액터의 PostInitializeComponents 함수가 호출되기 바로 전에 호출된다.

이 함수를 사용해 컴포넌트의 초기화 로직을 구현해주는데, 이 함수가 호출되려면 생성자에서 bWantsInitializeComponent 값을 true로 설정해줘야 한다. 액터 컴포넌트의 틀을 구현한 코드는 다음과 같다.

코드 11-8 ABCharacterStatComponent.h

```cpp
// Fill out your copyright notice in the Description page of Project Settings.

#pragma once

#include "ArenaBattle.h"
#include "Components/ActorComponent.h"
#include "ABCharacterStatComponent.generated.h"


UCLASS( ClassGroup=(Custom), meta=(BlueprintSpawnableComponent) )
class ARENABATTLE_API UABCharacterStatComponent : public UActorComponent
{
    GENERATED_BODY()

public:
    // Sets default values for this component's properties
    UABCharacterStatComponent();

protected:
    // Called when the game starts
    virtual void BeginPlay() override;
    virtual void InitializeComponent() override;
};
```

코드 11-9 ABCharacterStatComponent.cpp

```cpp
// Fill out your copyright notice in the Description page of Project Settings.

#include "ABCharacterStatComponent.h"

// Sets default values for this component's properties
UABCharacterStatComponent::UABCharacterStatComponent()
{
    // Set this component to be initialized when the game starts, and to be
ticked every frame.  You can turn these features
    // off to improve performance if you don't need them.
    PrimaryComponentTick.bCanEverTick = false;
    bWantsInitializeComponent = true;
}


// Called when the game starts
void UABCharacterStatComponent::BeginPlay()
{
    Super::BeginPlay();

}

void UABCharacterStatComponent::InitializeComponent()
{
    Super::InitializeComponent();
}
```

캐릭터의 레벨 정보에서 HP 정보까지 모든 스탯을 스탯 컴포넌트에서 관리하도록 변수를 추가로 선언한다. 데이터를 관리하는 변수들은 private으로 한정해 선언하고 레벨은 SetNewLevel 함수를 통해서만 변경할 수 있도록 설계했다. 게임 인스턴스에서 데이터를 가져와 초기화하고 레벨이 변경되면 해당 스탯이 바뀌도록 제작한 코드는 다음과 같다.

코드 11-10 ABCharacterStatComponent.h

```cpp
// Fill out your copyright notice in the Description page of Project Settings.

#pragma once

#include "ArenaBattle.h"
#include "Components/ActorComponent.h"
#include "ABCharacterStatComponent.generated.h"


UCLASS(ClassGroup = (Custom), meta = (BlueprintSpawnableComponent))
class ARENABATTLE_API UABCharacterStatComponent : public UActorComponent
{
    GENERATED_BODY()

public:
    // Sets default values for this component's properties
    UABCharacterStatComponent();

protected:
    // Called when the game starts
    virtual void BeginPlay() override;
    virtual void InitializeComponent() override;

public:
    void SetNewLevel(int32 NewLevel);

private:
    struct FABCharacterData* CurrentStatData = nullptr;

    UPROPERTY(EditInstanceOnly, Category = Stat, Meta = (AllowPrivateAccess =
true))
    int32 Level;

    UPROPERTY(Transient, VisibleInstanceOnly, Category = Stat, Meta =
(AllowPrivateAccess = true))
    float CurrentHP;
};
```

코드 11-11 ABCharacterStatComponent.cpp

```cpp
// Fill out your copyright notice in the Description page of Project Settings.

#include "ABCharacterStatComponent.h"
#include "ABGameInstance.h"

// Sets default values for this component's properties
UABCharacterStatComponent::UABCharacterStatComponent()
{
    // Set this component to be initialized when the game starts, and to be
ticked every frame.  You can turn these features
    // off to improve performance if you don't need them.
    PrimaryComponentTick.bCanEverTick = false;
    bWantsInitializeComponent = true;

    Level = 1;
}


// Called when the game starts
void UABCharacterStatComponent::BeginPlay()
{
    Super::BeginPlay();

}

void UABCharacterStatComponent::InitializeComponent()
{
    Super::InitializeComponent();
    SetNewLevel(Level);
}

void UABCharacterStatComponent::SetNewLevel(int32 NewLevel)
{
    auto ABGameInstance = Cast<UABGameInstance>(UGameplayStatics::GetGameInstance
(GetWorld()));

    ABCHECK(nullptr != ABGameInstance);
    CurrentStatData = ABGameInstance->GetABCharacterData(NewLevel);
    if (nullptr != CurrentStatData)
```

```
    {
        Level = NewLevel;
        CurrentHP = CurrentStatData->MaxHP;
    }
    else
    {
        ABLOG(Error, TEXT("Level (%d) data doesn't exist"), NewLevel);
    }
}
```

언리얼 오브젝트에는 직렬화^{Serialization} 기능이 있어서 오브젝트의 UPROPERY 속성을 저장하고 로딩할 수 있다. 하지만 컴포넌트의 스탯 중 CurrentHP 값은 게임을 시작할 때마다 변경되므로 이 값을 보관하는 것은 의미가 없고 오히려 오브젝트를 저장할 때 필요 없는 디스크 공간만 차지한다. 이러한 속성에는 Transient 키워드를 추가해 해당 속성을 직렬화에서 제외시키는 것이 좋다.

레벨에 배치한 액터의 CharacterStat 컴포넌트를 선택하고 Level 속성의 수치를 입력한 후 플레이 버튼을 눌렀을 때 CurrentHP 값이 해당 레벨 값으로 로딩되는지 확인한다. Level 속성을 15로 입력하고 플레이를 누른 결과는 다음과 같다.

테스트가 끝나면 다시 캐릭터의 레벨 스탯을 1로 되돌린다.

그림 11-12 레벨 수치에 해당하는 스탯 값의 로딩 확인

이번에는 캐릭터가 대미지를 받으면 받은 대미지만큼 CurrentHP에서 차감하고 그 결과로 CurrentHP 값이 0보다 작거나 같으면 캐릭터가 죽도록 기능을 추가한다.

지금까지 대미지는 캐릭터의 TakeDamage 함수에서 직접 처리했는데 ABCharacterStatComponent에 SetDamage 함수를 생성하고 캐릭터의 TakeDamage 함수에서 이를 호출해 대미지를 액터 컴포넌트가 처리하도록 구성을 변경해본다. 액터 컴포넌트는 대미지 계산을 처리하되 CurrentHP 값이 소진되면 죽었다고 캐릭터에게 알려줘야 한다.

액터 컴포넌트가 캐릭터에 의존성을 가지지 않도록, 액터 컴포넌트에 델리게이트를 선언하고 캐릭터에서 이를 바인딩시키는 형태로 구조를 설계해본다.

코드 11-12 ABCharacterStatComponent.h

```cpp
// Fill out your copyright notice in the Description page of Project Settings.

#pragma once

#include "ArenaBattle.h"
#include "Components/ActorComponent.h"
#include "ABCharacterStatComponent.generated.h"

DECLARE_MULTICAST_DELEGATE(FOnHPIsZeroDelegate);

UCLASS(ClassGroup = (Custom), meta = (BlueprintSpawnableComponent))
class ARENABATTLE_API UABCharacterStatComponent : public UActorComponent
{
    GENERATED_BODY()

public:
    // Sets default values for this component's properties
    UABCharacterStatComponent();

protected:
    // Called when the game starts
    virtual void BeginPlay() override;
    virtual void InitializeComponent() override;

public:
```

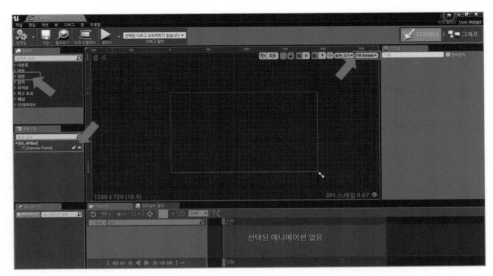

그림 11-15 UI 제작 툴

우리가 제작할 UI는 캐릭터 위에 작게 프로그레스바로만 표시할 예정이므로, 전체 스크린 크기가 아닌 작은 크기로 작업하는 것이 적합하다. 우측 상단의 Fill Screen 버튼을 누르고 Custom으로 변경한 후 150×50으로 작업 공간의 크기를 변경한다.

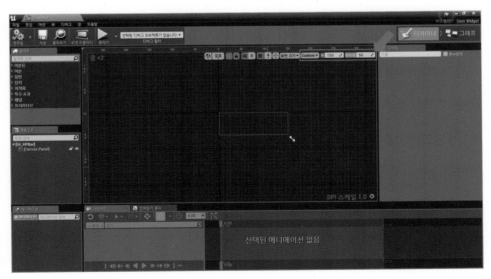

그림 11-16 변경된 UI 작업 공간의 크기

이번에는 왼쪽 하단 영역의 **계층 구조** 윈도우에 위치한 Canvas Panel을 제거한다. 이 패널은 전체 스크린에 부착할 위젯을 설계하는 데는 편리하지만, 우리는 HP바만 표시할 예정이므로 해당 패널을 사용할 필요가 없다. Canvas Panel을 제거하면 **팔레트** 윈도우의 일반 그룹에서 Progress Bar 컨트롤을 **계층 구조**에 드래그하고 이름을 PB_HPBar라고 지어주자.

프로그레스바가 생성된 결과 화면은 다음과 같다. 프로그레스바의 크기는 150×50이 된다.

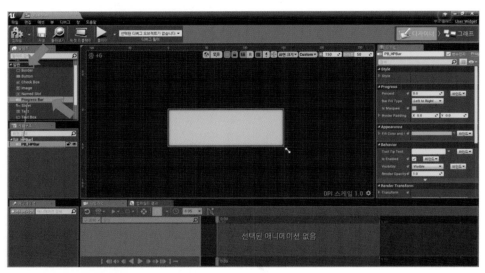

그림 11-17 HPBar의 제작

이번에는 **계층 구조**에서 PB_HPBar를 우클릭한 후 **감싸기** 메뉴를 선택하고 Vertical Box를 고른다. 그러면 세로로 UI 컨트롤을 정렬해주는 Vertical Box가 PB_HPBar 컨트롤을 감싸게 된다.

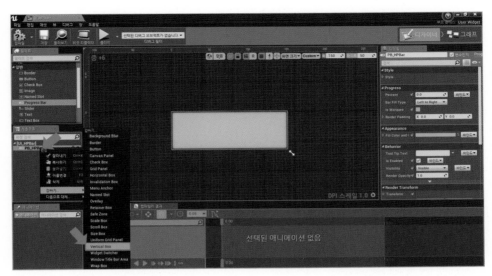

그림 11-18 Vertical Box로 감싸기 메뉴

그리고 **팔레트** 윈도우의 프리미티브 그룹에서 Spacer 컨트롤을 Vertical Box로 드래그해
다음 그림과 같이 첫 번째와 세 번째에 Spacer 컨트롤을 추가한다.

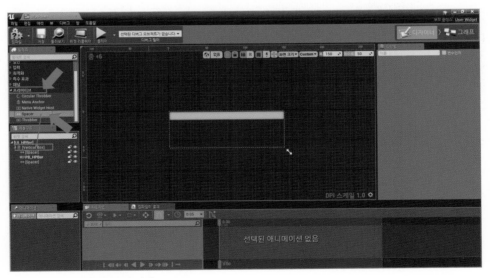

그림 11-19 Spacer 컨트롤의 삽입

이제 Vertical Box는 세 개의 컨트롤을 가지는데, 레이아웃을 잡기 위해 Vertical Box의 전체 영역 내에서 이들이 나눠가질 영역을 지정해야 한다. 순서대로 40%, 20%, 40%씩 영역을 차지한다는 계획을 세우고, 이에 맞게 영역을 배분하기 위해 각 컨트롤 우측 상단의 **슬롯** 섹션에 있는 **채우기** 항목에 해당 숫자를 입력한다. **채우기**를 설정한 결과 화면은 다음과 같다.

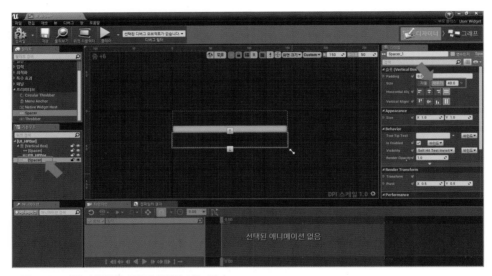

그림 11-20 채우기 옵션을 사용해 영역을 나눈 결과

이제 프로그레스바를 선택해 채우는 색상을 붉은색으로 설정한다. 프로그레스바의 Percent 속성을 0에서 1로 드래그해 변화시키면서 프로그레스바가 어떻게 보여지는지 확인한다.

그리고 UI 위젯은 항상 플레이어를 향해 보도록 Screen 모드로 지정하고, 크기는 우리가 작업 공간에서 설정한 것과 동일한 (150, 50)으로 지정한다. 이를 구현한 코드는 다음과 같다.

코드 11-17 ABCharacter.cpp

```cpp
// Fill out your copyright notice in the Description page of Project Settings.

#include "ABCharacter.h"
#include "ABAnimInstance.h"
#include "ABWeapon.h"
#include "ABCharacterStatComponent.h"
#include "DrawDebugHelpers.h"
#include "Components/WidgetComponent.h"

// Sets default values
AABCharacter::AABCharacter()
{
    // Set this character to call Tick() every frame.  You can turn this off to
improve performance if you don't need it.
    PrimaryActorTick.bCanEverTick = true;
    SpringArm = CreateDefaultSubobject<USpringArmComponent>(TEXT("SPRINGARM"));
    Camera = CreateDefaultSubobject<UCameraComponent>(TEXT("CAMERA"));
    CharacterStat = CreateDefaultSubobject<UABCharacterStatComponent>(TEXT("CHARA
CTERSTAT"));
    HPBarWidget = CreateDefaultSubobject<UWidgetComponent>(TEXT("HPBARWIDGET"));

    SpringArm->SetupAttachment(GetCapsuleComponent());
    Camera->SetupAttachment(SpringArm);
    HPBarWidget->SetupAttachment(GetMesh());

    ...

    HPBarWidget->SetRelativeLocation(FVector(0.0f, 0.0f, 180.0f));
    HPBarWidget->SetWidgetSpace(EWidgetSpace::Screen);
    static ConstructorHelpers::FClassFinder<UUserWidget> UI_HUD(TEXT("/Game/Book/
UI/UI_HPBar.UI_HPBar_C"));
    if (UI_HUD.Succeeded())
    {
```

```
    HPBarWidget->SetWidgetClass(UI_HUD.Class);
    HPBarWidget->SetDrawSize(FVector2D(150.0f, 50.0f));
  }

}
```

이제 **플레이** 버튼을 누르면 캐릭터의 머리 위에 우리가 제작한 UI가 스크린 모드로 항상 정면을 향해 떠있는 것을 확인할 수 있다.

그림 11-23 캐릭터에 HPBar를 부착한 결과 화면

UI와 데이터의 연동

이번에는 캐릭터의 스탯이 변경되면 이를 UI에 전달해 프로그레스바가 변경되도록 기능을 구현해본다. 7장에서 애니메이션 설계 작업을 애님 그래프에서 한 것과 유사하게 UI 작업은 디자이너라는 공간에서 진행한다. 하지만 UI의 로직은 애님 인스턴스와 유사하게 C++ 클래스에서 미리 만들어 제공할 수 있는데, 위젯 블루프린트가 사용하는 기반 C++ 클래스는 UserWidget이다. UserWidget을 상속받은 새로운 클래스를 생성하고 이름을 ABCharacterWidget으로 정한다.

그림 11-24 ABCharacterWidget 클래스의 생성

해당 클래스는 캐릭터 스탯 정보가 저장돼 있는 **ABCharacterStatComponent**와 연동해 캐릭터의 스탯이 변화할 때마다 프로그레스바의 내용을 업데이트할 것이다. 이번에도 상호 의존성을 가지지 않게 **ABCharacterStatComponent**에 델리게이트를 하나 선언하고 컴포넌트의 HP 값이 변할 때마다 UI 위젯의 값이 자동으로 변경되도록 설계해본다.

코드 11-18 ABCharacterStatComponent.h

```
// Fill out your copyright notice in the Description page of Project Settings.

#pragma once

#include "ArenaBattle.h"
#include "Components/ActorComponent.h"
#include "ABCharacterStatComponent.generated.h"

DECLARE_MULTICAST_DELEGATE(FOnHPIsZeroDelegate);
DECLARE_MULTICAST_DELEGATE(FOnHPChangedDelegate);

UCLASS(ClassGroup = (Custom), meta = (BlueprintSpawnableComponent))
class ARENABATTLE_API UABCharacterStatComponent : public UActorComponent
{
```

```cpp
    GENERATED_BODY()

public:
    // Sets default values for this component's properties
    UABCharacterStatComponent();

protected:
    // Called when the game starts
    virtual void BeginPlay() override;
    virtual void InitializeComponent() override;

public:
    void SetNewLevel(int32 NewLevel);
    void SetDamage(float NewDamage);
    void SetHP(float NewHP);
    float GetAttack();
    float GetHPRatio();

    FOnHPIsZeroDelegate OnHPIsZero;
    FOnHPChangedDelegate OnHPChanged;

private:
    struct FABCharacterData* CurrentStatData = nullptr;

    UPROPERTY(EditInstanceOnly, Category = Stat, Meta = (AllowPrivateAccess =
true))
    int32 Level;

    UPROPERTY(Transient, VisibleInstanceOnly, Category = Stat, Meta =
(AllowPrivateAccess = true))
    float CurrentHP;
};
```

코드 11–19 ABCharacterStatComponent.cpp

```cpp
// Fill out your copyright notice in the Description page of Project Settings.

#include "ABCharacterStatComponent.h"
```

```cpp
#include "ABGameInstance.h"

// Sets default values for this component's properties
UABCharacterStatComponent::UABCharacterStatComponent()
{
    // Set this component to be initialized when the game starts, and to be
ticked every frame.  You can turn these features
    // off to improve performance if you don't need them.
    PrimaryComponentTick.bCanEverTick = false;
    bWantsInitializeComponent = true;

    Level = 1;
}



// Called when the game starts
void UABCharacterStatComponent::BeginPlay()
{
    Super::BeginPlay();

}

void UABCharacterStatComponent::InitializeComponent()
{
    Super::InitializeComponent();
    SetNewLevel(Level);
}

void UABCharacterStatComponent::SetNewLevel(int32 NewLevel)
{
    auto ABGameInstance = Cast<UABGameInstance>(UGameplayStatics::GetGameInstance
(GetWorld()));
    ABCHECK(nullptr != ABGameInstance);
    CurrentStatData = ABGameInstance->GetABCharacterData(NewLevel);
    if (nullptr != CurrentStatData)
    {
        Level = NewLevel;
        SetHP(CurrentStatData->MaxHP);
```

```
        }
        else
        {
            ABLOG(Error, TEXT("Level (%d) data doesn't exist"), NewLevel);
        }
    }

    void UABCharacterStatComponent::SetDamage(float NewDamage)
    {
        ABCHECK(nullptr != CurrentStatData);
        SetHP(FMath::Clamp<float>(CurrentHP - NewDamage, 0.0f, CurrentStatData-
    >MaxHP));
    }

    void UABCharacterStatComponent::SetHP(float NewHP)
    {
        CurrentHP = NewHP;
        OnHPChanged.Broadcast();
        if (CurrentHP < KINDA_SMALL_NUMBER)
        {
            CurrentHP = 0.0f;
            OnHPIsZero.Broadcast();
        }
    }

    float UABCharacterStatComponent::GetAttack()
    {
        ABCHECK(nullptr != CurrentStatData);
        return CurrentStatData->Attack;
    }

    float UABCharacterStatComponent::GetHPRatio()
    {
        ABCHECK(nullptr != CurrentStatData, 0.0f);


        return (CurrentStatData->MaxHP < KINDA_SMALL_NUMBER) ? 0.0f : (CurrentHP /
    CurrentStatData->MaxHP);
    }
```

float의 값을 0과 비교할 때는 미세한 오차 범위 내에 있는지를 보고 판단하는 것이 좋다. 언리얼 엔진은 무시 가능한 오차를 측정할 때 사용하도록 KINDA_SMALL_NUMBER라는 매크로를 제공한다.

캐릭터 컴포넌트의 델리게이트 로직을 완성하면 UI에서 캐릭터 컴포넌트에 연결해 HP 가 변할 때마다 프로그레스바를 업데이트하도록 기능을 추가한다. 이번에는 지난 번에 설명한 약 포인터를 사용해 컴포넌트를 참조하도록 설계해봤다. 언리얼 오브젝트의 약 포인터 선언은 TWeakObjectPtr을 사용한다. 우리가 사용하는 캐릭터 위젯은 캐릭터와 생사를 같이하기 때문에 약 포인터의 사용은 필요 없지만, 이번 예제에서는 학습을 위 한 용도로 사용했다. 만약 UI와 캐릭터가 서로 다른 액터라면 약 포인터를 사용하는 것 이 바람직하다.

코드 11-20 ABCharacterWidget.h

```cpp
// Fill out your copyright notice in the Description page of Project Settings.

#pragma once

#include "ArenaBattle.h"
#include "Blueprint/UserWidget.h"
#include "ABCharacterWidget.generated.h"

/**
 *
 */
UCLASS()
class ARENABATTLE_API UABCharacterWidget : public UUserWidget
{
    GENERATED_BODY()

public:
    void BindCharacterStat(class UABCharacterStatComponent* NewCharacterStat);

private:
    TWeakObjectPtr<class UABCharacterStatComponent> CurrentCharacterStat;
};
```

코드 11-21 ABCharacterWidget.cpp

```cpp
// Fill out your copyright notice in the Description page of Project Settings.

#include "ABCharacterWidget.h"
#include "ABCharacterStatComponent.h"

void UABCharacterWidget::BindCharacterStat(UABCharacterStatComponent *
NewCharacterStat)
{
    ABCHECK(nullptr != NewCharacterStat);

    CurrentCharacterStat = NewCharacterStat;
    NewCharacterStat->OnHPChanged.AddLambda( [this]() -> void {

        if (CurrentCharacterStat.IsValid())
        {
            ABLOG(Warning, TEXT("HPRatio : %f"), CurrentCharacterStat-
>GetHPRatio());
        }

    });

}
```

이제 캐릭터의 PostInitializeComponents 함수에서 캐릭터 컴포넌트와 UI 위젯을 연결한다.

코드 11-22 ABCharacter.cpp

```cpp
// Fill out your copyright notice in the Description page of Project Settings.

#include "ABCharacter.h"
#include "ABAnimInstance.h"
#include "ABWeapon.h"
#include "ABCharacterStatComponent.h"
#include "DrawDebugHelpers.h"
#include "Components/WidgetComponent.h"
#include "ABCharacterWidget.h"
```

```
...

void AABCharacter::PostInitializeComponents()
{
    Super::PostInitializeComponents();
    ABAnim = Cast<UABAnimInstance>(GetMesh()->GetAnimInstance());
    ABCHECK(nullptr != ABAnim);

    ABAnim->OnMontageEnded.AddDynamic(this, &AABCharacter::OnAttackMontageEnded);
    ABAnim->OnNextAttackCheck.AddLambda([this]() -> void {

        ABLOG(Warning, TEXT("OnNextAttackCheck"));
        CanNextCombo = false;

        if (IsComboInputOn)
        {
            AttackStartComboState();
            ABAnim->JumpToAttackMontageSection(CurrentCombo);
        }

    });

    ABAnim->OnAttackHitCheck.AddUObject(this, &AABCharacter::AttackCheck);

    CharacterStat->OnHPIsZero.AddLambda([this]() -> void {

        ABLOG(Warning, TEXT("OnHPIsZero"));
        ABAnim->SetDeadAnim();
        SetActorEnableCollision(false);

    });

    auto CharacterWidget = Cast<UABCharacterWidget>(HPBarWidget-
>GetUserWidgetObject());
    if (nullptr != CharacterWidget)
    {
        CharacterWidget->BindCharacterStat(CharacterStat);
    }
}

...
```

언리얼
버전
주의
언리얼 엔진 4.21 버전부터 위젯의 초기화 시점이 PostInitializeComponents에서 BeginPlay로 변경됐다.
따라서 4.21 버전에서 올바르게 동작하려면 해당 코드를 BeginPlay에 구현해야 한다.

코드 11-23 ABCharacter.cpp

```cpp
void AABCharacter::BeginPlay()
{
    Super::BeginPlay();

    auto CharacterWidget = Cast<UABCharacterWidget>(HPBarWidget-
>GetUserWidgetObject());
    if (nullptr != CharacterWidget)
    {
        CharacterWidget->BindCharacterStat(CharacterStat);
    }
}
```

코드를 모두 완성하면 위젯 블루프린트로 이동해 해당 위젯 블루프린트가 우리가
제작한 ABCharacterWidget 클래스를 상속받도록 설정한다. UI 툴 우측 상단의 **그래
프** 탭으로 이동하고, 툴바의 **클래스 세팅** 버튼을 누른 후 좌측 하단에서 **부모 클래스**를
ABCharacterWidget으로 변경한다.

그림 11-25 UI 부모 클래스의 변경

이제 **플레이** 버튼을 누르면 UI 컴포넌트의 멤버 함수가 캐릭터 스탯 컴포넌트에 바인딩되면서 컴포넌트의 HP 값이 변경될 때마다 위젯 컴포넌트에 HP의 비율 값이 전달된다.

그림 11-26 UI 컴포넌트에 HP 비율을 전달한 결과 화면

HP 비율 값이 전달되는 것이 확인되면, 이를 사용해 프로그레스바 위젯의 값을 업데이트한다. 코드에서 **PB_HPBar**라는 이름의 위젯을 검색하고, 해당 위젯의 속성을 업데이트하는 로직을 추가한다.

이때 한 가지 고려할 사항은 UI가 초기화되는 시점이다. UI 시스템이 준비되면 **NativeConstruct** 함수가 호출되는데, UI 생성은 플레이어 컨트롤러의 **BeginPlay**에서 호출되므로 **BeginPlay** 전에 호출된 **PostInitializeComponents** 함수에서 발생한 명령은 UI에 반영되지 않는다. 따라서 현재 구조에서는 **NativeConstruct** 함수에서 위젯 내용을 업데이트하는 로직을 구현하는 것이 필요하다.

코드 11-24 ABCharacterWidget.h

```
// Fill out your copyright notice in the Description page of Project Settings.

#pragma once
```

```cpp
#include "ArenaBattle.h"
#include "Blueprint/UserWidget.h"
#include "ABCharacterWidget.generated.h"

/**
 *
 */
UCLASS()
class ARENABATTLE_API UABCharacterWidget : public UUserWidget
{
    GENERATED_BODY()

public:
    void BindCharacterStat(class UABCharacterStatComponent* NewCharacterStat);

protected:
    virtual void NativeConstruct() override;
    void UpdateHPWidget();

private:
    TWeakObjectPtr<class UABCharacterStatComponent> CurrentCharacterStat;

    UPROPERTY()
    class UProgressBar* HPProgressBar;
};
```

코드 11-25 ABCharacterWidget.cpp

```cpp
// Fill out your copyright notice in the Description page of Project Settings.

#include "ABCharacterWidget.h"
#include "ABCharacterStatComponent.h"
#include "Components/ProgressBar.h"

void UABCharacterWidget::BindCharacterStat(UABCharacterStatComponent *
NewCharacterStat)
{
    ABCHECK(nullptr != NewCharacterStat);

    CurrentCharacterStat = NewCharacterStat;
```

```cpp
    NewCharacterStat->OnHPChanged.AddUObject(this, &UABCharacterWidget::UpdateHPW
idget);
}

void UABCharacterWidget::NativeConstruct()
{
    Super::NativeConstruct();
    HPProgressBar = Cast<UProgressBar>(GetWidgetFromName(TEXT("PB_HPBar")));
    ABCHECK(nullptr != HPProgressBar);
    UpdateHPWidget();
}

void UABCharacterWidget::UpdateHPWidget()
{
    if (CurrentCharacterStat.IsValid())
    {
        if (nullptr != HPProgressBar)
        {
            HPProgressBar->SetPercent(CurrentCharacterStat->GetHPRatio());
        }
    }
}
```

그림 11-27 HPBar와 스탯을 연결한 최종 결과 화면

12

AI 컨트롤러와
비헤이비어 트리

언리얼 엔진의 폰은 조종당할 수 있게 설계된 액터를 의미하며, 지금까지 폰은 플레이어에 의해 수동적으로 조종을 당해왔었다. 이번 장에서는 언리얼 엔진의 비헤이비어 트리(Behavior Tree) 모델을 사용해 컴퓨터 인공지능을 설계하고, 플레이어가 아닌 인공지능에 의해 스스로 정찰하고 플레이어를 쫓아와 공격하는 NPC를 제작해본다.

AIController와 내비게이션 시스템

플레이어가 조종하지 않지만 레벨에 배치돼 스스로 행동하는 캐릭터를 NPC[Non Player Character]라고 한다. 우리가 드래그해 배치한 **ABCharacter**는 레벨에 가만히 서있는 NPC라고 할 수 있는데, 이 캐릭터에 인공지능을 추가해 스스로 영역을 정찰하고 플레이어를 감지하면 쫓아가서 공격하도록 만들 수 있다. 언리얼 엔진에는 컴퓨터가 인공지능(AI)으로 NPC를 제어하도록 AI 컨트롤러를 제공한다. 폰은 플레이어 컨트롤러와 동일한 방식으로 AI 컨트롤러에 빙의될 수 있으며, 이때부터는 AI가 시키는 대로 행동한다.

이번에는 레벨에 배치한 캐릭터가 스스로 움직일 수 있도록 AI 컨트롤러를 생성해 캐릭터에게 부여해본다. 이를 위해 먼저 **AIController**를 부모 클래스로 하는 **ABAIController** 클래스를 생성한다.

그림 12-1 AIController의 생성

ABAIController 클래스를 생성하면 ABCharacter가 이를 사용하도록 AIController 의 클래스 속성을 ABAIController의 클래스로 정하고 AI의 생성 옵션을 PlaceInWorldOrSpawned로 설정한다. 그러면 앞으로 레벨에 배치하거나 새롭게 생성되는 ABCharacter마다 ABAIController 액터가 생성되고, 플레이어가 조종하는 캐릭터를 제외한 모든 캐릭터는 이 ABAIController의 지배를 받는다. ABCharacter의 생성자 코드에서 이를 구현한 코드는 다음과 같다.

코드 12-1 ABCharacter.cpp

```cpp
// Fill out your copyright notice in the Description page of Project Settings.

#include "ABCharacter.h"
#include "ABAnimInstance.h"
#include "ABWeapon.h"
#include "ABCharacterStatComponent.h"
#include "DrawDebugHelpers.h"
#include "Components/WidgetComponent.h"
#include "ABCharacterWidget.h"
#include "ABAIController.h"
```

```
// Sets default values
AABCharacter::AABCharacter()
{
    ...

    AIControllerClass = AABAIController::StaticClass();
    AutoPossessAI = EAutoPossessAI::PlacedInWorldOrSpawned;
}
```

해당 속성의 위치는 다음과 같다. 월드 아웃라이너를 살펴보면 캐릭터의 수만큼 **ABAIController** 액터가 생성되는 것을 볼 수 있다.

그림 12-2 폰의 AIController 설정

이번에는 **AIController**에 로직을 부여해 플레이어를 따라다니도록 기능을 추가해본다.

NPC는 스스로 움직여야 하기 때문에 이를 보조할 장치가 필요한데, 이때 많이 사용하는 것이 내비게이션 메시^{Navigation Mesh} 기반의 길 찾기 시스템이다. 로직을 구현하기 전에 먼저 레벨에 내비게이션 메시를 배치해 NPC가 스스로 움직일 수 있는 환경을 구축해야 한다.

파일 ❯ 현재를 다른 이름으로 저장 메뉴를 눌러 현재 작업 중인 레벨을 Step3으로 저장한
다. 그리고 모드 윈도우의 볼륨 탭으로 가서 NavMesh Bounds Volume을 드래그해 원점에
배치한다. 내비 메시 볼륨의 크기는 넉넉하게 10000×10000×500cm로 잡는다.

그림 12-3 내비 메시 영역의 배치

내비 메시를 배치했다면 언리얼 에디터에서 뷰포트를 선택하고 P 키를 입력한다. 그러
면 에디터에서 빌드한 내비 메시 영역이 녹색으로 뷰포트에 표시된다.

그림 12-4 내비 메시 영역 볼륨의 생성

내비 메시 영역을 생성하면, 이를 활용해 `ABAIController`에 빙의한 폰에게 목적지를 알려줘 폰이 목적지까지 스스로 움직이도록 명령을 추가한다. 그리고 AI 컨트롤러에 타이머를 설치해 3초마다 폰에게 목적지로 이동하는 명령을 내린다.

언리얼 엔진의 내비게이션 시스템은 이동 가능한 목적지를 랜덤으로 가져오는 `GetRandomPointInNavigableRadius` 함수와 목적지로 폰을 이동시키는 `SimpleMoveToLocation` 함수를 제공한다. 이들을 활용해 구현한 코드는 다음과 같다.

코드 12-2 ABAIController.h

```cpp
// Fill out your copyright notice in the Description page of Project Settings.

#pragma once

#include "ArenaBattle.h"
#include "AIController.h"
#include "ABAIController.generated.h"

/**
 *
 */
UCLASS( )
class ARENABATTLE_API AABAIController : public AAIController
{
    GENERATED_BODY( )

public:
    AABAIController( );
    virtual void Possess(APawn* InPawn) override;
    virtual void UnPossess( ) override;


private:
    void OnRepeatTimer( );

    FTimerHandle RepeatTimerHandle;
    float RepeatInterval;
};
```

코드 12-3 ABAIController.cpp

```cpp
// Fill out your copyright notice in the Description page of Project Settings.

#include "ABAIController.h"

AABAIController::AABAIController()
{
    RepeatInterval = 3.0f;
}

void AABAIController::Possess(APawn * InPawn)
{
    Super::Possess(InPawn);
    GetWorld()->GetTimerManager().SetTimer(RepeatTimerHandle, this, &AABAIControl
ler::OnRepeatTimer, RepeatInterval, true);
}

void AABAIController::UnPossess()
{
    Super::UnPossess();
    GetWorld()->GetTimerManager().ClearTimer(RepeatTimerHandle);
}

void AABAIController::OnRepeatTimer()
{
    auto CurrentPawn = GetPawn();
    ABCHECK(nullptr != CurrentPawn);

    UNavigationSystem* NavSystem = UNavigationSystem::GetNavigationSystem(GetWor
ld());
    if (nullptr == NavSystem) return;

    FNavLocation NextLocation;
    if (NavSystem->GetRandomPointInNavigableRadius(FVector::ZeroVector, 500.0f,
NextLocation))
    {
        UNavigationSystem::SimpleMoveToLocation(this, NextLocation.Location);
        ABLOG(Warning, TEXT("Next Location : %s"), *NextLocation.Location.
ToString());
    }
}
```

AI 컨트롤러에는 PathFollowingComponent가 부착돼 있어서 자신이 조종하는 폰이 길 찾기를 사용해 목적지까지 도달하는지 지속적으로 관리한다.

그림 12-5 배치한 폰에게 길 찾기를 명령한 결과 화면

언리얼
버전
주의

언리얼 엔진 4.20 버전부터 내비게이션 시스템의 구조가 변경됐다. 따라서 4.20 버전으로 진행하는 경우 소스 코드를 변경된 구조에 맞도록 수정해야 한다. 4.20 버전을 위해 수정해야 할 내용은 다음과 같다.

- NavigationSystem 모듈이 추가됐고 이를 지정해야 한다.
- NavigationSystem 클래스가 NavigationSystemV1으로 변경됐다.
- 구현부에 NavigationSystem.h 헤더를 추가로 선언해야 한다.
- SimpleMoveToLocation 함수는 블루프린트 라이브러리로 이동됐다.

다음은 4.20 버전에 맞게 변경 사항을 반영한 소스 코드다.

코드 12-4 ArenaBattle.Build.cs

```
// Fill out your copyright notice in the Description page of Project Settings.

using UnrealBuildTool;

public class ArenaBattle : ModuleRules
{
```

```
    public ArenaBattle(ReadOnlyTargetRules Target) : base(Target)
    {
        PCHUsage = PCHUsageMode.UseExplicitOrSharedPCHs;

        PublicDependencyModuleNames.AddRange(new string[] { "Core", "CoreUObject",
"Engine", "InputCore", "UMG", "NavigationSystem" });

        PrivateDependencyModuleNames.AddRange(new string[] {  });

        // Uncomment if you are using Slate UI
        // PrivateDependencyModuleNames.AddRange(new string[] { "Slate", "SlateCore"
});

        // Uncomment if you are using online features
        // PrivateDependencyModuleNames.Add("OnlineSubsystem");

        // To include OnlineSubsystemSteam, add it to the plugins section in your
uproject file with the Enabled attribute set to true
    }
}
```

코드 12-5 ABAIController.cpp

```
// Fill out your copyright notice in the Description page of Project Settings.

#include "ABAIController.h"
#include "NavigationSystem.h"
#include "Blueprint/AIBlueprintHelperLibrary.h"

AABAIController::AABAIController()
{
    RepeatInterval = 3.0f;
}

void AABAIController::Possess(APawn * InPawn)
{
    Super::Possess(InPawn);
    GetWorld()->GetTimerManager().SetTimer(RepeatTimerHandle, this, &AABAIController
::OnRepeatTimer, RepeatInterval, true);
}
```

```
void AABAIController::UnPossess()
{
    Super::UnPossess();
    GetWorld()->GetTimerManager().ClearTimer(RepeatTimerHandle);
}

void AABAIController::OnRepeatTimer()
{
    auto CurrentPawn = GetPawn();
    ABCHECK(nullptr != CurrentPawn);

    UNavigationSystemV1* NavSystem = UNavigationSystemV1::GetNavigationSystem(GetWor
ld());
    if (nullptr == NavSystem) return;

    FNavLocation NextLocation;
    if (NavSystem->GetRandomPointInNavigableRadius(FVector::ZeroVector, 500.0f,
NextLocation))
    {
        UAIBlueprintHelperLibrary::SimpleMoveToLocation(this, NextLocation.
Location);
        ABLOG(Warning, TEXT("Next Location : %s"), *NextLocation.Location.
ToString());
    }
}
```

언리얼
버전
주의

언리얼 엔진 4.22 버전부터 Possess 함수 대신 OnPossess 함수를 상속받도록 구조가 변경됐다.
사용 방법은 Possess와 동일하다.

코드 12-6 ABPlayerController.h

```
virtual void OnPossess(APawn* aPawn) override;
```

비헤이비어 트리 시스템

AI 컨트롤러에 특정 로직을 부여해 스스로 움직이는 NPC의 행동을 제작할 수 있지만, 좀 더 복잡한 NPC의 행동 패턴을 구현하려면 체계적인 모델에서 설계하는 것이 바람 직하다. 언리얼 엔진은 비헤이비어 트리 모델과 이를 편집하는 에디터를 자체적으로 탑재하고 있으므로 이를 사용하면 AI 컨트롤러가 수행해야 하는 행동 패턴을 체계적으로 설계할 수 있다.

비헤이비어 트리는 NPC가 해야 할 행동^{Behavior}을 분석하고 우선순위가 높은 행동부터 NPC가 실행할 수 있도록 트리 구조로 설계하는 기법이다.

언리얼에서 비헤이비어 트리를 제작하기 위해서는 비헤이비어 트리와 블랙보 드 애셋을 생성해야 한다. AI라는 이름의 폴더를 생성한 후 **인공지능** 메뉴에서 BB_ABCharacter라는 이름의 블랙보드 애셋을 생성하고, 이어서 BT_ABCharacter라는 이름의 비헤이비어 트리 애셋을 생성한다. 두 애셋을 생성한 결과는 다음과 같다.

그림 12-6 비헤이비어 트리 구동을 위한 기본 애셋의 생성

생성한 애셋의 역할은 다음과 같다.

- **블랙보드**: 블랙보드는 인공지능의 판단에 사용하는 데이터 집합을 의미한다. NPC 의 의사 결정은 블랙보드에 있는 데이터를 기반으로 진행된다.

- **비헤이비어 트리**: 블랙보드 데이터에 기반해 설계한 비헤이비어 트리의 정보를 저 장한 애셋이다. 언리얼 에디터에서는 비헤이비어 트리를 시각화해 저장할 수 있 도록 편집 기능을 제공한다.

애셋을 생성하면 AI 컨트롤러에서 비헤이비어 트리를 구동시키기 위한 간단한 로직을 제작해보자. 비헤이비어 트리 애셋을 더블 클릭해 비헤이비어 트리 에디터를 연 후 작 업 공간을 우클릭해 Task 그룹에서 Wait 태스크를 하나 생성한다. 이 태스크는 폰에게 지정한 시간 동안 대기하라는 명령을 내린다.

그림 12-7 비헤이비어 트리에서 태스크의 생성

태스크는 독립적으로 실행될 수 없고 반드시 컴포짓Composite 노드를 거쳐 실행돼야 한 다. 컴포짓 노드에는 대표적으로 셀렉터Selector와 시퀀스Sequence가 있는데, 연결된 태스 크들이 False 결과가 나올 때까지 왼쪽에서 오른쪽으로 태스크를 계속 실행하는 시퀀 스 컴포짓을 선택해 추가해본다. 시퀀스 컴포짓을 루트에 연결한 후 Wait 태스크를 컴포짓에 연결한다.

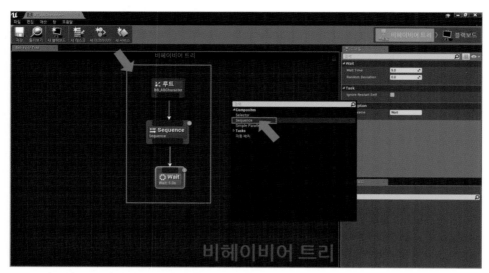

그림 12-8 비헤이비어 트리에서 시퀀스 컴포짓의 생성과 연결

비헤이비어 트리 애셋을 저장하고 우리가 생성한 블랙보드와 비헤이비어 트리 애셋을 ABAIController가 사용하도록 코드를 추가한다. C++ 코드에서 비헤이비어 트리 관련 기능을 사용하려면 설정에서 AIModule 모듈을 추가해야 한다.

그리고 기존에 만들어둔 ABAIController 클래스의 모든 코드를 비헤이비어 트리 구동에 맞도록 다시 재작성한다.

코드 12-7 ArenaBattle.Build.cs

```
// Fill out your copyright notice in the Description page of Project Settings.

using UnrealBuildTool;

public class ArenaBattle : ModuleRules
{
    public ArenaBattle(ReadOnlyTargetRules Target) : base(Target)
    {
        PCHUsage = PCHUsageMode.UseExplicitOrSharedPCHs;
```

```
        PublicDependencyModuleNames.AddRange(new string[] { "Core",
"CoreUObject", "Engine", "InputCore", "UMG", "AIModule" });

        PrivateDependencyModuleNames.AddRange(new string[] {  });

        // Uncomment if you are using Slate UI
        // PrivateDependencyModuleNames.AddRange(new string[] { "Slate",
"SlateCore" });

        // Uncomment if you are using online features
        // PrivateDependencyModuleNames.Add("OnlineSubsystem");

        // To include OnlineSubsystemSteam, add it to the plugins section in your
uproject file with the Enabled attribute set to true
    }
}
```

코드 12-8 ABAIController.h

```
// Fill out your copyright notice in the Description page of Project Settings.

#pragma once

#include "ArenaBattle.h"
#include "AIController.h"
#include "ABAIController.generated.h"

/**
 *
 */
UCLASS()
class ARENABATTLE_API AABAIController : public AAIController
{
    GENERATED_BODY()

public:
    AABAIController();
```

```cpp
    virtual void Possess(APawn* InPawn) override;

private:
    UPROPERTY()
    class UBehaviorTree* BTAsset;

    UPROPERTY()
    class UBlackboardData* BBAsset;
};
```

코드 12-9 ABAIController.cpp

```cpp
// Fill out your copyright notice in the Description page of Project Settings.

#include "ABAIController.h"
#include "BehaviorTree/BehaviorTree.h"
#include "BehaviorTree/BlackboardData.h"

AABAIController::AABAIController()
{
    static ConstructorHelpers::FObjectFinder<UBlackboardData> BBObject(TEXT("/
Game/Book/AI/BB_ABCharacter.BB_ABCharacter"));
    if (BBObject.Succeeded())
    {
        BBAsset = BBObject.Object;
    }

    static ConstructorHelpers::FObjectFinder<UBehaviorTree> BTObject(TEXT("/Game/
Book/AI/BT_ABCharacter.BT_ABCharacter"));
    if (BTObject.Succeeded())
    {
        BTAsset = BTObject.Object;
    }
}

void AABAIController::Possess(APawn * InPawn)
{
    Super::Possess(InPawn);
```

```
    if (UseBlackboard(BBAsset, Blackboard))
    {
        if (!RunBehaviorTree(BTAsset))
        {
            ABLOG(Error, TEXT("AIController couldn't run behavior tree!"));
        }
    }
}
```

이제 `ABAIController`를 가동하면 비헤이비어 트리 애셋과 같은 폴더에 위치한 블랙보드 애셋과 비헤이비어 트리도 함께 동작한다. 비헤이비어 트리의 로직은 비헤이비어 트리 애셋을 더블 클릭해 디버그할 수 있다. 좀 더 넓은 공간을 확보하기 위해 왼쪽 상단에 있는 **모드** 윈도우를 오른쪽 하단에 부착한다.

그림 12-9 모드 윈도우 레이아웃의 재배치

언리얼
에디터
참고

언리얼 엔진의 레이아웃이 꼬이는 경우 창 ❯ 레이아웃 리셋 메뉴를 선택해 최초의 레이아웃으로 복구할 수 있다.

비헤이비어 트리 애셋을 더블 클릭해 띄우고 **Alt+P** 단축키로 뷰포트 모드에서 게임플레이를 시작하면 다음과 같이 비헤이비어 트리의 로직 흐름을 한눈에 살펴볼 수 있다.

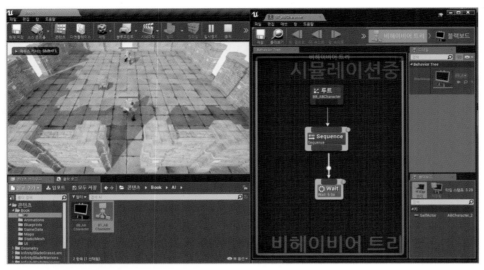

그림 12-10 비헤이비어 트리의 디버깅

비헤이비어 트리가 동작되는 것을 확인하면, 이번에는 NPC가 스테이지의 임의 위치로 순찰하는 기능을 구현해본다.

블랙보드에는 특정 유형의 데이터를 저장하고 이를 비헤이비어 트리가 활용하도록 구성할 수 있는데, NPC의 순찰 기능을 구현하려면 두 가지 데이터가 필요하다. 먼저 NPC가 생성됐을 때의 위치 값을 가지고 있어야 한다. 블랙보드에서 이를 보관하도록 `Vector` 타입으로 키를 생성하고 `HomePos`라는 이름을 부여한다. 그리고 앞으로 NPC가 순찰할 위치 정보를 보관할 블랙보드 키도 추가하는데, `Vector` 타입으로 키를 생성한 후 키의 이름을 `PatrolPos`로 지정한다.

두 키를 추가한 블랙보드의 설정 화면은 다음과 같다.

그림 12-11 순찰 기능을 위한 블랙보드의 구성

비헤이비어 트리를 구동하기 전에 AI 컨트롤러에서 블랙보드의 HomePos 키 값을 지정하도록 C++ 로직을 구현한다. 블랙보드 키 이름인 "HomePos" 값으로 FName 속성을 ABAIController에 추가하고, 여기에 HomePos라는 값을 할당한다.

이번 코드에서는 앞으로 관련 키 이름이 절대 변하지 않는다는 가정하에 static const 를 사용해 변수 초기 값을 지정했다. 이렇게 선언하면 향후 다른 코드에서 관련 값을 참조하기가 편하지만, 하드코딩으로 값을 변경해야 하는 단점이 있다.

코드 12-10 ABAIController.h

```
// Fill out your copyright notice in the Description page of Project Settings.

#pragma once

#include "ArenaBattle.h"
#include "AIController.h"
#include "ABAIController.generated.h"

/**
 *
 */
```

```
UCLASS()
class ARENABATTLE_API AABAIController : public AAIController
{
    GENERATED_BODY()

public:
    AABAIController();
    virtual void Possess(APawn* InPawn) override;

    static const FName HomePosKey;
    static const FName PatrolPosKey;

private:
    UPROPERTY()
    class UBehaviorTree* BTAsset;

    UPROPERTY()
    class UBlackboardData* BBAsset;
};
```

코드 12-11 ABAIController.cpp

```
// Fill out your copyright notice in the Description page of Project Settings.

#include "ABAIController.h"
#include "BehaviorTree/BehaviorTree.h"
#include "BehaviorTree/BlackboardData.h"
#include "BehaviorTree/BlackboardComponent.h"

const FName AABAIController::HomePosKey(TEXT("HomePos"));
const FName AABAIController::PatrolPosKey(TEXT("PatrolPos"));

...

void AABAIController::Possess(APawn * InPawn)
{
    Super::Possess(InPawn);
    if (UseBlackboard(BBAsset, Blackboard))
    {
```

```
        Blackboard->SetValueAsVector(HomePosKey, InPawn->GetActorLocation());
        if (!RunBehaviorTree(BTAsset))
        {
            ABLOG(Error, TEXT("AIController couldn't run behavior tree!"));
        }
    }
}
```

플레이 버튼을 눌러 비헤이비어 트리 에디터에서 HomePos 키 값이 블랙보드에 잘 전달됐는지 확인한다.

그림 12-12 블랙보드 값의 확인

블랙보드 값이 제대로 들어오는 것이 확인되면 다음으로 NPC가 이동할 위치인 PatrolPos 데이터를 생성해야 한다. 이는 순찰할 때마다 바뀌므로 태스크를 제작해 비헤이비어 트리에서 블랙보드에 값을 쓰도록 설계하는 것이 좋다. **파일 〉 새로운 C++ 클래스...** 메뉴를 선택하고 우측 상단의 **모든 클래스 표시** 메뉴를 체크한 후 BTTask로 검색해 BTTaskNode를 부모 클래스로 하는 C++ 클래스를 생성한다. 해당 태스크의 이름은 BTTask_FindPatrolPos로 지정한다. UI에서 표현할 때는 BTTask_ 접두사 부분이 자동으로 걸러진다.

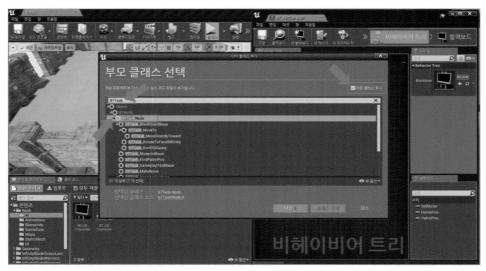

그림 12-13 새로운 태스크의 제작

비헤이비어 트리 에디터에서 사용할 태스크를 추가하고 컴파일하면 다시 에러가 발생하는데, 관련된 모듈을 참조할 수 있도록 C++ 프로젝트 설정을 추가해야 한다. GameplayTasks라는 모듈을 추가하고 다시 컴파일한다.

코드 12-12 ArenaBattle.Build.cs

```
// Fill out your copyright notice in the Description page of Project Settings.

using UnrealBuildTool;

public class ArenaBattle : ModuleRules
{
    public ArenaBattle(ReadOnlyTargetRules Target) : base(Target)
    {
        PCHUsage = PCHUsageMode.UseExplicitOrSharedPCHs;

        PublicDependencyModuleNames.AddRange(new string[] { "Core",
"CoreUObject", "Engine", "InputCore", "UMG", "AIModule", "GameplayTasks" });

        PrivateDependencyModuleNames.AddRange(new string[] {  });
```

```
    UNavigationSystemV1* NavSystem = UNavigationSystemV1::GetNavigationSystem(Contro
llingPawn->GetWorld());
    if (nullptr == NavSystem)
        return EBTNodeResult::Failed;

    FVector Origin = OwnerComp.GetBlackboardComponent()->GetValueAsVector(AABAIContr
oller::HomePosKey);
    FNavLocation NextPatrol;

    if (NavSystem->GetRandomPointInNavigableRadius(FVector::ZeroVector, 500.0f,
NextPatrol))
    {
        OwnerComp.GetBlackboardComponent()->SetValueAsVector(AABAIController::Patrol
PosKey, NextPatrol.Location);
        return EBTNodeResult::Succeeded;
    }

    return EBTNodeResult::Failed;
}
```

새로운 FindPatrolPos 태스크의 제작을 완료하면 Wait 태스크 오른쪽에 이를 배치하고 FindPatrolPos 오른쪽에는 언리얼 엔진이 제공하는 MoveTo 태스크를 추가해 배치한다. 이어서 시퀀스 컴포짓에 의해 Wait 태스크가 성공하면 FindPatrolPos 태스크를 수행하고, FindPatrolPos 태스크가 성공하면 FindPatrolPos에서 설정한 블랙보드의 PatrolPos 키 값을 참고해 MoveTo 태스크가 실행된다.

시퀀스 컴포짓에 태스크를 배치한 결과는 다음과 같다.

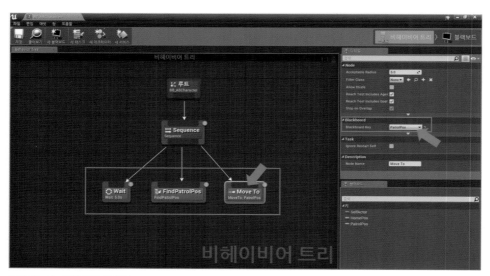

그림 12-14 정찰 로직의 완성

이제 **플레이** 버튼을 누르면 5초마다 캐릭터가 랜덤한 위치로 이동하는 것을 볼 수 있다.

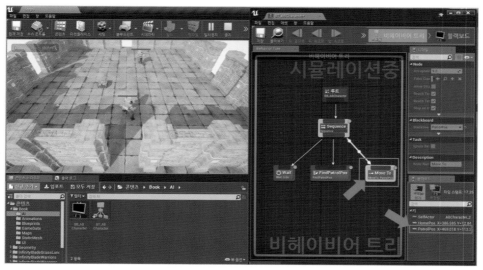

그림 12-15 최종 결과 화면

NPC의 추격 기능 구현

이번에는 NPC가 정찰 중에 플레이어를 발견하면 플레이어를 추격하도록 기능을 추가해본다. NPC가 플레이어를 발견할 때 플레이어의 정보를 블랙보드에 저장하도록 Object 타입으로 Target 변수를 생성한다. Object 타입에서는 기반 클래스^{Base Class}를 지정할 수 있는데, 기반 클래스는 ABCharacter로 지정한다.

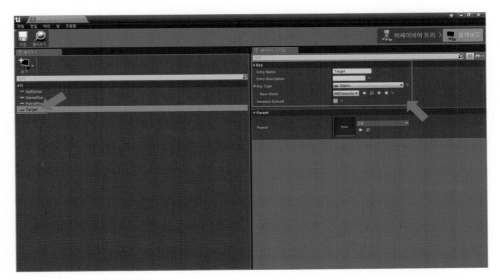

그림 12-16 타겟 데이터의 생성

NPC의 행동 패턴은 플레이어를 발견했는지, 발견하지 못했는지에 따라 추격과 정찰로 구분된다. 추격과 정찰 중 하나를 선택해 행동하기 때문에 이번에는 셀렉터^{Selector} 컴포짓을 사용해 로직을 확장하는 것이 적합하다. 추격과 정찰 중에서 추격에 더 우선권을 주고, 추격 로직은 블랙보드의 Target을 향해 이동하도록 비헤이비어 트리 설계를 확장해본다. 이를 구현한 비헤이비어 트리는 다음과 같다.

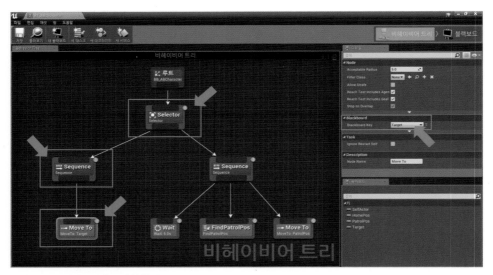

그림 12-17 비헤이비어 트리의 확장

이번에는 정찰 중 플레이어가 일정 반경 내에 있으면 이를 감지해 추격하는 기능을 넣어본다. 언리얼 엔진은 이를 위해 서비스 노드를 제공한다. 서비스 노드는 독립적으로 동작하지 않고 컴포짓 노드에 부착되는 노드다. 또한 서비스 노드는 해당 컴포짓에 속한 태스크들이 실행되는 동안 반복적인 작업을 실행하는 데 적합하다. 플레이어를 감지하는 서비스 노드를 새로 생성하고 이를 셀렉터 컴포짓에 추가하면 비헤이비어 트리는 플레이어를 감지하는 루틴을 계속 반복한다.

새로운 서비스 제작을 위해 **BTService**를 부모로 하는 **BTService_Detect** 클래스를 생성한다.

그림 12-18 서비스 클래스의 제작

비헤이비어 트리의 서비스 노드는 자신이 속한 컴포짓 노드가 활성화될 경우 주기적으로 TickNode 함수를 호출한다. 호출하는 주기는 서비스 노드 내부에 설정된 Interval 속성 값으로 지정할 수 있다.

TickNode 함수에는 NPC의 위치를 기준으로 반경 6미터 내에 캐릭터가 있는지 감지하는 기능을 넣는다. 반경 내에 다른 NPC ABCharacter가 있는 경우도 가정해 반경 내에 모든 캐릭터를 감지하는 OverlapMultiByChannel 함수를 사용한다. 반경 내에 감지된 모든 캐릭터 정보는 목록을 관리하는 데 적합한 언리얼 엔진의 자료 구조인 TArray로 전달된다.

코드 12-17 BTService_Detect.h

```cpp
// Fill out your copyright notice in the Description page of Project Settings.

#pragma once

#include "ArenaBattle.h"
#include "BehaviorTree/BTService.h"
#include "BTService_Detect.generated.h"
```

```
/**
 *
 */
UCLASS()
class ARENABATTLE_API UBTService_Detect : public UBTService
{
    GENERATED_BODY()

public:
    UBTService_Detect();

protected:
    virtual void TickNode(UBehaviorTreeComponent& OwnerComp, uint8* NodeMemory,
float DeltaSeconds) override;

};
```

코드 12-18 BTService_Detect.cpp

```
// Fill out your copyright notice in the Description page of Project Settings.

#include "BTService_Detect.h"
#include "ABAIController.h"
#include "ABCharacter.h"
#include "BehaviorTree/BlackboardComponent.h"
#include "DrawDebugHelpers.h"

UBTService_Detect::UBTService_Detect()
{
    NodeName = TEXT("Detect");
    Interval = 1.0f;
}

void UBTService_Detect::TickNode(UBehaviorTreeComponent& OwnerComp, uint8*
NodeMemory, float DeltaSeconds)
{
    Super::TickNode(OwnerComp, NodeMemory, DeltaSeconds);

    APawn* ControllingPawn = OwnerComp.GetAIOwner()->GetPawn();
    if (nullptr == ControllingPawn) return;
```

```
UWorld* World = ControllingPawn->GetWorld();
FVector Center = ControllingPawn->GetActorLocation();
float DetectRadius = 600.0f;

if (nullptr == World) return;
TArray<FOverlapResult> OverlapResults;
FCollisionQueryParams CollisionQueryParam(NAME_None, false, ControllingPawn);
bool bResult = World->OverlapMultiByChannel(
    OverlapResults,
    Center,
    FQuat::Identity,
    ECollisionChannel::ECC_GameTraceChannel2,
    FCollisionShape::MakeSphere(DetectRadius),
    CollisionQueryParam
);

DrawDebugSphere(World, Center, DetectRadius, 16, FColor::Red, false, 0.2f);
}
```

서비스가 만들어지면 컴포짓을 우클릭하고 서비스 메뉴에서 Detect를 선택해 컴포짓에
이를 부착한다.

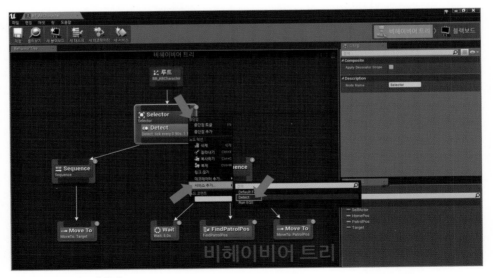

그림 12-19 서비스의 추가

이제 NPC는 매초마다 반경 6미터 주위를 탐지한다.

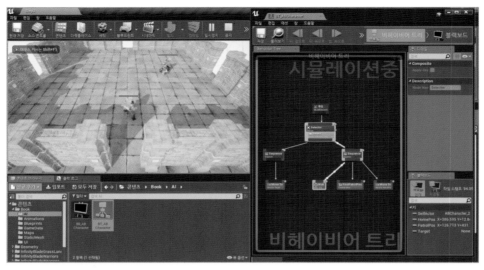

그림 12-20 NPC가 탐지 서비스를 수행하는 화면

NPC가 탐지 영역 내의 캐릭터를 감지한다면, 그중에서 우리가 조종하는 캐릭터를 추려내야 한다. 캐릭터를 조종하는 컨트롤러가 플레이어 컨트롤러인지 파악할 수 있도록 IsPlayerController 함수를 사용한다. 플레이어 캐릭터가 감지되면 블랙보드의 Target 값을 플레이어 캐릭터로 지정하고, 그렇지 않으면 nullptr 값을 지정한다. 또한 플레이어 캐릭터를 감지하면 녹색으로 구체를 그리고, NPC와 캐릭터까지 연결된 선을 추가로 그려준다.

코드 12-19 ABAIController.h

```
// Fill out your copyright notice in the Description page of Project Settings.

#pragma once

#include "ArenaBattle.h"
#include "AIController.h"
#include "ABAIController.generated.h"

/**
```

```cpp
    // Sets default values for this character's properties
    AABCharacter();

protected:
    // Called when the game starts or when spawned
    virtual void BeginPlay() override;

    enum class EControlMode
    {
        GTA,
        DIABLO,
        NPC
    };

    ...

public:
    // Called every frame
    virtual void Tick(float DeltaTime) override;
    virtual void PostInitializeComponents() override;
    virtual float TakeDamage(float DamageAmount, struct FDamageEvent const&
DamageEvent, class AController* EventInstigator, AActor* DamageCauser) override;
    virtual void PossessedBy(AController* NewController) override;

    ...
```

코드 12-23 ABCharacter.cpp

```cpp
...

void AABCharacter::SetControlMode(EControlMode NewControlMode)
{
    CurrentControlMode = NewControlMode;

    switch (CurrentControlMode)
    {
    case EControlMode::GTA:
        ArmLengthTo = 450.0f;
        ArmRotationTo = FRotator::ZeroRotator;
```

```
            SpringArm->bUsePawnControlRotation = true;
            SpringArm->bInheritPitch = true;
            SpringArm->bInheritRoll = true;
            SpringArm->bInheritYaw = true;
            SpringArm->bDoCollisionTest = true;
            bUseControllerRotationYaw = false;
            GetCharacterMovement()->bOrientRotationToMovement = true;
            GetCharacterMovement()->bUseControllerDesiredRotation = false;
            GetCharacterMovement()->RotationRate = FRotator(0.0f, 720.0f, 0.0f);
            break;
        case EControlMode::DIABLO:
            ArmLengthTo = 800.0f;
            ArmRotationTo = FRotator(-45.0f, 0.0f, 0.0f);
            SpringArm->bUsePawnControlRotation = false;
            SpringArm->bInheritPitch = false;
            SpringArm->bInheritRoll = false;
            SpringArm->bInheritYaw = false;
            SpringArm->bDoCollisionTest = false;
            bUseControllerRotationYaw = false;
            GetCharacterMovement()->bOrientRotationToMovement = false;
            GetCharacterMovement()->bUseControllerDesiredRotation = true;
            GetCharacterMovement()->RotationRate = FRotator(0.0f, 720.0f, 0.0f);
            break;
        case EControlMode::NPC:
            bUseControllerRotationYaw = false;
            GetCharacterMovement()->bUseControllerDesiredRotation = false;
            GetCharacterMovement()->bOrientRotationToMovement = true;
            GetCharacterMovement()->RotationRate = FRotator(0.0f, 480.0f, 0.0f);
            break;
    }
}


...


void AABCharacter::PossessedBy(AController * NewController)
{
    Super::PossessedBy(NewController);

    if (IsPlayerControlled())
    {
        SetControlMode(EControlMode::DIABLO);
```

```
        GetCharacterMovement()->MaxWalkSpeed = 600.0f;
    }
    else
    {
        SetControlMode(EControlMode::NPC);
        GetCharacterMovement()->MaxWalkSpeed = 300.0f;
    }
}

...
```

코드 컴파일을 완성하면 **플레이** 버튼을 눌러 NPC의 이동 속도와 회전이 올바른지 확인해본다.

이제 서비스가 실행된 결과에 따라 셀렉터 데코레이터 왼쪽의 추격과 셀렉터 데코레이터 오른쪽의 정찰 로직이 나눠지도록 비헤이비어 트리 로직을 구성해본다. 서비스 결과는 블랙보드의 **Target** 키에 값이 있는지, 없는지로 구분할 수 있다.

이를 위해 블랙보드의 값을 기반으로 특정 컴포짓의 실행 여부를 결정하는 데코레이터^Decorator 노드를 사용하는 것을 추천한다. 왼쪽 시퀀스 컴포짓에 블랙보드 데코레이터 노드를 삽입한다.

그림 12-22 블랙보드 데코레이터 노드

해당 데코레이터를 선택하고 **디테일** 윈도우에서 블랙보드의 Target 키에 값이 설정됐는지를 판단할 수 있게 데코레이터의 속성을 지정한다.

해당 키 값의 변경이 감지되면 현재 컴포짓 노드의 실행을 곧바로 취소하도록 노티파이 옵저버 값을 On Value Change로 변경한다. 추가로 관찰자 중단 항목 값을 설정하지 않으면 컴포짓에 속한 태스크가 모두 마무리될 때까지 대기하므로 플레이어가 시야를 벗어나도 NPC는 플레이어를 따라잡을 때까지 계속 쫓아온다. 해당 데코레이터를 설정한 최종 결과는 다음과 같다.

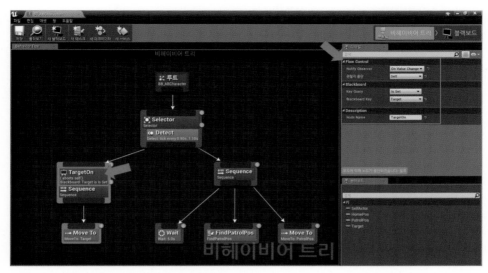

그림 12-23 왼쪽 블랙보드 데코레이터 노드의 설정

오른쪽 시퀀스 컴포짓에도 동일하게 데코레이터를 추가하는데, 오른쪽 데코레이터에는 반대 조건인 Is Not Set으로 설정하고 동일하게 관찰자 중단 옵션도 설정한다. 그러면 NPC는 정찰 중에 플레이어를 감지할 경우 정찰을 중단하고 바로 플레이어를 추격한다.

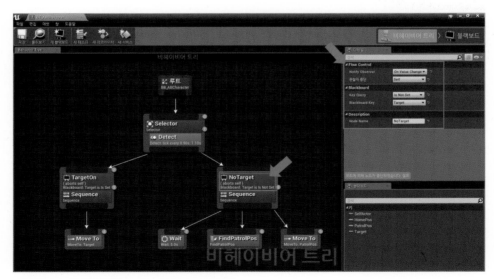

그림 12-24 오른쪽 블랙보드 데코레이터 노드의 설정

NPC의 공격

이번에는 왼쪽 추격 로직을 발전시켜 플레이어를 따라잡으면 공격하는 기능을 추가해 본다. NPC의 행동은 플레이어와의 거리에 따라 추격이나 공격으로 분기하기 때문에 왼쪽 로직은 다시 두 갈래로 확장돼야 한다. 분기를 위해 왼쪽 노드 그룹에 있던 시퀀스 컴포짓을 셀렉터 컴포짓으로 변경한다. 셀렉터 컴포짓을 추가하고, 기존의 왼쪽 시퀀스 컴포짓에 설정했던 데코레이터를 셀렉터 컴포짓에 드래그해 옮긴다. 확장한 구조는 다음과 같다.

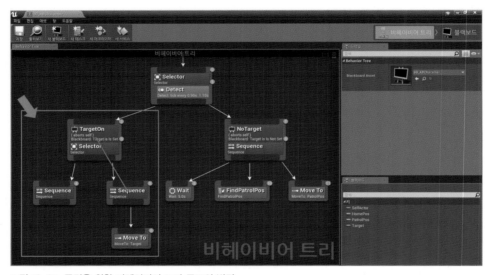

그림 12-25 공격을 위한 비헤이비어 트리 구조의 변경

이번에는 블랙보드의 값을 참조하지 않고 목표물인 플레이어가 공격 범위 내에 있는지 판단하는 데코레이터를 하나 생성한다. 해당 클래스 이름은 BTDecorator_IsInAttackRange로 지정한다.

그림 12-26 데코레이터 클래스의 추가

데코레이터 클래스는 CalculateRawConditionValue 함수를 상속받아 원하는 조건이 달성됐는지를 파악하도록 설계됐다. 이 함수는 const로 선언돼 데코레이터 클래스의 멤버 변수 값은 변경할 수 없다.

코드 12-24 BTDecorator_IsInAttackRange.h

```cpp
// Fill out your copyright notice in the Description page of Project Settings.

#pragma once

#include "ArenaBattle.h"
#include "BehaviorTree/BTDecorator.h"
#include "BTDecorator_IsInAttackRange.generated.h"

/**
 *
 */
UCLASS()
class ARENABATTLE_API UBTDecorator_IsInAttackRange : public UBTDecorator
{
```

```
    GENERATED_BODY()

public:
    UBTDecorator_IsInAttackRange();

protected:
    virtual bool CalculateRawConditionValue(UBehaviorTreeComponent& OwnerComp,
uint8* NodeMemory) const override;

};
```

코드 12-25 BTDecorator_IsInAttackRange.cpp

```cpp
// Fill out your copyright notice in the Description page of Project Settings.

#include "BTDecorator_IsInAttackRange.h"
#include "ABAIController.h"
#include "ABCharacter.h"
#include "BehaviorTree/BlackboardComponent.h"

UBTDecorator_IsInAttackRange::UBTDecorator_IsInAttackRange()
{
    NodeName = TEXT("CanAttack");
}


bool UBTDecorator_IsInAttackRange::CalculateRawConditionValue(UBehaviorTreeCompon
ent & OwnerComp, uint8 * NodeMemory) const
{
    bool bResult = Super::CalculateRawConditionValue(OwnerComp, NodeMemory);

    auto ControllingPawn = OwnerComp.GetAIOwner()->GetPawn();
    if(nullptr == ControllingPawn)
        return false;

    auto Target = Cast<AABCharacter>(OwnerComp.GetBlackboardComponent()->GetValue
AsObject(AABAIController::TargetKey));
    if (nullptr == Target)
        return false;
```

```
    bResult = (Target->GetDistanceTo(ControllingPawn) <= 200.0f);
    return bResult;
}
```

완성된 데코레이터를 가장 왼쪽에 위치한 시퀀스 컴포짓에 부착한다. 새로운 데코레이터의 조건이 참이 되면 공격을 수행해야 하는데, 아직 공격 기능은 구현하지 않았다. 우선 공격이 1.5초간 수행됐다고 가정한 후 Wait 태스크를 왼쪽 시퀀스 컴포짓에 부착한다. 이렇게 로직을 구성하면 NPC가 플레이어를 따라잡는 경우 NPC는 1.5초간 대기하고 다시 플레이어를 추격한다.

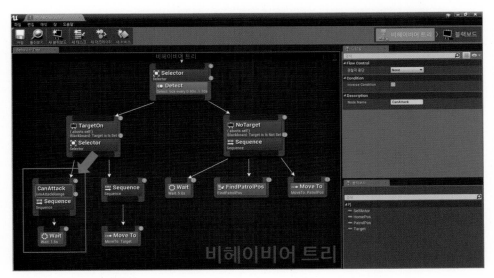

그림 12-27 공격 노드의 연결

이번에는 반대쪽의 오른쪽 시퀀스 컴포짓에 동일한 데코레이터를 추가하고 Inverse Condition 속성 값을 체크해 조건을 반대로 설정한다.

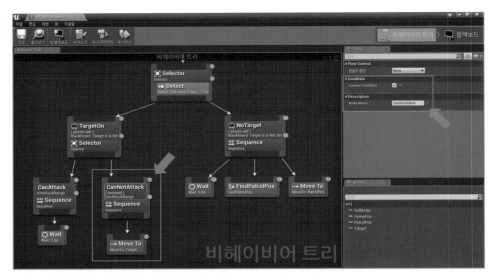

그림 12-28 추격 노드의 연결

모든 로직을 완성하면 **플레이** 버튼을 눌러 비헤이비어 트리 로직을 디버깅한다. 그림과 같이 NPC가 플레이어 폰을 추격하다가 플레이어 폰을 따라잡으면 왼쪽 공격 로직을 실행한다.

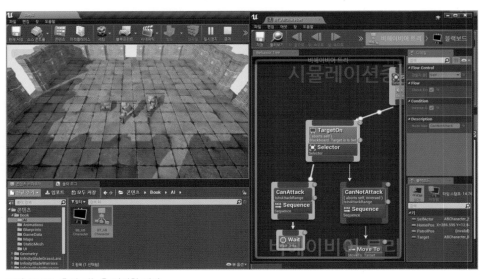

그림 12-29 추격 기능을 변경한 결과

이제 Wait 대신에 실제로 플레이어를 공격할 태스크를 생성해본다.

BTTaskNode를 부모로 하는 BTTask_Attack이라는 이름의 클래스를 생성한다. 공격 태스크는 공격 애니메이션이 끝날 때까지 대기해야 하는 지연 태스크이므로 ExecuteTask의 결과 값을 InProgress로 일단 반환하고 공격이 끝났을 때 태스크가 끝났다고 알려줘야 한다. 이를 알려주는 함수가 FinishLatentTask다. 태스크에서 이 함수를 나중에 호출해주지 않으면 비헤이비어 트리 시스템은 현재 태스크에 계속 머물게 된다.

차후에 FinishLatentTask를 호출할 수 있도록 노드의 Tick 기능을 활성화하고 Tick에서 조건을 파악한 후 태스크 종료 명령을 내려줘야 한다. 이를 구현한 코드의 설계는 다음과 같다.

코드 12-26 BTTask_Attack.h

```cpp
// Fill out your copyright notice in the Description page of Project Settings.

#pragma once

#include "ArenaBattle.h"
#include "BehaviorTree/BTTaskNode.h"
#include "BTTask_Attack.generated.h"

/**
 *
 */
UCLASS()
class ARENABATTLE_API UBTTask_Attack : public UBTTaskNode
{
    GENERATED_BODY()

public:
    UBTTask_Attack();

    virtual EBTNodeResult::Type ExecuteTask(UBehaviorTreeComponent& OwnerComp,
uint8* NodeMemory) override;
```

```
protected:
    virtual void TickTask(UBehaviorTreeComponent& OwnerComp, uint8* NodeMemory,
float DeltaSeconds) override;

};
```

코드 12-27 BTTask_Attack.cpp

```
// Fill out your copyright notice in the Description page of Project Settings.

#include "BTTask_Attack.h"

UBTTask_Attack::UBTTask_Attack()
{
    bNotifyTick = true;
}

EBTNodeResult::Type UBTTask_Attack::ExecuteTask(UBehaviorTreeComponent &
OwnerComp, uint8 * NodeMemory)
{
    EBTNodeResult::Type Result = Super::ExecuteTask(OwnerComp, NodeMemory);
    return EBTNodeResult::InProgress;
}

void UBTTask_Attack::TickTask(UBehaviorTreeComponent & OwnerComp, uint8 *
NodeMemory, float DeltaSeconds)
{
    Super::TickTask(OwnerComp, NodeMemory, DeltaSeconds);
    FinishLatentTask(OwnerComp, EBTNodeResult::Succeeded);
}
```

이번에는 실제로 캐릭터에 공격 명령을 내리고 공격이 끝난 시점을 파악해 태스크를 종료하도록 기능을 구현해본다.

먼저 AI 컨트롤러에서도 공격 명령을 내릴 수 있도록 ABCharacter 클래스의 Attack 함수의 접근 권한을 public으로 변경한다.

플레이어의 공격이 종료되면 공격 태스크에서 해당 알림을 받을 수 있도록 델리게이트를 새로 선언하고 공격이 종료될 때 이를 호출하는 로직을 캐릭터에 구현한다. 캐릭터의 델리게이트 설정이 완료되면 태스크에서 람다 함수를 해당 델리게이트에 등록하고 Tick 함수 로직에서 이를 파악해 FinishLatentTask 함수를 호출함으로써 태스크를 종료하도록 구현한다.

코드 12-28 ABCharacter.h

```cpp
// Fill out your copyright notice in the Description page of Project Settings.

#pragma once

#include "ArenaBattle.h"
#include "GameFramework/Character.h"
#include "ABCharacter.generated.h"

DECLARE_MULTICAST_DELEGATE(FOnAttackEndDelegate);

UCLASS()
class ARENABATTLE_API AABCharacter : public ACharacter
{
    GENERATED_BODY()

public:
    // Sets default values for this character's properties
    AABCharacter();

...

public:
    // Called every frame
    virtual void Tick(float DeltaTime) override;
    virtual void PostInitializeComponents() override;
    virtual float TakeDamage(float DamageAmount, struct FDamageEvent const&
DamageEvent, class AController* EventInstigator, AActor* DamageCauser) override;
    virtual void PossessedBy(AController* NewController) override;

    // Called to bind functionality to input
```

```
    virtual void SetupPlayerInputComponent(class UInputComponent*
PlayerInputComponent) override;

    bool CanSetWeapon();
    void SetWeapon(class AABWeapon* NewWeapon);

    UPROPERTY(VisibleAnywhere, Category = Weapon)
    class AABWeapon* CurrentWeapon;

    UPROPERTY(VisibleAnywhere, Category = Stat)
    class UABCharacterStatComponent* CharacterStat;

    UPROPERTY(VisibleAnywhere, Category = Camera)
    USpringArmComponent* SpringArm;

    UPROPERTY(VisibleAnywhere, Category = Camera)
    UCameraComponent* Camera;

    UPROPERTY(VisibleAnywhere, Category = UI)
    class UWidgetComponent* HPBarWidget;

    void Attack();
    FOnAttackEndDelegate OnAttackEnd;

...
```

코드 12-29 ABCharacter.cpp

```
...


void AABCharacter::OnAttackMontageEnded(UAnimMontage * Montage, bool
bInterrupted)
{
    ABCHECK(IsAttacking);
    ABCHECK(CurrentCombo > 0);
    IsAttacking = false;
    AttackEndComboState();
```

```
        OnAttackEnd.Broadcast();
}

...
```

코드 12-30 BTTask_Attack.h

```
// Fill out your copyright notice in the Description page of Project Settings.

#pragma once

#include "ArenaBattle.h"
#include "BehaviorTree/BTTaskNode.h"
#include "BTTask_Attack.generated.h"

/**
 *
 */
UCLASS()
class ARENABATTLE_API UBTTask_Attack : public UBTTaskNode
{
    GENERATED_BODY()

public:
    UBTTask_Attack();

    virtual EBTNodeResult::Type ExecuteTask(UBehaviorTreeComponent& OwnerComp,
uint8* NodeMemory) override;

protected:
    virtual void TickTask(UBehaviorTreeComponent& OwnerComp, uint8* NodeMemory,
float DeltaSeconds) override;

private:
    bool IsAttacking = false;
};
```

코드 12-31 BTTask_Attack.cpp

```cpp
// Fill out your copyright notice in the Description page of Project Settings.

#include "BTTask_Attack.h"
#include "ABAIController.h"
#include "ABCharacter.h"

UBTTask_Attack::UBTTask_Attack()
{
    bNotifyTick = true;
    IsAttacking = false;
}

EBTNodeResult::Type UBTTask_Attack::ExecuteTask(UBehaviorTreeComponent &
OwnerComp, uint8 * NodeMemory)
{
    EBTNodeResult::Type Result = Super::ExecuteTask(OwnerComp, NodeMemory);

    auto ABCharacter = Cast<AABCharacter>(OwnerComp.GetAIOwner()->GetPawn());
    if (nullptr == ABCharacter)
        return EBTNodeResult::Failed;

    ABCharacter->Attack();
    IsAttacking = true;
    ABCharacter->OnAttackEnd.AddLambda([this]() -> void {
        IsAttacking = false;
    });

    return EBTNodeResult::InProgress;
}

void UBTTask_Attack::TickTask(UBehaviorTreeComponent & OwnerComp, uint8 *
NodeMemory, float DeltaSeconds)
{
    Super::TickTask(OwnerComp, NodeMemory, DeltaSeconds);
    if (!IsAttacking)
    {
        FinishLatentTask(OwnerComp, EBTNodeResult::Succeeded);
    }
}
```

공격 태스크 제작을 완료했으므로, 기존에 임시로 부착했던 Wait 태스크를 제거한 후 Attack 태스크로 교체한다.

그림 12-30 공격 태스크의 배치

이제 NPC는 플레이어를 감지하면 플레이어를 따라가 공격함으로써 대미지를 가한다.

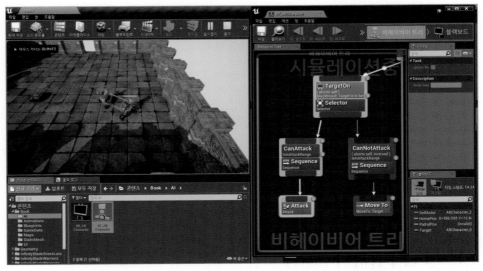

그림 12-31 공격 구현을 완료한 결과

NPC의 공격 기능을 구현했지만 보완할 문제가 있다. NPC가 플레이어를 공격할 때 제자리에 정지하기 때문에 플레이어가 NPC 뒤로 돌아가더라도 다음 그림과 같이 계속 같은 곳을 공격하는 문제가 있다.

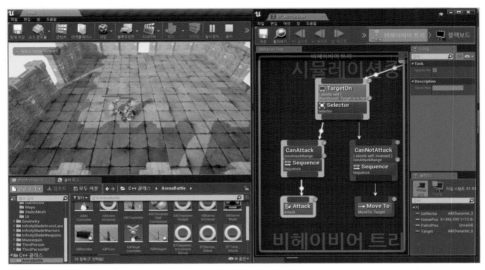

그림 12-32 공격 기능의 문제점

이를 보완하기 위해 공격하면서 동시에 플레이어를 향해 회전하는 기능을 추가해본다. 블랙보드의 Target으로 회전하는 태스크를 추가한다. BTTaskNode를 부모 클래스로 하는 BTTask_TurnToTarget이라는 태스크를 생성한다. 해당 태스크에는 플레이어 폰을 향해 일정한 속도로 회전하도록 FMath::RInterpTo 함수를 사용해 회전시키는 기능을 구현한다. 일정한 속도로 블랙보드의 Target으로 향하도록 회전하는 태스크의 로직은 다음과 같다.

코드 12-32 BTTask_TurnToTarget.h

```cpp
// Fill out your copyright notice in the Description page of Project Settings.

#pragma once

#include "ArenaBattle.h"
#include "BehaviorTree/BTTaskNode.h"
#include "BTTask_TurnToTarget.generated.h"
```

```
/**
 *
 */
UCLASS()
class ARENABATTLE_API UBTTask_TurnToTarget : public UBTTaskNode
{
    GENERATED_BODY()

public:
    UBTTask_TurnToTarget();
    virtual EBTNodeResult::Type ExecuteTask(UBehaviorTreeComponent& OwnerComp,
uint8* NodeMemory) override;

};
```

코드 12-33 BTTask_TurnToTarget.cpp

```
// Fill out your copyright notice in the Description page of Project Settings.

#include "BTTask_TurnToTarget.h"
#include "ABAIController.h"
#include "ABCharacter.h"
#include "BehaviorTree/BlackboardComponent.h"

UBTTask_TurnToTarget::UBTTask_TurnToTarget()
{
    NodeName = TEXT("Turn");
}

EBTNodeResult::Type UBTTask_TurnToTarget::ExecuteTask(UBehaviorTreeComponent &
OwnerComp, uint8 * NodeMemory)
{
    EBTNodeResult::Type Result = Super::ExecuteTask(OwnerComp, NodeMemory);

    auto ABCharacter = Cast<AABCharacter>(OwnerComp.GetAIOwner()->GetPawn());
    if (nullptr == ABCharacter)
        return EBTNodeResult::Failed;

    auto Target = Cast<AABCharacter>(OwnerComp.GetBlackboardComponent()->GetValue
```

```
AsObject(AABAIController::TargetKey));
    if (nullptr == Target)
        return EBTNodeResult::Failed;

    FVector LookVector = Target->GetActorLocation() - ABCharacter-
>GetActorLocation();
    LookVector.Z = 0.0f;
    FRotator TargetRot = FRotationMatrix::MakeFromX(LookVector).Rotator();
    ABCharacter->SetActorRotation(FMath::RInterpTo(ABCharacter-
>GetActorRotation(), TargetRot, GetWorld()->GetDeltaSeconds(), 2.0f));

    return EBTNodeResult::Succeeded;
}
```

회전 태스크를 완성하면 공격 로직에서 사용한 시퀀스 컴포짓을 심플 패러럴Simple Parallel 컴포짓으로 대체한 후 캐릭터의 공격을 메인 태스크로, 회전을 보조 태스크로 지정한다. 심플 패러럴 컴포짓에 의해 캐릭터는 공격과 캐릭터를 향해 회전하는 태스크를 동시에 실행한다. 비헤이비어 트리의 최종 설계는 다음과 같다.

그림 12-33 공격과 동시에 회전을 구현한 결과

13

프로젝트의
설정과 무한 맵의 제작

조그맣게 시작한 우리 게임 프로젝트의 규모가 점점 커지고 있다. 더 늦기 전에 현재 프로젝트의 소스를 효과적으로 관리할 수 있도록 프로젝트 구조를 변경하고 게임 설정에 관련된 데이터를 별도의 모듈로 분리하는 한편, 언리얼 엔진의 설정 시스템을 이용해 게임의 기본 데이터를 INI 파일로 관리하는 방법을 학습한다. 또한 레벨의 요소를 섹션이라는 단위로 개편하고 무한으로 증가하는 레벨을 설계해본다.

프로젝트의 정리와 모듈의 추가

언리얼 소스 코드 구조를 살펴보면 언리얼 오브젝트에 관련된 헤더들은 Classes 폴더를 사용하고, 외부에 공개하는 선언 파일은 Public 폴더에서, 외부에 공개하지 않는 정의 파일은 Private 폴더에서 보관하고 있다. 이와 같이 프로젝트의 폴더 구조를 변경해본다.

윈도우 탐색기를 열고 프로젝트의 Source/ArenaBattle 폴더로 이동한 후 빈 폴더를 두 개 생성하고 각각의 이름을 Public, Private으로 정한다.

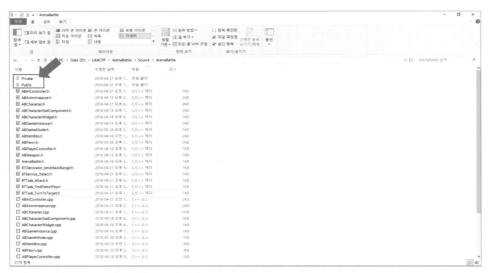

그림 13-1 소스 코드 관리를 위한 폴더의 생성

확장자가 .h인 헤더 파일들은 모두 Public 폴더로, .cpp 파일들은 Private 폴더로 옮긴다. 그러면 폴더에는 Build.cs 파일만 남는다.

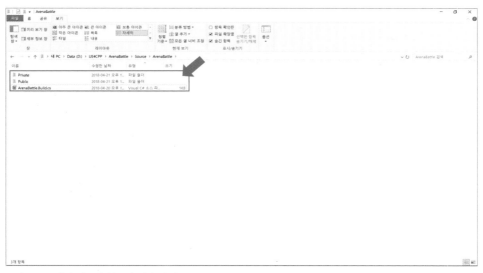

그림 13-2 파일 이동이 완료된 결과 화면

프로젝트 폴더로 이동하고 uproject 파일을 우클릭한 후 메뉴에서 Generate Visual Studio project files를 선택한다.

그림 13-3 비주얼 스튜디오 프로젝트의 재생성

재생성된 솔루션을 열어서 솔루션 탐색기의 폴더 구조를 살펴보면 프로젝트 구성이 바뀐 것을 확인할 수 있다.

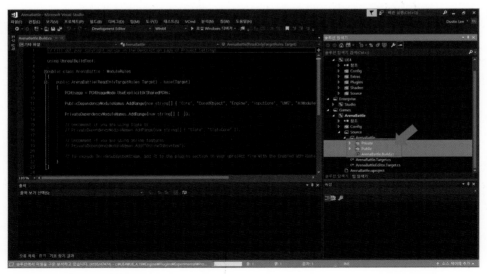

그림 13-4 프로젝트 구성의 변경

컴파일하고 에디터를 실행하면 **콘텐츠 브라우저**의 C++ 클래스 폴더 구성도 함께 변경된다.

그림 13-5 변경된 C++ 클래스 폴더 구성

언리얼 엔진은 주 게임 모듈Primary Game Module을 사용해 게임 프로젝트의 로직을 관리한다. 우리가 지금까지 작업한 코드는 ArenaBattle이라는 주 게임 모듈에서 관리하고 있었다. 그런데 주 게임 모듈 외에 다른 모듈을 게임 프로젝트에 추가하고 로직을 분리해 관리할 수도 있다.

이번에는 게임 세팅을 위한 별도의 게임 모듈을 생성해서 두 개의 모듈로 게임 프로젝트를 구성해보자.

언리얼 에디터는 C++ 프로젝트를 생성할 때 주 게임 모듈을 자동으로 생성해주지만, 추가 모듈을 생성하는 기능은 제공하지 않는다.

그래서 새로운 모듈을 추가하려면 언리얼 빌드 규칙을 이해하고, 이에 따라 폴더와 파일을 생성해야 한다. 추가 모듈 제작을 위해 필요한 요소는 다음과 같다.

- **모듈 폴더와 빌드 설정 파일**: 모듈 폴더와 모듈명으로 된 Build.cs 파일

- **모듈의 정의 파일**: 모듈명으로 된 .cpp 파일

추가로 정의 파일이 참조할 수 있게 모듈명으로 된 헤더 파일도 넣어준다.

이 책과 함께 제공되는 예제 코드 파일의 Resource ❯ Chapter13 폴더에 새로운 모듈을 생성하기 위해 필요한 필수 파일을 만들어뒀다. 예제 코드 파일의 ArenaBattleSetting 폴더를 현재 프로젝트의 Source 폴더에 복사한다. 복사가 완료된 Source 폴더의 구성은 다음과 같다.

그림 13-6 프로젝트에 복사된 추가 모듈 폴더

파일을 복사하고 나면, 다시 프로젝트 루트 폴더에 있는 uproject 파일을 우클릭하고 비주얼 스튜디오 프로젝트를 재생성한다. 새로운 모듈이 담긴 폴더가 프로젝트에 추가된 것을 볼 수 있다.

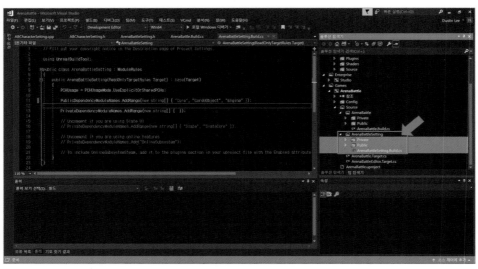

그림 13-7 추가 모듈을 비주얼 스튜디오 프로젝트에 로딩한 결과

이제 비주얼 스튜디오에서 추가한 모듈을 빌드하도록 ArenaBattle.Target.cs 파일과 ArenaBattleEditor.Target.cs 파일 정보를 수정해야 한다. 각 Target.cs 파일은 게임 빌드와 에디터 빌드 설정을 지정해준다.

코드 13-1 ArenaBattle.Target.cs

```
// Fill out your copyright notice in the Description page of Project Settings.

using UnrealBuildTool;
using System.Collections.Generic;

public class ArenaBattleTarget : TargetRules
{
    public ArenaBattleTarget(TargetInfo Target) : base(Target)
    {
        Type = TargetType.Game;

        ExtraModuleNames.AddRange( new string[] { "ArenaBattle",
"ArenaBattleSetting" } );
    }
}
```

코드 13-2 ArenaBattleEditor.Target.cs

```
// Fill out your copyright notice in the Description page of Project Settings.

using UnrealBuildTool;
using System.Collections.Generic;

public class ArenaBattleEditorTarget : TargetRules
{
    public ArenaBattleEditorTarget(TargetInfo Target) : base(Target)
    {
        Type = TargetType.Editor;

        ExtraModuleNames.AddRange( new string[] { "ArenaBattle",
"ArenaBattleSetting" } );
    }
}
```

이렇게 모듈 설정을 추가해줘야 빌드 명령 시 새로운 모듈을 컴파일한다. 빌드가 완료되면 Binaries 폴더에 새로운 파일이 생성되는지 확인한다.

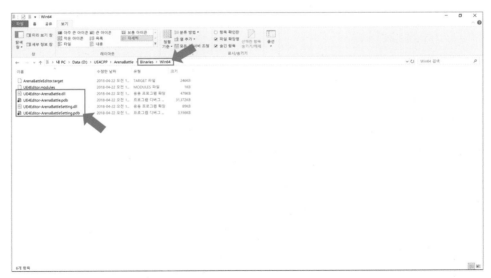

그림 13-8 새롭게 생성된 모듈의 결과물

새로운 DLL 파일이 생성됐다면 언리얼 에디터가 이 DLL 파일을 로딩하도록 명령하는 일이 남았다. 이를 위해 uproject 파일에 새로운 모듈에 대한 정보를 기입해야 한다. 모듈 정보를 기입할 때 새로운 ArenaBattleSetting 모듈을 다른 모듈보다 먼저 로딩하도록 LoadingPhase 값을 "PreDefault"로 설정하고 ArenaBattle 모듈이 ArenaBattleSetting 모듈에 대해 의존성을 가지도록 설정한다. 그러면 ArenaBattleSetting 모듈은 이제부터 항상 ArenaBattle 모듈보다 먼저 언리얼 에디터 프로세스에 올라간다.

코드 13-3 ArenaBattle.uproject

```
{
    "FileVersion": 3,
    "EngineAssociation": "4.19",
    "Category": "",
    "Description": "",
    "Modules": [
        {
            "Name": "ArenaBattleSetting",
            "Type": "Runtime",
            "LoadingPhase": "PreDefault"
        },
        {
            "Name": "ArenaBattle",
            "Type": "Runtime",
            "LoadingPhase": "Default",
            "AdditionalDependencies": [
                "Engine",
                "UMG",
                "AIModule",
                "ArenaBattleSetting"
            ]
        }
    ]
}
```

그런데 에디터를 로딩하고 **콘텐츠 브라우저**의 C++ 클래스 설정을 살펴보면, 모듈 목록에
ArenaBattle 모듈만 나타난다. 이는 ArenaBattleSetting 모듈에 속한 언리얼 오브젝트
가 하나도 없기 때문이다.

그림 13-9 두 개의 모듈을 로딩한 결과 화면

ArenaBattleSetting 모듈 설정에 언리얼 오브젝트를 추가한다. **파일 〉 새로운 C++ 클
래스...** 메뉴를 선택하고 **모든 클래스 표시** 체크박스를 누른 후 Object를 부모로 하는
ABCharacterSetting 클래스를 생성한다.

그림 13-10 새로운 클래스의 부모 설정

부모 클래스를 지정한 다음 단계에서 클래스가 들어갈 모듈을 지정할 수 있는데, 이 목록에서 신규로 제작한 ArenaBattleSetting 모듈을 발견할 수 있다. 주 모듈인 ArenaBattle 대신 ArenaBattleSetting을 선택하고 클래스를 생성한다.

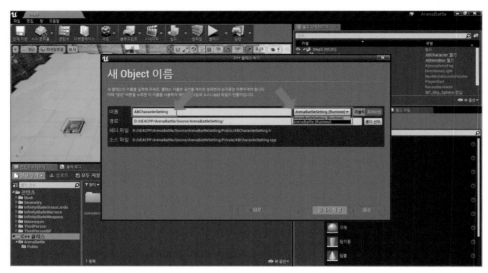

그림 13-11 클래스 생성 시 추가된 모듈 선택 옵션

언리얼 엔진 4.19와 4.20 버전에서는 위와 같이 ArenaBattleSetting 모듈에 ABCharacterSetting을 추가하면 재생성된 비주얼 스튜디오 프로젝트 설정이 꼬이는 문제가 발생한다. 이를 해결하기 위해 에디터를 종료하고 프로젝트의 루트 폴더로 이동한 후 uproject 파일을 우클릭해 프로젝트를 재생성한다. 정상적으로 솔루션이 재생성된 프로젝트의 구성은 다음과 같다.

듈을 사용하도록 참조할 모듈 목록을 추가해야 한다. 구현부가 모여 있는 Private 폴더에서만 ArenaBattleSetting 모듈을 사용할 예정이므로 PrivateDependencyModule 항목에 이를 추가한다.

코드 13-6 ArenaBattle.Build.cs

```
// Fill out your copyright notice in the Description page of Project Settings.

using UnrealBuildTool;

public class ArenaBattle : ModuleRules
{
    public ArenaBattle(ReadOnlyTargetRules Target) : base(Target)
    {
        PCHUsage = PCHUsageMode.UseExplicitOrSharedPCHs;

        PublicDependencyModuleNames.AddRange(new string[] { "Core",
"CoreUObject", "Engine", "InputCore", "UMG", "AIModule", "GameplayTasks" });

        PrivateDependencyModuleNames.AddRange(new string[] { "ArenaBattleSetting"
});

        // Uncomment if you are using Slate UI
        // PrivateDependencyModuleNames.AddRange(new string[] { "Slate",
"SlateCore" });

        // Uncomment if you are using online features
        // PrivateDependencyModuleNames.Add("OnlineSubsystem");

        // To include OnlineSubsystemSteam, add it to the plugins section in your
uproject file with the Enabled attribute set to true
    }
}
```

이제 GetDefault 함수를 사용해 애셋 목록을 읽어들인 후 하나씩 로그에 출력한다.

코드 13-7 ABCharacter.cpp

```cpp
// Fill out your copyright notice in the Description page of Project Settings.

#include "ABCharacter.h"
#include "ABAnimInstance.h"
#include "ABWeapon.h"
#include "ABCharacterStatComponent.h"
#include "DrawDebugHelpers.h"
#include "Components/WidgetComponent.h"
#include "ABCharacterWidget.h"
#include "ABAIController.h"
#include "ABCharacterSetting.h"

// Sets default values
AABCharacter::AABCharacter()
{

...

    auto DefaultSetting = GetDefault<UABCharacterSetting>();
    if (DefaultSetting->CharacterAssets.Num() > 0)
    {
        for (auto CharacterAsset : DefaultSetting->CharacterAssets)
        {
            ABLOG(Warning, TEXT("Character Asset : %s"), *CharacterAsset.
ToString());
        }
    }
}
```

애셋 목록이 출력된 화면은 다음과 같다.

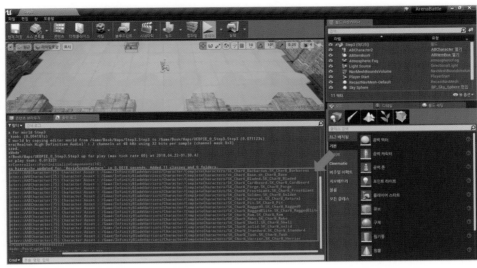

그림 13-15 INI 파일에 저장된 설정 값을 로딩한 결과 화면

애셋 경로를 잘 가져오는 것을 확인하면 생성자 로직에서 해당 코드는 제거하고 NPC 가 생성될 때 랜덤하게 목록 중 하나를 골라 캐릭터 애셋을 로딩하도록 기능을 변경해본다. 언리얼 엔진은 게임 진행 중에도 비동기 방식으로 애셋을 로딩하도록 FStreamableManager라는 클래스를 제공한다. 이 매니저 클래스는 프로젝트에서 하나만 활성화하는 것이 좋기 때문에 우리 프로젝트에서 유일한 인스턴스로 동작하는 ABGameInstance 클래스에서 이를 멤버 변수로 선언한다.

FStreamableManager에서 비동기 방식으로 애셋을 로딩하는 명령은 AsyncLoad다. 해당 함수에 FStreamableDelegate 형식의 델리게이트를 넘겨줄 경우, 애셋이 로딩을 완료하면 해당 델리게이트에 연결된 함수를 호출해준다. FStreamableDelegate 형식으로 델리게이트 멤버를 선언하고 넘겨줄 수 있지만 델리게이트에서 제공하는 CreateUObject 명령을 사용해 즉석에서 델리게이트를 생성함으로써 함수와 연동시킨 후 넘겨주는 방식이 간편하다. 이를 사용해 애셋을 비동기로 로딩하는 로직을 구현한 코드는 다음과 같다.

코드 13-8 ABGameInstance.h

```cpp
// Fill out your copyright notice in the Description page of Project Settings.

#pragma once

#include "ArenaBattle.h"
#include "Engine/DataTable.h"
#include "Engine/GameInstance.h"
#include "Engine/StreamableManager.h"
#include "ABGameInstance.generated.h"

...

/**
 *
 */
UCLASS()
class ARENABATTLE_API UABGameInstance : public UGameInstance
{
    GENERATED_BODY()

public:
    UABGameInstance();

    virtual void Init() override;
    FABCharacterData* GetABCharacterData(int32 Level);

    FStreamableManager StreamableManager;

private:
    UPROPERTY()
    class UDataTable* ABCharacterTable;
};
```

코드 13-9 ABCharacter.h

```cpp
// Fill out your copyright notice in the Description page of Project Settings.

#pragma once
```

```cpp
#include "ArenaBattle.h"
#include "GameFramework/Character.h"
#include "ABCharacter.generated.h"

DECLARE_MULTICAST_DELEGATE(FOnAttackEndDelegate);

UCLASS()
class ARENABATTLE_API AABCharacter : public ACharacter
{
    GENERATED_BODY()

public:
    // Sets default values for this character's properties
    AABCharacter();

    ...

private:
    ...

    void OnAssetLoadCompleted();

private:
    ...

    FSoftObjectPath CharacterAssetToLoad = FSoftObjectPath(nullptr);
    TSharedPtr<struct FStreamableHandle> AssetStreamingHandle;

};
```

코드 13-10 ABCharacter.cpp

```cpp
// Fill out your copyright notice in the Description page of Project Settings.

#include "ABCharacter.h"
#include "ABAnimInstance.h"
#include "ABWeapon.h"
#include "ABCharacterStatComponent.h"
#include "DrawDebugHelpers.h"
#include "Components/WidgetComponent.h"
```

```cpp
#include "ABCharacterWidget.h"
#include "ABAIController.h"
#include "ABCharacterSetting.h"
#include "ABGameInstance.h"

...

// Called when the game starts or when spawned
void AABCharacter::BeginPlay()
{
    Super::BeginPlay();

    if (!IsPlayerControlled())
    {
        auto DefaultSetting = GetDefault<UABCharacterSetting>();
        int32 RandIndex = FMath::RandRange(0, DefaultSetting->CharacterAssets.
Num() - 1);
        CharacterAssetToLoad = DefaultSetting->CharacterAssets[RandIndex];

        auto ABGameInstance = Cast<UABGameInstance>(GetGameInstance());
        if (nullptr != ABGameInstance)
        {
            AssetStreamingHandle = ABGameInstance->StreamableManager.RequestAsync
Load(CharacterAssetToLoad, FStreamableDelegate::CreateUObject(this, &AABCharacter
::OnAssetLoadCompleted));

        }
    }
}


...

void AABCharacter::OnAssetLoadCompleted()
{
    USkeletalMesh* AssetLoaded = Cast<USkeletalMesh>(AssetStreamingHandle-
>GetLoadedAsset());
    AssetStreamingHandle.Reset();
    if(nullptr != AssetLoaded)
    {
        GetMesh()->SetSkeletalMesh(AssetLoaded);
    }
}
```

플레이 버튼을 눌러 결과를 여러 번 확인해본다. NPC에 한해 캐릭터 메시가 랜덤으로 로딩되는 것을 볼 수 있다.

그림 13-16 NPC 캐릭터의 로딩 결과

언리얼
에디터
참고

게임 인스턴스는 게임 내 유일한 인스턴스를 가지는 싱글톤(Singleton)처럼 동작하기 때문에 이번 예제에 서는 이를 사용했다. 언리얼에서는 이와 별도로 싱글톤으로 동작하는 언리얼 오브젝트를 지정할 수 있다. 프로젝트 설정의 일반 세팅에 있는 Default Classes 섹션의 고급 섹션에서 이를 지정할 수 있다.

그림 13-17 싱글톤 설정 메뉴

예제에서 사용하는 `StreamableManager`는 사실 엔진 모듈 내에 존재하는 `UAssetManager`라는 오브젝트에 이미 선언돼 있다. Engine/AssetManager.h 헤더 파일을 포함한 후 `UAssetManager::GetStreamableManager()` 함수를 대신 사용해도 무방하다.

무한 맵의 생성

이번에는 레벨을 섹션이라는 단위로 나누고 하나의 섹션을 클리어하면 새로운 섹션이 등장하는 무한 맵 스테이지를 제작해본다.

섹션 액터가 해야 할 일은 다음과 같다.

- 섹션의 배경과 네 방향으로 캐릭터 입장을 통제하는 문을 제공한다.
- 플레이어가 섹션에 진입하면 모든 문을 닫는다.
- 문을 닫고 일정 시간 후에 섹션 중앙에서 NPC를 생성한다.
- 문을 닫고 일정 시간 후에 아이템 상자를 섹션 내 랜덤한 위치에 생성한다.
- 생성한 NPC가 죽으면 모든 문을 개방한다.
- 통과한 문으로 이어지는 새로운 섹션을 생성한다.

섹션 액터 제작을 위해 `Actor`를 부모 클래스로 하는 `ABSection`이라는 클래스를 ArenaBattle 모듈에 생성한다.

그림 13-18 ABSection 클래스의 추가

이 섹션은 주요 배경으로 SM_SQUARE 애셋을 사용한다. 액터에 스태틱메시 컴포넌트를 선언하고 이를 루트로 설정한 후 SM_SQUARE 애셋을 지정한다.

코드 13-11 ABSection.h

```cpp
// Fill out your copyright notice in the Description page of Project Settings.

#pragma once

#include "ArenaBattle.h"
#include "GameFramework/Actor.h"
#include "ABSection.generated.h"

UCLASS()
class ARENABATTLE_API AABSection : public AActor
{
    GENERATED_BODY()

public:
    AABSection();
```

```
protected:
    virtual void BeginPlay() override;

private:
    UPROPERTY(VisibleAnywhere, Category = Mesh, Meta = (AllowPrivateAccess =
true))
    UStaticMeshComponent* Mesh;
};
```

코드 13-12 ABSection.cpp

```
// Fill out your copyright notice in the Description page of Project Settings.

#include "ABSection.h"

AABSection::AABSection()
{
    PrimaryActorTick.bCanEverTick = false;

    Mesh = CreateDefaultSubobject<UStaticMeshComponent>(TEXT("MESH"));
    RootComponent = Mesh;

    FString AssetPath = TEXT("/Game/Book/StaticMesh/SM_SQUARE.SM_SQUARE");
    static ConstructorHelpers::FObjectFinder<UStaticMesh> SM_SQUARE(*AssetPath);
    if (SM_SQUARE.Succeeded())
    {
        Mesh->SetStaticMesh(SM_SQUARE.Object);
    }
    else
    {
        ABLOG(Error, TEXT("Failed to load staticmesh asset. : %s"), *AssetPath);
    }

}

void AABSection::BeginPlay()
{
    Super::BeginPlay();

}
```

예제로 제공하는 스태틱메시 애셋은 각 방향별로 출입문과 섹션을 이어붙일 수 있게
여덟 개의 소켓이 부착돼 있다.

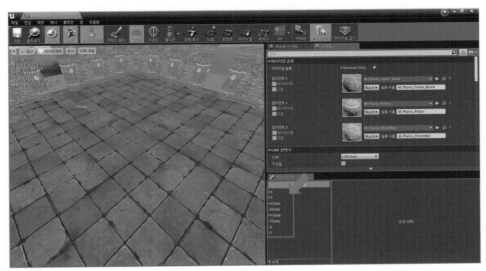

그림 13-19 스태틱메시의 소켓 정보

배경의 각 출입구에 철문을 부착한다. 철문마다 스태틱메시 컴포넌트를 제작하고 이를
소켓에 부착한다. 제공하는 철문 애셋은 피벗이 왼쪽에 있으므로 부착하는 최종 위치
는 소켓 위치로부터 Y축으로 -80.5만큼 이동한 지점이 된다.

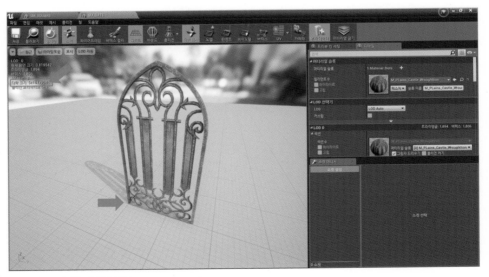

그림 13-20 철문 메시의 정보

소켓 목록을 제작하고 이를 사용해 철문을 각각 부착한다. 각각의 철문은 동일한 기능을 가지므로 TArray로 묶어 관리한다.

코드 13-13 ABSection.h

```cpp
// Fill out your copyright notice in the Description page of Project Settings.

#pragma once

#include "ArenaBattle.h"
#include "GameFramework/Actor.h"
#include "ABSection.generated.h"

UCLASS()
class ARENABATTLE_API AABSection : public AActor
{
    GENERATED_BODY()

public:
    AABSection();

protected:
    virtual void BeginPlay() override;

private:
    UPROPERTY(VisibleAnywhere, Category = Mesh, Meta = (AllowPrivateAccess = true))
    TArray<UStaticMeshComponent*> GateMeshes;

    UPROPERTY(VisibleAnywhere, Category = Mesh, Meta = (AllowPrivateAccess = true))
    UStaticMeshComponent* Mesh;

};
```

코드 13-14 ABSection.cpp

```cpp
// Fill out your copyright notice in the Description page of Project Settings.

#include "ABSection.h"

AABSection::AABSection()
{
    PrimaryActorTick.bCanEverTick = false;

    Mesh = CreateDefaultSubobject<UStaticMeshComponent>(TEXT("MESH"));
    RootComponent = Mesh;

    FString AssetPath = TEXT("/Game/Book/StaticMesh/SM_SQUARE.SM_SQUARE");
    static ConstructorHelpers::FObjectFinder<UStaticMesh> SM_SQUARE(*AssetPath);
    if (SM_SQUARE.Succeeded())
    {
        Mesh->SetStaticMesh(SM_SQUARE.Object);
    }
    else
    {
        ABLOG(Error, TEXT("Failed to load staticmesh asset. : %s"), *AssetPath);
    }

    FString GateAssetPath = TEXT("/Game/Book/StaticMesh/SM_GATE.SM_GATE");
    static ConstructorHelpers::FObjectFinder<UStaticMesh> SM_GATE(*GateAssetPath);
    if (!SM_GATE.Succeeded())
    {
        ABLOG(Error, TEXT("Failed to load staticmesh asset. : %s"), *GateAssetPath);
    }

    static FName GateSockets[] = { { TEXT("+XGate") } ,{ TEXT("-XGate") } ,{ TEXT("+YGate") } ,{ TEXT("-YGate") } };
    for (FName GateSocket : GateSockets)
    {
        ABCHECK(Mesh->DoesSocketExist(GateSocket));
        UStaticMeshComponent* NewGate = CreateDefaultSubobject<UStaticMeshComponent>(*GateSocket.ToString());
        NewGate->SetStaticMesh(SM_GATE.Object);
```

```
        NewGate->SetupAttachment(RootComponent, GateSocket);
        NewGate->SetRelativeLocation(FVector(0.0f, -80.5f, 0.0f));
        GateMeshes.Add(NewGate);
    }

}

void AABSection::BeginPlay()
{
    Super::BeginPlay();

}
```

액터의 각 방향으로 철문을 부착한 결과는 다음과 같다.

그림 13-21 섹션 액터에 철문을 부착한 결과

이번에는 **ABCharacter**만을 감지하는 **ABTrigger**라는 이름의 특별한 콜리전 프리셋을 하나 추가한다. 이 콜리전 프리셋은 플레이어의 입장을 감지하고 섹션을 클리어한 후 출구를 선택할 때 사용한다.

그림 13-22 캐릭터 감지를 위한 콜리전 프리셋의 설정

해당 프리셋을 사용하는 Box 컴포넌트를 생성하고 섹션의 중앙과 각 철문 영역에 부착
한다.

코드 13-15 ABSection.h

```
// Fill out your copyright notice in the Description page of Project Settings.

#pragma once

#include "ArenaBattle.h"
#include "GameFramework/Actor.h"
#include "ABSection.generated.h"

UCLASS()
class ARENABATTLE_API AABSection : public AActor
{
    GENERATED_BODY()

public:
    AABSection();

protected:
```

```
    virtual void BeginPlay() override;

private:
    UPROPERTY(VisibleAnywhere, Category = Mesh, Meta = (AllowPrivateAccess =
true))
    TArray<UStaticMeshComponent*> GateMeshes;

    UPROPERTY(VisibleAnywhere, Category = Trigger, Meta = (AllowPrivateAccess =
true))
    TArray<UBoxComponent*> GateTriggers;

    UPROPERTY(VisibleAnywhere, Category = Mesh, Meta = (AllowPrivateAccess =
true))
    UStaticMeshComponent* Mesh;

    UPROPERTY(VisibleAnywhere, Category = Trigger, Meta = (AllowPrivateAccess =
true))
    UBoxComponent* Trigger;

};
```

코드 13-16 ABSection.cpp

```
// Fill out your copyright notice in the Description page of Project Settings.

#include "ABSection.h"



AABSection::AABSection()
{
    PrimaryActorTick.bCanEverTick = false;

    Mesh = CreateDefaultSubobject<UStaticMeshComponent>(TEXT("MESH"));
    RootComponent = Mesh;

    FString AssetPath = TEXT("/Game/Book/StaticMesh/SM_SQUARE.SM_SQUARE");
    static ConstructorHelpers::FObjectFinder<UStaticMesh> SM_SQUARE(*AssetPath);
    if (SM_SQUARE.Succeeded())
```

```cpp
    {
        Mesh->SetStaticMesh(SM_SQUARE.Object);
    }
    else
    {
        ABLOG(Error, TEXT("Failed to load staticmesh asset. : %s"), *AssetPath);
    }

    Trigger = CreateDefaultSubobject<UBoxComponent>(TEXT("TRIGGER"));
    Trigger->SetBoxExtent(FVector(775.0f, 775.0f, 300.0f));
    Trigger->SetupAttachment(RootComponent);
    Trigger->SetRelativeLocation(FVector(0.0f, 0.0f, 250.0f));
    Trigger->SetCollisionProfileName(TEXT("ABTrigger"));

    FString GateAssetPath = TEXT("/Game/Book/StaticMesh/SM_GATE.SM_GATE");
    static ConstructorHelpers::FObjectFinder<UStaticMesh> SM_
GATE(*GateAssetPath);
    if (!SM_GATE.Succeeded())
    {
        ABLOG(Error, TEXT("Failed to load staticmesh asset. : %s"),
*GateAssetPath);
    }

    static FName GateSockets[] = { { TEXT("+XGate") } ,{ TEXT("-XGate") } ,{
TEXT("+YGate") } ,{ TEXT("-YGate") } };
    for (FName GateSocket : GateSockets)
    {
        ABCHECK(Mesh->DoesSocketExist(GateSocket));
        UStaticMeshComponent* NewGate = CreateDefaultSubobject<UStaticMeshCompone
nt>(*GateSocket.ToString());
        NewGate->SetStaticMesh(SM_GATE.Object);
        NewGate->SetupAttachment(RootComponent, GateSocket);
        NewGate->SetRelativeLocation(FVector(0.0f, -80.5f, 0.0f));
        GateMeshes.Add(NewGate);

        UBoxComponent* NewGateTrigger = CreateDefaultSubobject<UBoxComponent>(*Ga
teSocket.ToString().Append(TEXT("Trigger")));
        NewGateTrigger->SetBoxExtent(FVector(100.0f, 100.0f, 300.0f));
        NewGateTrigger->SetupAttachment(RootComponent, GateSocket);
        NewGateTrigger->SetRelativeLocation(FVector(70.0f, 0.0f, 250.0f));
```

```
        NewGateTrigger->SetCollisionProfileName(TEXT("ABTrigger"));
        GateTriggers.Add(NewGateTrigger);
    }

}

void AABSection::BeginPlay()
{
    Super::BeginPlay();

}
```

트리거 영역이 추가된 액터는 다음과 같다.

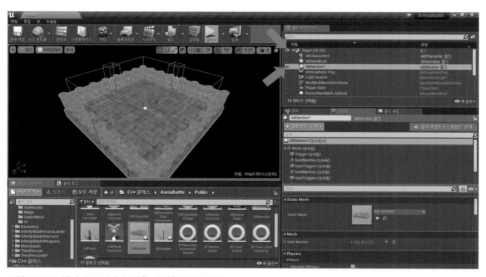

그림 13-23 액터에 트리거 영역을 설정한 결과 화면

액터 설정을 완료하고 액터의 로직을 스테이트 머신으로 설계한다. 섹션 액터는 다음
과 같은 스테이트들을 가진다.

- **준비**READY **스테이트**: 액터의 시작 스테이트. 문을 열어놓고 대기하다가 중앙의 박스
  트리거로 플레이어의 진입을 감지하면 전투 스테이트로 이동한다.

- 전투^{BATTLE} 스테이트: 문을 닫고 일정 시간이 지나면 NPC를 소환한다. 그리고 일정 시간이 지나면 랜덤한 위치에 아이템 상자도 생성한다. 소환한 NPC가 죽으면 완료 스테이트로 이동한다.
- 완료^{COMPLETE} 스테이트: 닫힌 문을 연다. 각 문마다 배치한 트리거 게이트로 플레이어를 감지하면 이동한 문의 방향으로 새로운 섹션을 소환한다.

스테이트 머신의 기획이 끝나면 열거형을 사용해 이를 구현해본다.

한 가지 추가로 고려할 부분은 캐릭터가 시작하는 섹션은 전투 없이 완료 스테이트에서 시작할 수 있도록 NoBattle이라는 속성을 액터에 추가한다는 점이다. 에디터에서 배치한 레벨에 이 값을 체크하면 해당 액터는 전투 없이 캐릭터가 다음 섹션으로 통과할 수 있게 설정된다.

NPC와 아이템 상자의 생성 기능을 제외하고 각 스테이트별로 구현한 기능은 다음과 같다.

코드 13-17 ABSection.h

```
// Fill out your copyright notice in the Description page of Project Settings.

#pragma once

#include "ArenaBattle.h"
#include "GameFramework/Actor.h"
#include "ABSection.generated.h"

UCLASS()
class ARENABATTLE_API AABSection : public AActor
{
    GENERATED_BODY()

public:
    AABSection();

protected:
```

```cpp
    virtual void BeginPlay() override;

private:
    enum class ESectionState : uint8
    {
        READY = 0,
        BATTLE,
        COMPLETE
    };

    void SetState(ESectionState NewState);
    ESectionState CurrentState = ESectionState::READY;

    void OperateGates(bool bOpen = true);

private:
    UPROPERTY(VisibleAnywhere, Category = Mesh, Meta = (AllowPrivateAccess =
true))
    TArray<UStaticMeshComponent*> GateMeshes;

    UPROPERTY(VisibleAnywhere, Category = Trigger, Meta = (AllowPrivateAccess =
true))
    TArray<UBoxComponent*> GateTriggers;

    UPROPERTY(VisibleAnywhere, Category = Mesh, Meta = (AllowPrivateAccess =
true))
    UStaticMeshComponent* Mesh;

    UPROPERTY(VisibleAnywhere, Category = Trigger, Meta = (AllowPrivateAccess =
true))
    UBoxComponent* Trigger;

    UPROPERTY(EditAnywhere, Category = State, Meta = (AllowPrivateAccess = true))
    bool bNoBattle;
};
```

코드 13-18 ABSection.cpp

```cpp
// Fill out your copyright notice in the Description page of Project Settings.

#include "ABSection.h"

AABSection::AABSection()
{
    ...

    bNoBattle = false;
}

void AABSection::BeginPlay()
{
    Super::BeginPlay();

    SetState(bNoBattle ? ESectionState::COMPLETE : ESectionState::READY);
}

void AABSection::SetState(ESectionState NewState)
{
    switch (NewState)
    {
    case ESectionState::READY:
    {
        Trigger->SetCollisionProfileName(TEXT("ABTrigger"));
        for (UBoxComponent* GateTrigger : GateTriggers)
        {
            GateTrigger->SetCollisionProfileName(TEXT("NoCollision"));
        }

        OperateGates(true);
        break;
    }
    case ESectionState::BATTLE:
    {
        Trigger->SetCollisionProfileName(TEXT("NoCollision"));
        for (UBoxComponent* GateTrigger : GateTriggers)
        {
```

```
                GateTrigger->SetCollisionProfileName(TEXT("NoCollision"));
            }

        OperateGates(false);
        break;
    }
    case ESectionState::COMPLETE:
    {
        Trigger->SetCollisionProfileName(TEXT("NoCollision"));
        for (UBoxComponent* GateTrigger : GateTriggers)
        {
            GateTrigger->SetCollisionProfileName(TEXT("ABTrigger"));
        }

        OperateGates(true);
        break;
    }
    }

    CurrentState = NewState;
}

void AABSection::OperateGates(bool bOpen)
{
    for (UStaticMeshComponent* Gate : GateMeshes)
    {
        Gate->SetRelativeRotation(bOpen ? FRotator(0.0f, -90.0f, 0.0f) :
FRotator::ZeroRotator);
    }
}
```

기존의 배경 액터였던 SM_SQUARE 스태틱메시 액터를 제거하고 ABSection 액터로 대체한다. 그리고 액터의 속성에서 배치한 섹션 액터에는 전투가 없도록 NoBattle 속성을 true로 설정한다. 배치가 완료되면, **파일 ▶ 현재를 다른 이름으로 저장** 메뉴를 눌러 Step4 레벨로 저장하고 **프로젝트 세팅**에서 이를 기본 맵으로 설정한다.

그림 13-24 액터의 대체

섹션 액터는 완료 스테이트에서 시작하기 때문에 **플레이**를 누르면 모든 문이 열린다. 하지만 제작 단계에서 완료 스테이트의 상황으로 모든 문이 열리도록 제작자에게 보여진다면 더욱 편리할 것이다. 액터에는 에디터와 연동되는 OnConstruction이라는 특별한 함수가 설계돼 있다. 에디터 작업에서 선택한 액터의 속성이나 트랜스폼 정보가 변경될 때 이 OnConstruction 함수가 실행된다.

OnConstruction 함수를 생성하고, 여기서 액터와 컴포넌트의 속성을 설정하면 작업 중인 레벨에서도 미리 결과를 확인할 수 있다.

코드 13-19 ABSection.h

```
// Fill out your copyright notice in the Description page of Project Settings.

#pragma once

#include "ArenaBattle.h"
#include "GameFramework/Actor.h"
#include "ABSection.generated.h"
```

```
UCLASS( )
class ARENABATTLE_API AABSection : public AActor
{
    GENERATED_BODY( )

public:
    AABSection( );
    virtual void OnConstruction(const FTransform& Transform) override;

...
```

코드 13-20 ABSection.cpp

```
// Fill out your copyright notice in the Description page of Project Settings.

#include "ABSection.h"

...

void AABSection::OnConstruction(const FTransform & Transform)
{
    Super::OnConstruction(Transform);
    SetState(bNoBattle ? ESectionState::COMPLETE : ESectionState::READY);
}

...
```

OnConstruction 함수를 사용해 레벨에서 미리 완료 스테이트의 설정을 적용한 결과는
다음과 같다.

```
    FName ComponentTag = OverlappedComponent->ComponentTags[0];
    FName SocketName = FName(*ComponentTag.ToString().Left(2));
    if (!Mesh->DoesSocketExist(SocketName))
            return;

    FVector NewLocation = Mesh->GetSocketLocation(SocketName);

    TArray<FOverlapResult> OverlapResults;
    FCollisionQueryParams CollisionQueryParam(NAME_None, false, this);
    FCollisionObjectQueryParams ObjectQueryParam(FCollisionObjectQueryParams::Ini
tType::AllObjects);
    bool bResult = GetWorld()->OverlapMultiByObjectType(
            OverlapResults,
            NewLocation,
            FQuat::Identity,
            ObjectQueryParam,
            FCollisionShape::MakeSphere(775.0f),
            CollisionQueryParam
    );

    if (!bResult)
    {
            auto NewSection = GetWorld()->SpawnActor<AABSection>(NewLocation,
FRotator::ZeroRotator);
    }
    else
    {
            ABLOG(Warning, TEXT("New section area is not empty."));
    }

}
```

이제 게이트 트리거에 플레이어가 감지되면 해당 방향으로 새로운 섹션 액터가 생성되고, 플레이어가 새롭게 생성된 섹션 액터 안으로 진입하면 문이 닫힌다. 새로운 섹션에 진입한 결과는 다음과 같다.

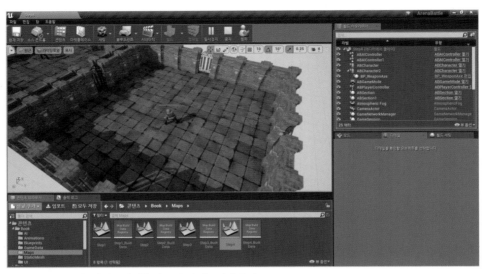

그림 13-26 새로운 영역에 진입할 때 문이 닫히는 결과 화면

내비게이션 메시 시스템 설정

섹션의 모든 스테이트가 잘 구현됐는지 확인하고 이번에는 섹션에서 NPC와 아이템 상자를 생성하는 기능을 추가한다. NPC와 아이템 상자가 생성될 시간을 지정할 속성을 추가하고 타이머 기능을 사용해 일정 시간 이후에 이들을 생성한다.

코드 13-23 ABSection.h

```
// Fill out your copyright notice in the Description page of Project Settings.

#pragma once

#include "ArenaBattle.h"
#include "GameFramework/Actor.h"
#include "ABSection.generated.h"

UCLASS()
class ARENABATTLE_API AABSection : public AActor
{
```

```
    GENERATED_BODY( )

public:
    AABSection( );
    virtual void OnConstruction(const FTransform& Transform) override;
    ...

private:
    ...

    UFUNCTION( )
    void OnGateTriggerBeginOverlap(UPrimitiveComponent* OverlappedComponent,
AActor* OtherActor, UPrimitiveComponent* OtherComp, int32 OtherBodyIndex, bool
bFromSweep, const FHitResult &SweepResult);

    void OnNPCSpawn( );

private:
    ...

    UPROPERTY(EditAnywhere, Category = Spawn, Meta = (AllowPrivateAccess = true))
    float EnemySpawnTime;

    UPROPERTY(EditAnywhere, Category = Spawn, Meta = (AllowPrivateAccess = true))
    float ItemBoxSpawnTime;

    FTimerHandle SpawnNPCTimerHandle = { };
    FTimerHandle SpawnItemBoxTimerHandle = { };


};
```

코드 13-24 ABSection.cpp

```
// Fill out your copyright notice in the Description page of Project Settings.

#include "ABSection.h"
#include "ABCharacter.h"
```

```
#include "ABItemBox.h"

AABSection::AABSection()
{
    ...

    bNoBattle = false;

    EnemySpawnTime = 2.0f;
    ItemBoxSpawnTime = 5.0f;
}

...

void AABSection::SetState(ESectionState NewState)
{
    switch (NewState)
    {
    case ESectionState::READY:
    {
        Trigger->SetCollisionProfileName(TEXT("ABTrigger"));
        for (UBoxComponent* GateTrigger : GateTriggers)
        {
            GateTrigger->SetCollisionProfileName(TEXT("NoCollision"));
        }

        OperateGates(true);
        break;
    }
    case ESectionState::BATTLE:
    {
        Trigger->SetCollisionProfileName(TEXT("NoCollision"));
        for (UBoxComponent* GateTrigger : GateTriggers)
        {
            GateTrigger->SetCollisionProfileName(TEXT("NoCollision"));
        }

        OperateGates(false);

        GetWorld()->GetTimerManager().SetTimer(SpawnNPCTimerHandle,
```

```cpp
            FTimerDelegate::CreateUObject(this, &AABSection::OnNPCSpawn),
EnemySpawnTime, false);

        GetWorld()->GetTimerManager().SetTimer(SpawnItemBoxTimerHandle, FTimerDel
egate::CreateLambda([this]() -> void {

            FVector2D RandXY = FMath::RandPointInCircle(600.0f);
            GetWorld()->SpawnActor<AABItemBox>(GetActorLocation() +
FVector(RandXY, 30.0f), FRotator::ZeroRotator);

        }), ItemBoxSpawnTime, false);

        break;
    }
    case ESectionState::COMPLETE:
    {
        Trigger->SetCollisionProfileName(TEXT("NoCollision"));
        for (UBoxComponent* GateTrigger : GateTriggers)
        {
            GateTrigger->SetCollisionProfileName(TEXT("ABTrigger"));
        }

        OperateGates(true);
        break;
    }
    }

    CurrentState = NewState;
}

...

void AABSection::OnNPCSpawn()
{
    GetWorld()->SpawnActor<AABCharacter>(GetActorLocation() + FVector::UpVector *
88.0f, FRotator::ZeroRotator);
}
```

해당 코드를 실행하면 이제 새롭게 생성된 섹션에 플레이어가 진입하고 나서 2초 후에 가운데 위치에서 NPC가 생성되고, 5초 후에는 NPC 반경 6미터 내의 랜덤한 위치에 아이템 상자가 생성된다.

그림 13-27 NPC와 아이템 상자의 생성

이때 새로 생성된 NPC 캐릭터는 새로운 섹션에서 내비게이션 메시 영역이 설정되지 않았기 때문에 움직이지 못하고 생성된 위치에 가만히 서있는다. 새로 생성된 섹션 영역에도 내비게이션 메시가 만들어져야 NPC가 이를 활용해 플레이어로 이동할 수 있다.

이를 위해 게임 실행 중에 동적으로 내비게이션 메시를 생성하도록 프로젝트에서 추가 설정을 해줘야 한다. **프로젝트 세팅**의 **내비게이션 메시** 설정에서 Runtime Generation 속성의 값을 Dynamic으로 변경하면, 새롭게 생성된 섹션에도 내비게이션 메시가 실시간으로 만들어져 적용된다.

그림 13-28 내비게이션 시스템의 설정 변경

이 설정만 변경하면 새롭게 생성한 섹션 액터에도 내비게이션 시스템이 만들어져서
NPC는 플레이어를 쫓아온다.

그림 13-29 내비게이션 시스템 동작을 Dynamic으로 변경한 결과 화면

14

게임플레이의 제작

지금까지 언리얼이 제공하는 기능을 조합해 콘텐츠가 어떻게 동작하는지 간략하게 보여주는 프로토타입을 만들었다면, 앞으로는 실제 게임으로 확장할 때 필요한 기능을 하나씩 채워 넣어야 한다. 언리얼 엔진이 제공하는 플레이어 스테이트와 게임 스테이트에 대해 학습하고, 이들을 바탕으로 게임에 사용할 데이터를 체계적으로 관리하도록 게임의 기능을 구현해본다.

캐릭터의 스테이트 설정

지금까지 플레이어 캐릭터와 AI 캐릭터에 필요한 기능을 살펴봤다. 이번에는 두 캐릭터의 기능을 체계적으로 관리하기 위해 캐릭터에도 스테이트 머신 모델을 구현해본다. 이번에 구현할 캐릭터의 스테이트는 다음과 같다.

- **PREINIT 스테이트**: 캐릭터 생성 전의 스테이트. 기본 캐릭터 애셋이 설정돼 있지만 캐릭터와 UI를 숨겨둔다. 해당 스테이트에서는 대미지를 입지 않는다.

- **LOADING 스테이트**: 선택한 캐릭터 애셋을 로딩하는 스테이트. 이때는 게임이 시작된 시점이므로 현재 조종하는 컨트롤러가 AI인지 플레이어인지 구분할 수 있다. 플레이어 컨트롤러인 경우 애셋 로딩이 완료될 때까지 캐릭터를 조종하지 못하도록 입력을 비활성화한다.

- **READY 스테이트**: 캐릭터 애셋 로딩이 완료된 스테이트. 숨겨둔 캐릭터와 UI를 보여주며, 이때부터는 공격을 받으면 대미지를 입는다. 플레이어 컨트롤러는 비로

소 캐릭터를 조종할 수 있으며, AI 컨트롤러는 비헤이비어 트리 로직을 구동해 캐릭터를 동작시킨다.

- **DEAD 스테이트**: 캐릭터가 HP를 소진해 사망할 때 발생하는 스테이트. 죽는 애니메이션을 재생하고 UI를 끄는 한편, 충돌 기능을 없애고 대미지를 입지 않도록 설정한다. 컨트롤러가 플레이어인 경우 입력을 비활성화하고 AI인 경우 비헤이비어 트리 로직을 중지한다. 일정 시간이 지난 후에는 플레이어의 경우 레벨을 재시작하고 AI는 레벨에서 퇴장한다.

먼저 캐릭터의 스테이트를 구분하도록 새로운 열거형을 정의한다. C++에서 선언한 열거형을 블루프린트에서도 사용하기 위해서는 열거형 선언 윗줄에 UENUM(BlueprintType)을 선언하고 uint8으로 기반 유형^{underlying type}을 지정해야 한다. 우리 예제에서는 이 열거형을 블루프린트에 사용할 일이 없지만, 학습을 위해 블루프린트와 호환되는 열거형을 선언해본다.

코드 14-1 ArenaBattle.h

```
// Fill out your copyright notice in the Description page of Project Settings.

#pragma once

#include "EngineMinimal.h"

UENUM(BlueprintType)
enum class ECharacterState : uint8
{
    PREINIT,
    LOADING,
    READY,
    DEAD
};

DECLARE_LOG_CATEGORY_EXTERN(ArenaBattle, Log, All);
#define ABLOG_CALLINFO (FString(__FUNCTION__) + TEXT("(") + FString::FromInt(__
LINE__) + TEXT(")"))
#define ABLOG_S(Verbosity) UE_LOG(ArenaBattle, Verbosity, TEXT("%s"), *ABLOG_
```

```
CALLINFO)
#define ABLOG(Verbosity, Format, ...) UE_LOG(ArenaBattle, Verbosity, TEXT("%s
%s"), *ABLOG_CALLINFO, *FString::Printf(Format, ##__VA_ARGS__))
#define ABCHECK(Expr, ...) { if(!(Expr)) { ABLOG(Error, TEXT("ASSERTION : %s"),
TEXT("'"#Expr"'")); return __VA_ARGS__; } }
```

새로운 열거형을 선언하면 ABCharacter에 해당 타입의 변수를 선언하고 스테이트 머
신 제작을 위한 기본 로직과 함수를 선언한다.

코드 14-2 ABCharacter.h

```cpp
// Fill out your copyright notice in the Description page of Project Settings.

#pragma once

#include "ArenaBattle.h"
#include "GameFramework/Character.h"
#include "ABCharacter.generated.h"

DECLARE_MULTICAST_DELEGATE(FOnAttackEndDelegate);

UCLASS()
class ARENABATTLE_API AABCharacter : public ACharacter
{
    GENERATED_BODY()

public:
    // Sets default values for this character's properties
    AABCharacter();
    void SetCharacterState(ECharacterState NewState);
    ECharacterState GetCharacterState() const;


    ...

private:
    ...

    int32 AssetIndex = 0;
```

```cpp
    FSoftObjectPath CharacterAssetToLoad = FSoftObjectPath(nullptr);
    TSharedPtr<struct FStreamableHandle> AssetStreamingHandle;

    UPROPERTY(Transient, VisibleInstanceOnly, BlueprintReadOnly, Category =
State, Meta = (AllowPrivateAccess = true))
    ECharacterState CurrentState;

    UPROPERTY(Transient, VisibleInstanceOnly, BlueprintReadOnly, Category =
State, Meta = (AllowPrivateAccess = true))
    bool bIsPlayer;

    UPROPERTY()
    class AABAIController* ABAIController;

    UPROPERTY()
    class AABPlayerController* ABPlayerController;
};
```

우리가 제작하는 콘텐츠는 멀티 플레이가 아닌 싱글 플레이며, 하나의 캐릭터를 주인공과 NPC가 공유해서 사용하고 있다. 이러한 환경에서 캐릭터는 자신이 주인공인지 NPC인지를 판별할 수 있어야 하는데, 이를 확실히 파악할 수 있는 시점 중 하나는 BeginPlay다. 현재 설정상 플레이어도 전용 AI 컨트롤러가 자동으로 부착되므로 PossessedBy 함수가 두 번 호출되기 때문이다.

캐릭터는 PREINIT 스테이트에서 시작한다. 그러다가 게임이 시작돼 BeginPlay 함수를 호출하면 플레이어인지, NPC인지 파악해 저장하는 변수 IsPlayer에 이 결과를 저장한다. 이어서 선택된 캐릭터 애셋의 로딩을 시작하고 스테이트를 LOADING으로 변경한다.

캐릭터는 애셋의 로딩이 완료될 때까지 LOADING 스테이트에 있다가 로딩이 완료되면 READY 스테이트로 변경하고 본격적인 활동을 시작한다. 활동 중에 공격을 받아서 HP가 0 이하가 되면 DEAD 스테이트로 변경한다.

플레이어가 캐릭터를 조종하는 경우에는 임시로 4번 INDEX의 캐릭터 애셋을 사용하고, AI가 조종하는 경우에는 캐릭터 애셋 목록에서 랜덤으로 하나를 골라 사용한다. 이를 구현한 코드는 다음과 같다.

코드 14-3 ABCharacter.cpp

```cpp
// Fill out your copyright notice in the Description page of Project Settings.

#include "ABCharacter.h"
#include "ABAnimInstance.h"
#include "ABWeapon.h"
#include "ABCharacterStatComponent.h"
#include "DrawDebugHelpers.h"
#include "Components/WidgetComponent.h"
#include "ABCharacterWidget.h"
#include "ABAIController.h"
#include "ABCharacterSetting.h"
#include "ABGameInstance.h"
#include "ABPlayerController.h"

// Sets default values
AABCharacter::AABCharacter()
{
    ...

    AssetIndex = 4;

    SetActorHiddenInGame(true);
    HPBarWidget->SetHiddenInGame(true);
    bCanBeDamaged = false;
}

// Called when the game starts or when spawned
void AABCharacter::BeginPlay()
{
    Super::BeginPlay();

    bIsPlayer = IsPlayerControlled();
    if (bIsPlayer)
    {
        ABPlayerController = Cast<AABPlayerController>(GetController());
        ABCHECK(nullptr != ABPlayerController);
    }
    else
    {
```

```cpp
        ABAIController = Cast<AABAIController>(GetController());
        ABCHECK(nullptr != ABAIController);
    }

    auto DefaultSetting = GetDefault<UABCharacterSetting>();

    if (bIsPlayer)
    {
        AssetIndex = 4;
    }
    else
    {
        AssetIndex = FMath::RandRange(0, DefaultSetting->CharacterAssets.Num() -
1);
    }

    CharacterAssetToLoad = DefaultSetting->CharacterAssets[AssetIndex];
    auto ABGameInstance = Cast<UABGameInstance>(GetGameInstance());
    ABCHECK(nullptr != ABGameInstance);
    AssetStreamingHandle = ABGameInstance->StreamableManager.RequestAsyncLoad(Cha
racterAssetToLoad, FStreamableDelegate::CreateUObject(this, &AABCharacter::OnAsse
tLoadCompleted));
    SetCharacterState(ECharacterState::LOADING);

}


void AABCharacter::SetCharacterState(ECharacterState NewState)
{
    ABCHECK(CurrentState != NewState);
    CurrentState = NewState;

    switch (CurrentState)
    {
    case ECharacterState::LOADING:
    {
        SetActorHiddenInGame(true);
        HPBarWidget->SetHiddenInGame(true);
        bCanBeDamaged = false;
        break;
    }
```

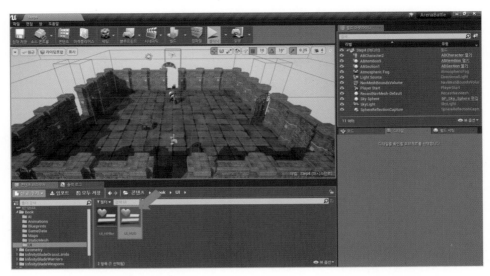

그림 14-3 UI 애셋을 복사한 결과 화면

복사한 UI 위젯의 기본 데이터 관리와 로직을 담당하도록 UserWidget을 기본 클래스로 하는 ABHUDWidget이라는 이름의 클래스를 생성한다.

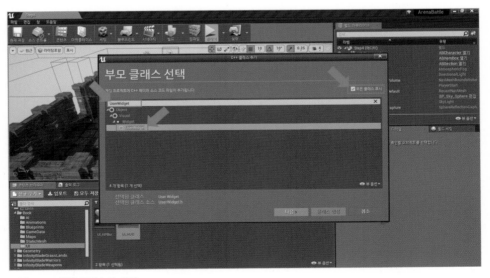

그림 14-4 위젯 클래스의 생성

UI_HUD 애셋을 열고 **그래프** 탭에서 **ABHUDWidget** 클래스를 부모로 설정한다.

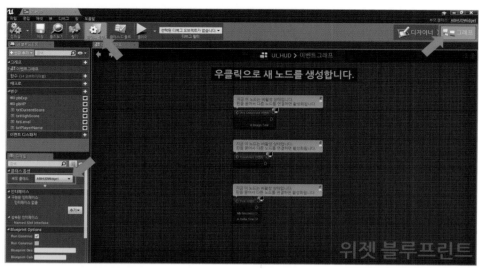

그림 14-5 위젯 클래스의 부모 설정

플레이어 컨트롤러에서 해당 위젯을 생성한 후 이를 화면에 띄우는 기능을 추가한다. UI 애셋의 레퍼런스를 복사해 클래스 정보를 불러들이고, CreateWidget 함수로 위젯 인스턴스를 생성한 후 이를 플레이어의 화면에 씌워준다.

코드 14-12 ABPlayerController.h

```
// Fill out your copyright notice in the Description page of Project Settings.

#pragma once

#include "ArenaBattle.h"
#include "GameFramework/PlayerController.h"
#include "ABPlayerController.generated.h"

/**
 *
 */
UCLASS()
class ARENABATTLE_API AABPlayerController : public APlayerController
```

```
{
    GENERATED_BODY()

public:
    AABPlayerController();

    virtual void PostInitializeComponents() override;
    virtual void Possess(APawn* aPawn) override;

    class UABHUDWidget* GetHUDWidget() const;

protected:
    virtual void BeginPlay() override;
    virtual void SetupInputComponent() override;

    UPROPERTY(EditDefaultsOnly, BlueprintReadWrite, Category = UI)
    TSubclassOf<class UABHUDWidget> HUDWidgetClass;

private:
    UPROPERTY()
    class UABHUDWidget* HUDWidget;
};
```

코드 14-13 ABPlayerController.cpp

```
// Fill out your copyright notice in the Description page of Project Settings.

#include "ABPlayerController.h"
#include "ABHUDWidget.h"

AABPlayerController::AABPlayerController()
{
    static ConstructorHelpers::FClassFinder<UABHUDWidget> UI_HUD_C(TEXT("/Game/
Book/UI/UI_HUD.UI_HUD_C"));
    if (UI_HUD_C.Succeeded())
    {
        HUDWidgetClass = UI_HUD_C.Class;
    }
}
```

```
void AABPlayerController::BeginPlay()
{
    Super::BeginPlay();

    FInputModeGameOnly InputMode;
    SetInputMode(InputMode);

    HUDWidget = CreateWidget<UABHUDWidget>(this, HUDWidgetClass);
    HUDWidget->AddToViewport();
}

UABHUDWidget * AABPlayerController::GetHUDWidget() const
{
    return HUDWidget;
}

...
```

UI를 띄운 결과 화면은 다음과 같다.

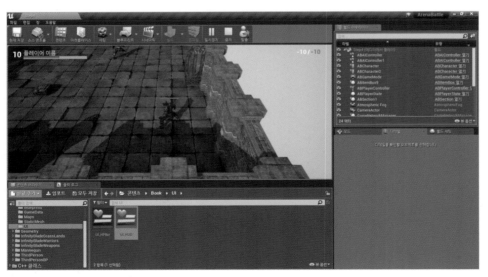

그림 14-6 UI를 띄운 결과 화면

해당 UI에는 플레이어의 데이터와 캐릭터의 HP 데이터 정보가 함께 표시된다. 따라서 플레이어 스테이트와 캐릭터 스탯 컴포넌트 정보를 모두 해당 HUD에 연동해야 한다. 먼저 플레이어 스테이트에 새로운 델리게이트를 정의하고 플레이어 데이터가 변경될 때 HUD에 신호를 보내 HUD가 관련 UI 위젯을 업데이트하도록 구현한다.

코드 14-14 ABPlayerState.h

```cpp
// Fill out your copyright notice in the Description page of Project Settings.

#pragma once

#include "ArenaBattle.h"
#include "GameFramework/PlayerState.h"
#include "ABPlayerState.generated.h"

DECLARE_MULTICAST_DELEGATE(FOnPlayerStateChangedDelegate);

/**
 *
 */
UCLASS()
class ARENABATTLE_API AABPlayerState : public APlayerState
{
    GENERATED_BODY()

public:
    AABPlayerState();

    int32 GetGameScore() const;
    int32 GetCharacterLevel() const;

    void InitPlayerData();

    FOnPlayerStateChangedDelegate OnPlayerStateChanged;

...
```

```cpp
// Fill out your copyright notice in the Description page of Project Settings.

#pragma once

#include "ArenaBattle.h"
#include "Blueprint/UserWidget.h"
#include "ABHUDWidget.generated.h"

/**
 *
 */
UCLASS()
class ARENABATTLE_API UABHUDWidget : public UUserWidget
{
    GENERATED_BODY()

public:
    void BindCharacterStat(class UABCharacterStatComponent* CharacterStat);
    void BindPlayerState(class AABPlayerState* PlayerState);

protected:
    virtual void NativeConstruct() override;
    void UpdateCharacterStat();
    void UpdatePlayerState();

private:
    TWeakObjectPtr<class UABCharacterStatComponent> CurrentCharacterStat;
    TWeakObjectPtr<class AABPlayerState> CurrentPlayerState;

    UPROPERTY()
    class UProgressBar* HPBar;

    UPROPERTY()
    class UProgressBar* ExpBar;

    UPROPERTY()
    class UTextBlock* PlayerName;

    UPROPERTY()
```

이제 플레이어 정보와 캐릭터 스탯 정보가 HUD 위젯에 연동되는 것을 확인할 수 있다.

그림 14-7 플레이어 데이터와 캐릭터 스탯이 연동된 결과 화면

이어서 플레이어 데이터에 경험치 정보를 표시하도록 기능을 추가해본다. 플레이어와의 전투에서 NPC가 사망하면 NPC의 레벨에 지정된 경험치를 플레이어에게 전달하고 플레이어가 이를 축적해 레벨업하는 기능을 구현한다.

UI에서는 해당 정보를 프로그레스바로 표시하기 때문에 현재 경험치와 해당 레벨에서의 최대 경험치의 비율 정보를 구하는 작업이 필요하다.

이번에는 수정할 부분이 꽤 많은데, 캐릭터 스탯에 NPC를 위한 경험치 값을 설정하고, 플레이어 스테이트에는 플레이어의 경험치 데이터를 보관하도록 설계를 확장해야 한다. 그리고 캐릭터가 사망할 때 NPC가 플레이어에게 죽는지 검사하고, 해당 플레이어 컨트롤러를 통해 플레이어 스테이트를 업데이트시키는 로직을 추가해야 한다.

대미지 프레임워크에서 플레이어 컨트롤러의 정보는 가해자Instigator 인자로 전달되므로 이를 사용하면 조금 수월해진다.

코드 14-19 ABPlayerState.h

```
...

UCLASS()
class ARENABATTLE_API AABPlayerState : public APlayerState
{
    GENERATED_BODY()

public:
    AABPlayerState();

    int32 GetGameScore() const;
    int32 GetCharacterLevel() const;
    float GetExpRatio() const;
    bool AddExp(int32 IncomeExp);

    ...

protected:
    ...

    UPROPERTY(Transient)
    int32 Exp;

private:
    void SetCharacterLevel(int32 NewCharacterLevel);
    struct FABCharacterData* CurrentStatData;
};
```

코드 14-20 ABPlayerState.cpp

```
// Fill out your copyright notice in the Description page of Project Settings.

#include "ABPlayerState.h"
#include "ABGameInstance.h"

AABPlayerState::AABPlayerState()
{
    CharacterLevel = 1;
```

```cpp
void AABPlayerController::BeginPlay()
{
    Super::BeginPlay();

    FInputModeGameOnly InputMode;
    SetInputMode(InputMode);

    HUDWidget = CreateWidget<UABHUDWidget>(this, HUDWidgetClass);
    HUDWidget->AddToViewport();

    ABPlayerState = Cast<AABPlayerState>(PlayerState);
    ABCHECK(nullptr != ABPlayerState);
    HUDWidget->BindPlayerState(ABPlayerState);
    ABPlayerState->OnPlayerStateChanged.Broadcast();
}

...

void AABPlayerController::NPCKill(AABCharacter* KilledNPC) const
{
    ABPlayerState->AddExp(KilledNPC->GetExp());
}

...
```

코드 14-27 ABCharacter.cpp

```cpp
...

int32 AABCharacter::GetExp() const
{
    return CharacterStat->GetDropExp();
}

...

float AABCharacter::TakeDamage(float DamageAmount, FDamageEvent const &
DamageEvent, AController * EventInstigator, AActor * DamageCauser)
{
```

```
    float FinalDamage = Super::TakeDamage(DamageAmount, DamageEvent,
EventInstigator, DamageCauser);

    CharacterStat->SetDamage(FinalDamage);
    if (CurrentState == ECharacterState::DEAD)
    {
        if (EventInstigator->IsPlayerController())
        {
            auto ABPlayerController = Cast<AABPlayerController>(EventInstigator);
            ABCHECK(nullptr != ABPlayerController, 0.0f);
            ABPlayerController->NPCKill(this);
        }
    }

    return FinalDamage;
}

...
```

해당 코드를 적용하고 NPC를 처치하면 이제 경험치에 관련된 항목이 추가로 업데이트 되는 것을 확인할 수 있다.

그림 14-8 NPC를 처치할 때 습득하는 경험치 시스템의 구현 결과

게임 데이터의 관리

플레이어 데이터를 선언하고 이를 HUD UI의 왼쪽 상단 부분과 연동하는 기능을 구현
해봤다. 이번에는 UI 오른쪽 상단에 위치한 게임의 스코어 부분을 구현해본다.

파일 〉 현재 레벨을 다른 이름으로 저장 메뉴를 선택해 현재 레벨을 Gameplay라는 이름으
로 저장한다. 새롭게 저장된 레벨은 완성된 게임의 게임플레이 부분을 담당하게 될 것
이다.

새로운 레벨에서 테스트를 위해 첫 섹션에 배치한 캐릭터와 상자를 모두 제거한다. 그
리고 길 찾기 영역을 충분히 크게 만들어준다.

그림 14-9 새로운 레벨의 저장

프로젝트 세팅으로 가서 Gameplay를 시작 레벨로 설정한다.

그림 14-10 시작 레벨의 변경

게임을 처음 시작하면 입장한 플레이어는 0의 점수를 가진다. 문을 통과해 새롭게 생성된 섹션에서 나타난 NPC를 처치하면 플레이어는 1의 점수를 획득한다. 플레이어는 레벨을 계속 탐험하면서 NPC를 처치하고 점수를 획득하는데, 이 점수는 플레이어의 점수를 의미하면서 동시에 게임 스코어라고도 할 수 있다. 현재 우리가 제작하는 콘텐츠가 싱글 플레이 게임이기 때문이다.

만약 멀티 플레이 콘텐츠를 기획한다면 두 개는 서로 다른 의미를 가질 수 있다. 예를 들어 게임에 두 명의 플레이어가 입장하며, 한 플레이어는 왼쪽 지역을 탐험하고 다른 플레이어는 오른쪽 지역을 탐험한다고 했을 때 왼쪽을 탐험한 플레이어의 점수와 오른쪽을 탐험한 플레이어의 점수는 서로 별도로 관리해야 한다. 이러한 경우 게임의 점수는 어떻게 설정할 것인가에 대한 기획이 추가로 필요할 것이다.

이렇듯 멀티 플레이까지 고려한다면 플레이어에 설정된 데이터 외에도 게임의 데이터를 관리하는 기능을 추가로 고려해야 한다. 언리얼 엔진은 이를 관리하도록 게임 스테이트라는 클래스를 제공한다. 우리는 싱글 플레이 콘텐츠를 제작하기 때문에 플레이어 스테이트에서 모두 관리해도 무방하지만, 학습을 위해 게임 스테이트를 사용해 게임 데이터만 분리함으로써 관리하도록 기능을 추가해본다.

```
    {
        KeyNPC->OnDestroyed.AddDynamic(this, &AABSection::OnKeyNPCDestroyed);
    }
}

void AABSection::OnKeyNPCDestroyed(AActor * DestroyedActor)
{
    auto ABCharacter = Cast<AABCharacter>(DestroyedActor);
    ABCHECK(nullptr != ABCharacter);

    auto ABPlayerController = Cast<AABPlayerController>(ABCharacter->LastHitBy);
    ABCHECK(nullptr != ABPlayerController);

    SetState(ESectionState::COMPLETE);
}
```

NPC를 제거해 섹션을 클리어하면 게임 모드에게 스코어를 올리라는 명령을 내린다. 여기서 마지막 피격을 가한 플레이어 컨트롤러 정보를 함께 넘겨서 해당 플레이어 스테이트의 스코어를 높이고, 더불어 전체 스코어에 해당하는 게임 스테이트의 스코어도 같이 올린다.

현재 게임에 참여 중인 플레이어 컨트롤러의 목록은 월드에서 제공하는 GetPlayerControllerIterator를 사용해 얻어올 수 있다. 이를 사용해 게임 스코어를 구현한 코드는 다음과 같다.

코드 14-33 ABPlayerState.h

```
...

UCLASS()
class ARENABATTLE_API AABPlayerState : public APlayerState
{
    GENERATED_BODY()

public:
    AABPlayerState();
```

```
    int32 GetGameScore() const;
    int32 GetCharacterLevel() const;
    float GetExpRatio() const;
    bool AddExp(int32 IncomeExp);
    void AddGameScore();

    ...
};
```

코드 14-34 ABPlayerState.cpp

```
...

void AABPlayerState::AddGameScore()
{
    GameScore++;
    OnPlayerStateChanged.Broadcast();
}

...
```

코드 14-35 ABPlayerController.h

```
...

UCLASS()
class ARENABATTLE_API AABPlayerController : public APlayerController
{
    GENERATED_BODY()

public:
    AABPlayerController();

    virtual void PostInitializeComponents() override;
    virtual void Possess(APawn* aPawn) override;

    class UABHUDWidget* GetHUDWidget() const;
```

```cpp
    void NPCKill(class AABCharacter* KilledNPC) const;
    void AddGameScore() const;

    ...
};
```

코드 14-36 ABPlayerController.cpp

```cpp
...

void AABPlayerController::AddGameScore() const
{
    ABPlayerState->AddGameScore();
}

...
```

코드 14-37 ABGameMode.h

```cpp
...

UCLASS()
class ARENABATTLE_API AABGameMode : public AGameModeBase
{
    GENERATED_BODY()

public:
    AABGameMode();

    virtual void PostInitializeComponents() override;
    virtual void PostLogin(APlayerController* NewPlayer) override;
    void AddScore(class AABPlayerController *ScoredPlayer);

private:
    UPROPERTY()
    class AABGameState* ABGameState;
};
```

코드 14-38 ABGameMode.cpp

```
...

void AABGameMode::PostInitializeComponents()
{
    Super::PostInitializeComponents();
    ABGameState = Cast<AABGameState>(GameState);
}
...

void AABGameMode::AddScore(AABPlayerController* ScoredPlayer)
{
    for (FConstPlayerControllerIterator It = GetWorld()-
>GetPlayerControllerIterator(); It; ++It)
    {
        const auto ABPlayerController = Cast<AABPlayerController>(It->Get());
        if ((nullptr != ABPlayerController) && (ScoredPlayer ==
ABPlayerController))
        {
            ABPlayerController->AddGameScore();
            break;
        }
    }

    ABGameState->AddGameScore();
}
```

코드 14-39 ABSection.cpp

```
#include "ABGameMode.h"

...

void AABSection::OnKeyNPCDestroyed(AActor * DestroyedActor)
{
    auto ABCharacter = Cast<AABCharacter>(DestroyedActor);
    ABCHECK(nullptr != ABCharacter);
```

```
    auto ABPlayerController = Cast<AABPlayerController>(ABCharacter->LastHitBy);
    ABCHECK(nullptr != ABPlayerController);

    auto ABGameMode = Cast<AABGameMode>(GetWorld()->GetAuthGameMode());
    ABCHECK(nullptr != ABGameMode);
    ABGameMode->AddScore(ABPlayerController);

    SetState(ESectionState::COMPLETE);
}
```

컴파일하고 실행해 결과를 확인해본다. NPC가 제거되면 우측 상단의 스코어가 하나씩 올라갈 것이다. 이로써 기본적인 게임플레이의 구조를 완성했다.

그림 14-12 게임플레이의 기본 구성이 완료된 결과 화면

15

게임의 완성

게임플레이를 완성하고 나면, 완전한 게임 제품으로 발전할 수 있도록 게임의 시작, 게임의 종료, 미션 달성, 게임 데이터의 저장 및 로딩 등의 기능을 추가해야 한다. 이번 장에서는 이를 구현하기 위해 알아두면 좋은 언리얼 엔진의 기능을 학습하고 미리 준비된 UI를 사용해 시작과 끝이 있는 완성된 플로우를 가진 게임을 제작하는 것으로 예제를 마무리한다.

게임 데이터의 저장과 로딩

지금까지 게임플레이의 기본적인 틀을 구현해봤다. 이번에는 이를 확장해 플레이어의 데이터를 저장하고 이를 불러들이는 로직을 구현해본다.

언리얼 엔진은 게임의 데이터를 저장하고 불러들이는 기능을 제공한다. SaveGame이라는 언리얼 오브젝트를 상속받은 클래스를 설계하고 이를 언리얼이 제공하는 세이브게임 시스템에 넘겨주면 게임 데이터의 저장과 로딩을 간편하게 구현할 수 있다.

언리얼의 세이브게임 시스템을 사용하면 각 플랫폼별로 알맞은 최적의 장소에 데이터가 저장되며, 에디터에서 게임 데이터를 저장하는 경우 프로젝트의 Saved 폴더에 있는 SaveGames라는 폴더에 게임 데이터가 저장된다.

파일 ❯ 새로운 C++ 클래스... 메뉴를 누르고 모든 클래스 표시를 선택한 후 SaveGame을 검색해 SaveGame 오브젝트를 상속받은 ABSaveGame이라는 클래스를 생성한다.

그림 15-1 SaveGame 클래스의 제작

게임 세이브 기능에는 각 저장 파일에 접근할 수 있는 고유 이름인 슬롯 이름이 필요하다. 슬롯 이름을 다르게 지정해 세이브 데이터를 여러 개 만들 수 있는데, 우리는 Player1이라는 슬롯 이름을 사용해 하나의 세이브 파일만 관리해본다. 처음에는 세이브된 게임 데이터가 없으므로 기본 세이브 데이터를 생성하는 로직을 플레이어 스테이트의 InitPlayerData에 구현한다.

코드 15-1 ABSaveGame.h

```
// Fill out your copyright notice in the Description page of Project Settings.

#pragma once

#include "ArenaBattle.h"
#include "GameFramework/SaveGame.h"
#include "ABSaveGame.generated.h"

/**
```

```cpp
 *
 */
UCLASS()
class ARENABATTLE_API UABSaveGame : public USaveGame
{
    GENERATED_BODY()

public:
    UABSaveGame();

    UPROPERTY()
    int32 Level;

    UPROPERTY()
    int32 Exp;

    UPROPERTY()
    FString PlayerName;

    UPROPERTY()
    int32 HighScore;
};
```

코드 15-2 ABSaveGame.cpp

```cpp
// Fill out your copyright notice in the Description page of Project Settings.

#include "ABSaveGame.h"

UABSaveGame::UABSaveGame()
{
    Level = 1;
    Exp = 0;
    PlayerName = TEXT("Guest");
    HighScore = 0;
}
```

코드 15-3 ABPlayerState.h

```
...

UCLASS()
class ARENABATTLE_API AABPlayerState : public APlayerState
{
    GENERATED_BODY()

public:
    AABPlayerState();

    int32 GetGameScore() const;
    int32 GetGameHighScore() const;
    FString SaveSlotName;
    ...

protected:
    UPROPERTY(Transient)
    int32 GameScore;

    UPROPERTY(Transient)
    int32 GameHighScore;

    ...

private:
    void SetCharacterLevel(int32 NewCharacterLevel);
    struct FABCharacterData* CurrentStatData;
};
```

코드 15-4 ABPlayerState.cpp

```
// Fill out your copyright notice in the Description page of Project Settings.

#include "ABPlayerState.h"
#include "ABGameInstance.h"
#include "ABSaveGame.h"
```

```cpp
AABPlayerState::AABPlayerState()
{
    CharacterLevel = 1;
    GameScore = 0;
    GameHighScore = 0;
    Exp = 0;
    SaveSlotName = TEXT("Player1");
}

...

int32 AABPlayerState::GetGameHighScore() const
{
    return GameHighScore;
}

...

void AABPlayerState::InitPlayerData()
{
    auto ABSaveGame = Cast<UABSaveGame>(UGameplayStatics::LoadGameFromSlot(SaveSl
otName, 0));
    if (nullptr == ABSaveGame)
    {
        ABSaveGame = GetMutableDefault<UABSaveGame>();
    }

    SetPlayerName(ABSaveGame->PlayerName);
    SetCharacterLevel(ABSaveGame->Level);
    GameScore = 0;
    GameHighScore = ABSaveGame->HighScore;
    Exp = ABSaveGame->Exp;
}

...

void AABPlayerState::AddGameScore()
{
    GameScore++;
    if (GameScore >= GameHighScore)
```

```
    {
        GameHighScore = GameScore;
    }
    OnPlayerStateChanged.Broadcast();
}

...
```

이를 실행하면 UI에 초기화된 플레이어의 데이터가 나타난다.

그림 15-2 세이브 데이터로 플레이어 데이터를 초기화한 결과 화면

이제 플레이어에 관련된 데이터가 변경될 때마다 이를 저장하도록 기능을 구현한다. 최초에 플레이어 데이터를 생성한 후 바로 저장하고, 이후 경험치에 변동이 있을 때마다 저장하는 로직은 다음과 같다.

코드 15-5 ABPlayerState.cpp

```
...

UCLASS()
class ARENABATTLE_API AABPlayerState : public APlayerState
```

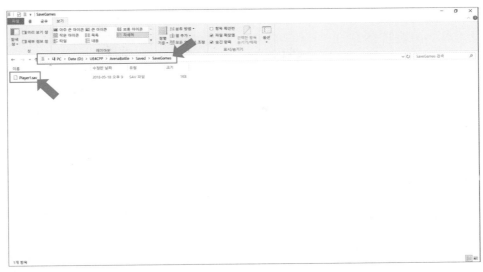

그림 15-4 세이브 파일의 확인

전투 시스템의 설계

이번에는 게임 진행의 난이도를 점진적으로 높이고 재미를 위해 전투에 관련된 부가
요소를 추가해본다. 추가할 기획 요소는 다음과 같다.

1. 플레이어는 게임 진행 중에 HP를 회복할 수 없고 오직 레벨업을 할 때만 회복된다.

2. 캐릭터는 무기를 들 때 더 긴 공격 범위를 가진다.

3. 무기에는 공격력 증가치가 랜덤으로 부여되며, 운이 없으면 오히려 무기에 의해
   공격력이 저하될 수 있다.

4. 현재 게임 스코어가 높을수록 생성되는 NPC의 레벨도 증가한다.

위의 기획 중 1번은 이미 구현했으므로 이번에는 2번 기능을 구현해본다.

무기 액터인 `ABWeapon`에 `AttackRange`라는 속성을 추가한다. 캐릭터에 무기가 없으면
캐릭터의 `AttackRange` 속성을 사용하고 캐릭터가 무기를 들면 무기의 `AttackRange` 속
성을 사용하도록 로직을 수정한다.

캐릭터의 AttackRange 속성의 기본값을 80으로 낮춘다. 그리고 무기의 AttackRange 속성의 기본값을 150으로 지정하되, 해당 속성 키워드에 EditAnywhere, Blueprint ReadWrite를 지정해 앞으로 ABWeapon 클래스를 상속받은 무기 블루프린트에서도 공격 범위 값을 다르게 설정할 수 있도록 기능을 부여한다. 또한 이번에는 캐릭터가 이미 무기를 들고 있더라도 무기를 변경할 수 있도록 CanSetWeapon의 값을 무조건 true로 설정하고, 기존에 무기가 있는 경우 이를 없애고 새로운 무기를 습득하도록 로직을 변경한다.

코드 15-8 ABWeapon.h

```
...

UCLASS()
class ARENABATTLE_API AABWeapon : public AActor
{
    GENERATED_BODY()

public:
    // Sets default values for this actor's properties
    AABWeapon();

    float GetAttackRange() const;

    ...

protected:
    UPROPERTY(EditAnywhere, BlueprintReadWrite, Category = Attack)
    float AttackRange;
};
```

코드 15-9 ABWeapon.cpp

```
...

AABWeapon::AABWeapon()
{
    ...
```

```
    AttackRange = 150.0f;
}

float AABWeapon::GetAttackRange() const
{
    return AttackRange;
}
```

코드 15-10 ABCharacter.h

```
...

UCLASS()
class ARENABATTLE_API AABCharacter : public ACharacter
{
    GENERATED_BODY()

public:
    // Sets default values for this character's properties
    AABCharacter();
    void SetCharacterState(ECharacterState NewState);
    ECharacterState GetCharacterState() const;

    int32 GetExp() const;
    float GetFinalAttackRange() const;


    ...
};
```

코드 15-11 ABCharacter.cpp

```
...

AABCharacter::AABCharacter()
{
    ...
```

```
    AttackRange = 80.0f;
    AttackRadius = 50.0f;

    ...

}

...

float AABCharacter::GetFinalAttackRange() const
{
    return (nullptr != CurrentWeapon) ? CurrentWeapon->GetAttackRange() :
AttackRange;
}

...

bool AABCharacter::CanSetWeapon()
{
    return true;
}

void AABCharacter::SetWeapon(AABWeapon * NewWeapon)
{
    ABCHECK(nullptr != NewWeapon);

    if (nullptr != CurrentWeapon)
    {
        CurrentWeapon->DetachFromActor(FDetachmentTransformRules::KeepWorldTransf
orm);
        CurrentWeapon->Destroy();
        CurrentWeapon = nullptr;
    }

    FName WeaponSocket(TEXT("hand_rSocket"));
    if (nullptr != NewWeapon)
    {
        NewWeapon->AttachToComponent(GetMesh(), FAttachmentTransformRules::SnapTo
TargetNotIncludingScale, WeaponSocket);
        NewWeapon->SetOwner(this);
        CurrentWeapon = NewWeapon;
```

```
        }
    }

...

void AABCharacter::AttackCheck()
{
    float FinalAttackRange = GetFinalAttackRange();

    FHitResult HitResult;
    FCollisionQueryParams Params(NAME_None, false, this);
    bool bResult = GetWorld()->SweepSingleByChannel(
        HitResult,
        GetActorLocation(),
        GetActorLocation() + GetActorForwardVector() * FinalAttackRange,
        FQuat::Identity,
        ECollisionChannel::ECC_GameTraceChannel2,
        FCollisionShape::MakeSphere(AttackRadius),
        Params);

#if ENABLE_DRAW_DEBUG

    FVector TraceVec = GetActorForwardVector() * FinalAttackRange;
    FVector Center = GetActorLocation() + TraceVec * 0.5f;
    float HalfHeight = FinalAttackRange * 0.5f + AttackRadius;

    ...

}

...
```

코드 15-12 BTDecorator_IsInAttackRange.cpp

```
...

bool UBTDecorator_IsInAttackRange::CalculateRawConditionValue(UBehaviorTreeCompon
ent & OwnerComp, uint8 * NodeMemory) const
{
```

```
    bool bResult = Super::CalculateRawConditionValue(OwnerComp, NodeMemory);

    auto ControllingPawn = Cast<AABCharacter>(OwnerComp.GetAIOwner()->GetPawn());
    if(nullptr == ControllingPawn)
        return false;

    auto Target = Cast<AABCharacter>(OwnerComp.GetBlackboardComponent()->GetValue
AsObject(AABAIController::TargetKey));
    if (nullptr == Target)
        return false;

    bResult = (Target->GetDistanceTo(ControllingPawn) <= ControllingPawn-
>GetFinalAttackRange());
    return bResult;
}

...
```

이제 캐릭터는 무기를 들 때 무기가 없는 NPC보다 더 긴 공격 범위를 가진다.

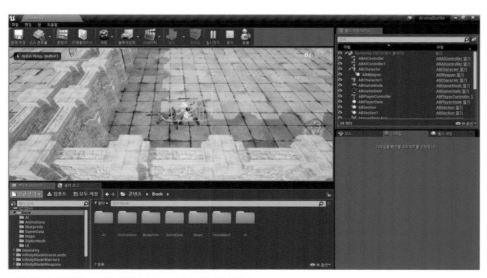

그림 15-5 무기를 들었을 때와 들지 않았을 때의 차이 비교

이번에는 3번의 기획 요소를 구현해본다. 공격할 때 무기가 있는 경우 기존 공격력을 증폭시키는 기능을 구현한다. 무기에 랜덤한 순수 공격력과 효과치 속성을 설정하고 최종 대미지를 산출할 때 이 데이터를 활용하도록 로직을 구현해본다.

코드 15-13 ABWeapon.h

```
...
UCLASS()
class ARENABATTLE_API AABWeapon : public AActor
{
    GENERATED_BODY()

public:
    // Sets default values for this actor's properties
    AABWeapon();

    float GetAttackRange() const;
    float GetAttackDamage() const;
    float GetAttackModifier() const;

    ...

protected:
    UPROPERTY(EditAnywhere, BlueprintReadWrite, Category = Attack)
    float AttackRange;

    UPROPERTY(EditAnywhere, BlueprintReadWrite, Category = Attack)
    float AttackDamageMin;

    UPROPERTY(EditAnywhere, BlueprintReadWrite, Category = Attack)
    float AttackDamageMax;

    UPROPERTY(EditAnywhere, BlueprintReadWrite, Category = Attack)
    float AttackModifierMin;

    UPROPERTY(EditAnywhere, BlueprintReadWrite, Category = Attack)
    float AttackModifierMax;

    UPROPERTY(Transient, VisibleInstanceOnly, BlueprintReadOnly, Category =
Attack)
```

```
    float AttackDamage;

    UPROPERTY(Transient, VisibleInstanceOnly, BlueprintReadOnly, Category =
Attack)
    float AttackModifier;
};
```

코드 15-14 ABWeapon.cpp

```
...

AABWeapon::AABWeapon()
{
    ...

    AttackRange = 150.0f;
    AttackDamageMin = -2.5f;
    AttackDamageMax = 10.0f;
    AttackModifierMin = 0.85f;
    AttackModifierMax = 1.25f;
}

...

float AABWeapon::GetAttackDamage() const
{
    return AttackDamage;
}

float AABWeapon::GetAttackModifier() const
{
    return AttackModifier;
}

void AABWeapon::BeginPlay()
{
    Super::BeginPlay();

    AttackDamage = FMath::RandRange(AttackDamageMin, AttackDamageMax);
    AttackModifier = FMath::RandRange(AttackModifierMin, AttackModifierMax);
```

```
    ABLOG(Warning, TEXT("Weapon Damage : %f, Modifier : %f"), AttackDamage,
AttackModifier);
}
```

코드 15-15 ABCharacter.h

```
// Fill out your copyright notice in the Description page of Project Settings.

#pragma once
...
UCLASS()
class ARENABATTLE_API AABCharacter : public ACharacter
{
    GENERATED_BODY()

public:
    // Sets default values for this character's properties
    AABCharacter();
    void SetCharacterState(ECharacterState NewState);
    ECharacterState GetCharacterState() const;

    int32 GetExp() const;
    float GetFinalAttackRange() const;
    float GetFinalAttackDamage() const;


    ...
};
```

코드 15-16 ABCharacter.cpp

```
...

float AABCharacter::GetFinalAttackDamage() const
{
    float AttackDamage = (nullptr != CurrentWeapon) ? (CharacterStat->GetAttack()
+ CurrentWeapon->GetAttackDamage()) : CharacterStat->GetAttack();
    float AttackModifier = (nullptr != CurrentWeapon) ? CurrentWeapon-
>GetAttackModifier() : 1.0f;
```

```
        return AttackDamage * AttackModifier;
}

...

void AABCharacter::AttackCheck( )
{
    ...

    if (bResult)
    {
        if (HitResult.Actor.IsValid( ))
        {
            FDamageEvent DamageEvent;
            HitResult.Actor->TakeDamage(GetFinalAttackDamage( ), DamageEvent,
GetController( ), this);
        }
    }

}
```

로직을 반영하면 무기를 습득할 때 해당 무기에 의해 플레이어의 공격 대미지가 증가
하거나 감소되는 것을 확인할 수 있다.

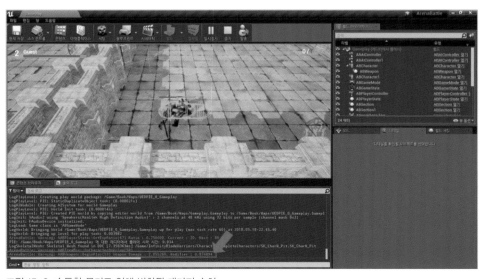

그림 15-6 습득한 무기로 인해 변화될 대미지 수치

이번에는 마지막 기획 요소인 NPC의 레벨을 조정하는 기능을 구현해본다.

NPC 캐릭터의 LOADING 스테이트에서 현재 게임 스코어를 게임 모드에게 질의하고, 이를 기반으로 캐릭터의 레벨 값을 설정한다.

코드 15-17 ABGameMode.h

```
...
UCLASS()
class ARENABATTLE_API AABGameMode : public AGameModeBase
{
    GENERATED_BODY()

public:
    AABGameMode();

    virtual void PostInitializeComponents() override;
    virtual void PostLogin(APlayerController* NewPlayer) override;
    void AddScore(class AABPlayerController *Player);
    int32 GetScore() const;

    ...
};
```

코드 15-18 ABGameMode.cpp

```
...

int32 AABGameMode::GetScore() const
{
    return ABGameState->GetTotalGameScore();
}
```

코드 15-19 ABCharacter.cpp

```
...
#include "ABGameMode.h"

...

void AABCharacter::SetCharacterState(ECharacterState NewState)
{
    ABCHECK(CurrentState != NewState);
    CurrentState = NewState;

    switch (CurrentState)
    {
    case ECharacterState::LOADING:
    {
        if (bIsPlayer)
        {
            DisableInput(ABPlayerController);

            ABPlayerController->GetHUDWidget()->BindCharacterStat(CharacterStat);

            auto ABPlayerState = Cast<AABPlayerState>(PlayerState);
            ABCHECK(nullptr != ABPlayerState);
            CharacterStat->SetNewLevel(ABPlayerState->GetCharacterLevel());
        }
        else
        {
            auto ABGameMode = Cast<AABGameMode>(GetWorld()->GetAuthGameMode());
            ABCHECK(nullptr != ABGameMode);
            int32 TargetLevel = FMath::CeilToInt(((float)ABGameMode->GetScore() *
0.8f));
            int32 FinalLevel = FMath::Clamp<int32>(TargetLevel, 1, 20);
            ABLOG(Warning, TEXT("New NPC Level : %d"), FinalLevel);
            CharacterStat->SetNewLevel(FinalLevel);
        }

    ...
```

게임 실행 중에 게임 모드의 포인터를 가져올 때는 월드의 GetAuthGameMode라는 함수를 사용한다. 멀티 플레이 게임에서 게임 모드는 게임을 관리하는 방장 역할을 하며 게임에서 중요한 데이터를 인증하는 권한을 가진다.

위의 로직을 적용하면 섹션을 통과하면서 점점 적이 강해진다.

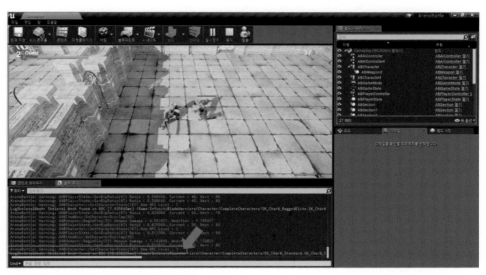

그림 15-7 레벨 3의 NPC가 생성된 결과 화면

타이틀 화면의 제작

게임플레이를 모두 완성하면 완전한 게임 제작을 위해 게임 타이틀 화면을 추가해본다.

관련 UI 애셋은 이 책과 함께 제공되는 예제 코드 파일의 **Resource ❯ Chapter15 ❯ Book ❯ UI**에서 찾을 수 있다. 윈도우 탐색기를 열고 UI_Title.uasset 파일을 프로젝트의 **Content ❯ Book ❯ UI** 폴더에 복사한다. 타이틀 UI 애셋을 복사한 결과는 다음과 같다.

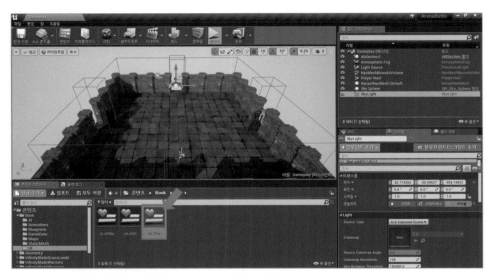

그림 15-8 타이틀에 사용할 UI 애셋을 프로젝트에 복사한 결과 화면

그러고 나서 **파일 > 새 레벨...** 메뉴를 선택한 후 이어지는 다이얼로그에서 **공백 레벨** 템플
릿을 선택한다.

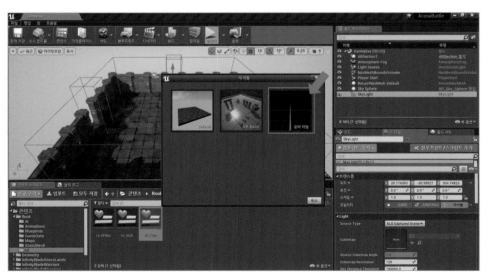

그림 15-9 공백 레벨 템플릿의 선택

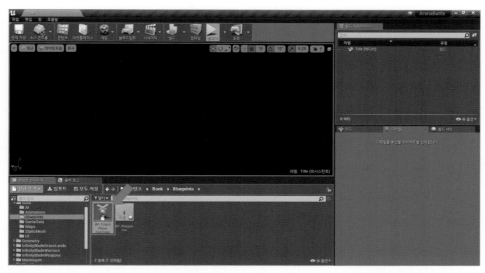

그림 15-13 블루프린트 애셋이 생성된 결과 화면

생성된 플레이어 컨트롤러 블루프린트를 더블 클릭한 후 오른쪽 상단의 UIWidget Class 속성을 클릭해 복사해 넣은 UI 애셋인 UI_Title을 지정한다.

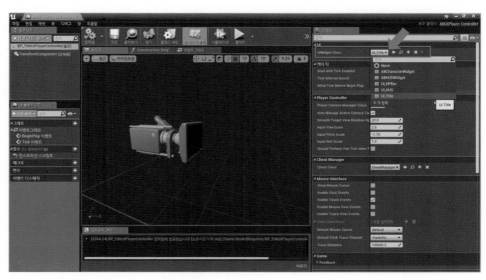

그림 15-14 플레이어 컨트롤러에서 띄울 UI 위젯의 지정

플레이어 컨트롤러의 세팅이 끝나면 이 플레이어 컨트롤러를 띄울 게임 모드를 생성한다. 이번에 UI에 사용할 게임 모드는 C++가 아닌 블루프린트를 사용해 간편하게 생성해본다. 동일한 폴더에서 **신규 추가 ❯ 블루프린트 클래스** 메뉴를 누르고 Game Mode Base를 선택한다.

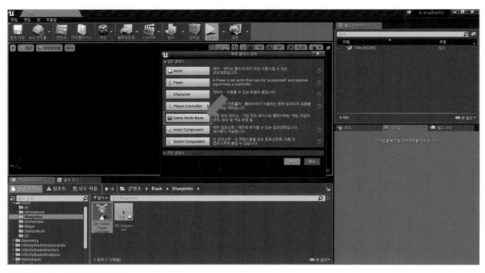

그림 15-15 게임 모드의 생성

생성된 게임 모드 블루프린트의 이름은 BP_TitleGameMode로 정한다.

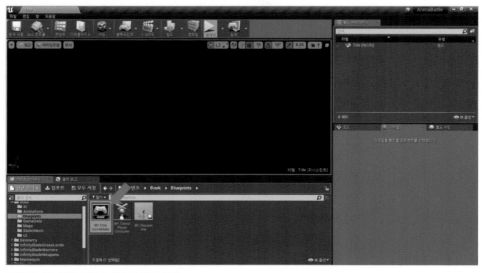

그림 15-16 게임 모드가 생성된 결과 화면

게임 모드를 더블 클릭한 후 Default Pawn Class의 정보를 아무 기능이 없는 Pawn으로 지정하고 Player Controller Class의 정보를 방금 생성한 BP_TitleUIPlayerController로 설정한다.

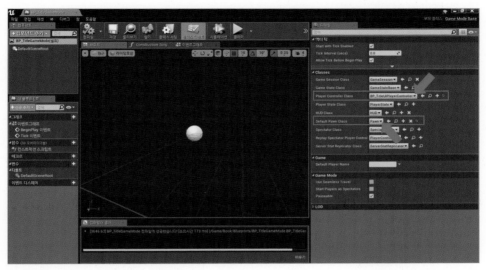

그림 15-17 게임 모드의 기본 속성 설정

게임 모드의 툴바에서 **저장** 버튼을 눌러 변경 내용을 저장한 후 툴바의 **세팅 〉 월드 세팅** 메뉴를 누르고 **월드 세팅** 탭의 Game Mode에서 블루프린트로 생성한 게임 모드를 선택한다. **월드 세팅**을 사용하면 해당 월드의 게임 모드를 다른 게임 모드로 변경할 수 있다.

그림 15-18 레벨의 기본 게임 모드 지정

플레이 버튼을 누르면, 다음과 같이 타이틀 UI가 화면에 뜬다.

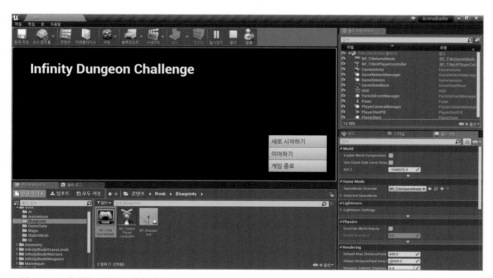

그림 15-19 타이틀 UI가 뜬 결과 화면

UI 애셋 내에는 미리 만들어둔 블루프린트 로직이 있으므로 **새로 시작하기** 버튼을 누르면 캐릭터 선택을 위한 Select 레벨로 이동하고, **이어하기** 버튼을 누르면 Gameplay 레벨로 이동한다. 또한 Player1이라는 슬롯의 게임 데이터가 없으면, **이어하기** 버튼은 누를 수 없게 비활성화되는 로직도 넣어됐다. 타이틀 UI의 블루프린트 로직은 다음과 같다.

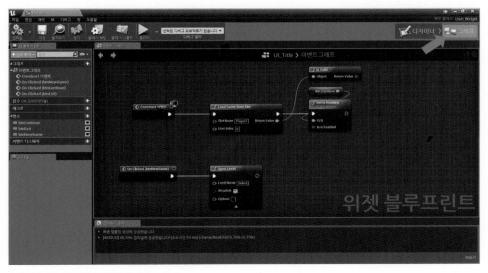

그림 15-20 타이틀 UI의 블루프린트 로직

아직 Select라는 레벨이 없어서 **새로 시작하기** 버튼을 누르면 오류가 발생한다. 이번에는 캐릭터 선택을 담당하는 레벨인 Select 레벨을 제작해본다.

이전과 동일하게 UI 애셋을 예제로부터 복사해와야 한다. 윈도우 탐색기를 열고 이 책과 함께 제공되는 예제 코드 파일의 Resource ❯ Chapter15 ❯ Book ❯ UI 폴더로 들어가 UI_Select.uasset 파일을 프로젝트의 Content ❯ Book ❯ UI 폴더에 복사한다. 복사한 결과는 다음과 같다.

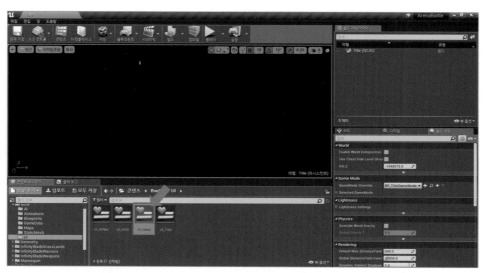

그림 15-21 UI 애셋을 프로젝트에 복사한 결과

UI 애셋의 복사가 완료되면 윈도우 탐색기로 이동해 추가로 Resource ❯ Chapter15 ❯ Maps 폴더에 있는 Select.umap 레벨 파일을 Content ❯ Book ❯ Maps 폴더로 복사한다. 복사한 결과는 다음과 같다.

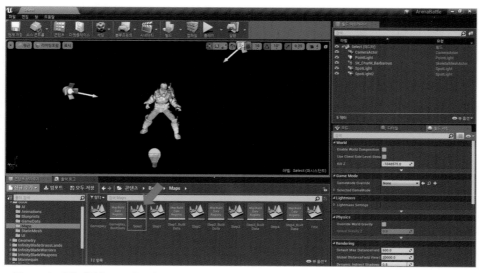

그림 15-22 레벨 파일을 프로젝트에 복사한 결과

Select 레벨을 로딩하고 **플레이** 버튼을 누르면 화면 중앙에 캐릭터가 보이는 것을 확인할 수 있다. 이제 Book > Blueprints 폴더로 이동해 `BP_TitleUIPlayerController`를 생성할 때와 동일한 방법으로 `ABUIPlayerController`를 상속받은 `BP_SelectUIPlayerController` 블루프린트를 생성하고 UIWidget Class 속성을 방금 복사해온 UI_Select로 지정한다.

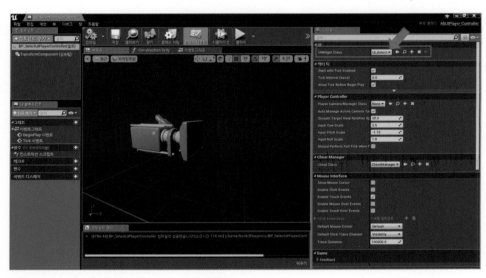

그림 15-23 BP_SelectUIPlayerController의 속성 설정

그리고 `BP_SelectGameMode`라는 게임 모드를 생성하고 `PlayerController` 클래스와 `DefaultPawnClass`를 각각 `BP_SelectUIPlayerController`와 Pawn으로 지정한다.

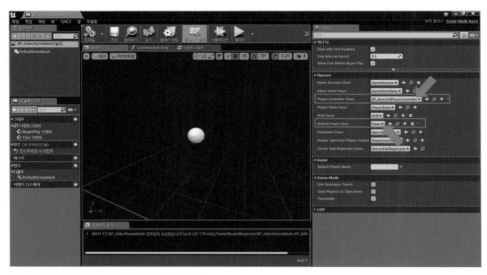

그림 15-24 Select 게임 모드의 기본 속성 지정

이제 **월드 세팅**에서 BP_SelectGameMode를 기본 게임 모드로 지정해주면 캐릭터 양옆으로 버튼이 보인다.

그림 15-25 UI와 함께 레벨을 로딩한 결과 화면

UI 로딩을 완료하면 이번에는 C++로 각 버튼의 로직을 구현해본다.

파일 ▶ 새로운 C++ 클래스... 메뉴를 선택하고 UserWidget을 기반으로 하는 ABCharacterSelectWidget 클래스를 생성한다. 이 클래스에는 현재 레벨에 있는 스켈레탈 메시 액터의 목록을 가져오고 버튼을 누를 때마다 스켈레탈 메시 컴포넌트에 지정한 스켈레탈 메시를 변경하는 기능을 구현해준다. 현재 월드에 있는 특정 타입을 상속받은 액터의 목록은 TActorIterator<액터 타입> 구문을 사용해 가져올 수 있으며, 해당 로직을 구현한 결과는 다음과 같다.

코드 15-22 ABCharacterSelectWidget.h

```
// Fill out your copyright notice in the Description page of Project Settings.

#pragma once

#include "ArenaBattle.h"
#include "Blueprint/UserWidget.h"
#include "ABCharacterSelectWidget.generated.h"

/**
 *
 */
UCLASS()
class ARENABATTLE_API UABCharacterSelectWidget : public UUserWidget
{
    GENERATED_BODY()

protected:
    UFUNCTION(BlueprintCallable)
    void NextCharacter(bool bForward = true);

    virtual void NativeConstruct() override;

protected:
    UPROPERTY(EditAnywhere, BlueprintReadWrite, Category = Character)
    int32 CurrentIndex;

    UPROPERTY(EditAnywhere, BlueprintReadWrite, Category = Character)
```

```
    int32 MaxIndex;

    TWeakObjectPtr<USkeletalMeshComponent> TargetComponent;
};
```

코드 15-23 ABCharacterSelectWidget.cpp

```cpp
// Fill out your copyright notice in the Description page of Project Settings.

#include "ABCharacterSelectWidget.h"
#include "ABCharacterSetting.h"
#include "ABGameInstance.h"
#include "EngineUtils.h"
#include "Animation/SkeletalMeshActor.h"

void UABCharacterSelectWidget::NextCharacter(bool bForward)
{
    bForward ? CurrentIndex++ : CurrentIndex--;

    if (CurrentIndex == -1) CurrentIndex = MaxIndex - 1;
    if (CurrentIndex == MaxIndex) CurrentIndex = 0;

    auto CharacterSetting = GetDefault<UABCharacterSetting>();
    auto AssetRef = CharacterSetting->CharacterAssets[CurrentIndex];

    auto ABGameInstance = GetWorld()->GetGameInstance<UABGameInstance>();
    ABCHECK(nullptr != ABGameInstance);
    ABCHECK(TargetComponent.IsValid());

    USkeletalMesh* Asset = ABGameInstance->StreamableManager.LoadSynchronous<USke
letalMesh>(AssetRef);
    if (nullptr != Asset)
    {
        TargetComponent->SetSkeletalMesh(Asset);
    }
}

void UABCharacterSelectWidget::NativeConstruct()
{
```

그림 15-27 캐릭터 변경 기능의 테스트

현재 선택한 캐릭터가 게임플레이에서도 동일하게 나오도록 하려면, 현재 선택한 캐릭터 정보를 저장하고 게임플레이 레벨에서 이를 로딩하는 기능을 만들어야 한다.

캐릭터 생성 버튼을 누르면 현재 선택한 캐릭터 정보를 세이브 데이터에 저장하고 이를 읽어들이는 기능을 구현한 코드는 다음과 같다.

코드 15-26 ABSaveGame.h

```
...

UCLASS()
class ARENABATTLE_API UABSaveGame : public USaveGame
{
    GENERATED_BODY()

public:
    ...

    UPROPERTY()
    int32 CharacterIndex;
};
```

코드 15-27 ABSaveGame.cpp

```
...
UABSaveGame::UABSaveGame()
{
    ...
    CharacterIndex = 0;
}
```

코드 15-28 ABCharacterSelectWidget.cpp

```
...

void UABCharacterSelectWidget::OnConfirmClicked()
{
    ...

    UABSaveGame* NewPlayerData = NewObject<UABSaveGame>();
    NewPlayerData->PlayerName = CharacterName;
    NewPlayerData->Level = 1;
    NewPlayerData->Exp = 0;
    NewPlayerData->HighScore = 0;
    NewPlayerData->CharacterIndex = CurrentIndex;

    ...
}
```

코드 15-29 ABPlayerState.h

```
...

UCLASS()
class ARENABATTLE_API AABPlayerState : public APlayerState
{
    GENERATED_BODY()

public:
    AABPlayerState();
```

```
    int32 GetGameScore() const;
    int32 GetGameHighScore() const;
    int32 GetCharacterLevel() const;
    int32 GetCharacterIndex() const;

    ...

protected

    ...

    UPROPERTY(Transient)
    int32 CharacterIndex;

};
```

코드 15-30 ABPlayerState.cpp

```
...

AABPlayerState::AABPlayerState()
{
    ...
    CharacterIndex = 0;
}

...

int32 AABPlayerState::GetCharacterIndex() const
{
    return CharacterIndex;
}

void AABPlayerState::InitPlayerData()
{
    auto ABSaveGame = Cast<UABSaveGame>(UGameplayStatics::LoadGameFromSlot(SaveSl
otName, 0));
    if (nullptr == ABSaveGame)
    {
```

```
        ABSaveGame = GetMutableDefault<UABSaveGame>( );
    }

    SetPlayerName(ABSaveGame->PlayerName);
    SetCharacterLevel(ABSaveGame->Level);
    GameScore = 0;
    GameHighScore = ABSaveGame->HighScore;
    Exp = ABSaveGame->Exp;
    CharacterIndex = ABSaveGame->CharacterIndex;
    SavePlayerData( );
}

void AABPlayerState::SavePlayerData( )
{
    UABSaveGame* NewPlayerData = NewObject<UABSaveGame>( );
    NewPlayerData->PlayerName = GetPlayerName( );
    NewPlayerData->Level = CharacterLevel;
    NewPlayerData->Exp = Exp;
    NewPlayerData->HighScore = GameHighScore;
    NewPlayerData->CharacterIndex = CharacterIndex;

    if (!UGameplayStatics::SaveGameToSlot(NewPlayerData, SaveSlotName, 0))
    {
        ABLOG(Error, TEXT("SaveGame Error!"));
    }
}

...
```

코드 15-31 ABCharacter.cpp

```
void AABCharacter::BeginPlay( )
{
    Super::BeginPlay( );

    ...

    auto DefaultSetting = GetDefault<UABCharacterSetting>( );
```

```
    if (bIsPlayer)
    {
        auto ABPlayerState = Cast<AABPlayerState>(PlayerState);
        ABCHECK(nullptr != ABPlayerState);
        AssetIndex = ABPlayerState->GetCharacterIndex();
    }
    else
    {
        AssetIndex = FMath::RandRange(0, DefaultSetting->CharacterAssets.Num() -
1);
    }

    ...

}
```

그림 15-28 새로운 캐릭터로 게임을 시작한 결과 화면

시작 UI의 기능을 모두 완성했으므로 **프로젝트 세팅**으로 가서 Title 레벨을 기본 레벨로
설정한다.

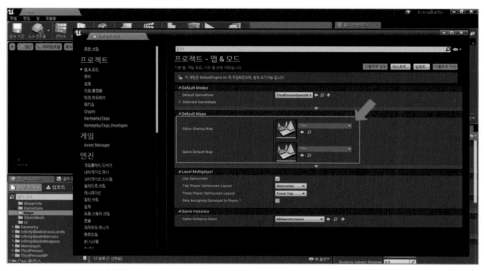

그림 15-29 프로젝트 설정의 기본 레벨 지정

게임의 중지와 결과 화면

이번에는 게임플레이 레벨에 게임을 잠시 중지하는 UI와 게임 결과를 띄우는 UI를 추가해본다. **콘텐츠 브라우저**에서 Gameplay 레벨을 더블 클릭해 게임플레이 레벨을 불러들인다.

윈도우 탐색기를 열고 이 책과 함께 제공되는 예제 코드 파일의 Resource ❯ Chapter15 ❯ UI 폴더로 가서 내가 미리 만들어둔 UI_Menu.uasset 파일과 UI_Result.uasset 파일을 프로젝트의 Content ❯ Book ❯ UI 폴더에 복사한다. 복사한 결과는 다음과 같다.

이제 UI 위젯을 초기화하는 시점에서 발생하는 NativeConstruct 함수에서 이름으로 버튼을 찾고, 해당 이름의 버튼이 존재하면 바인딩하도록 로직을 구현한다.

코드 15-34 ABGameplayWidget.h

```cpp
// Fill out your copyright notice in the Description page of Project Settings.

#pragma once

#include "ArenaBattle.h"
#include "Blueprint/UserWidget.h"
#include "ABGameplayWidget.generated.h"

/**
 *
 */
UCLASS()
class ARENABATTLE_API UABGameplayWidget : public UUserWidget
{
    GENERATED_BODY()

protected:
    virtual void NativeConstruct() override;

    UFUNCTION()
    void OnResumeClicked();

    UFUNCTION()
    void OnReturnToTitleClicked();

    UFUNCTION()
    void OnRetryGameClicked();

protected:
    UPROPERTY()
    class UButton* ResumeButton;

    UPROPERTY()
    class UButton* ReturnToTitleButton;
```

```
    UPROPERTY()
    class UButton* RetryGameButton;
};
```

코드 15-35 ABGameplayWidget.cpp

```cpp
// Fill out your copyright notice in the Description page of Project Settings.

#include "ABGameplayWidget.h"
#include "Components/Button.h"

void UABGameplayWidget::NativeConstruct()
{
    Super::NativeConstruct();

    ResumeButton = Cast<UButton>(GetWidgetFromName(TEXT("btnResume")));
    if (nullptr != ResumeButton)
    {
        ResumeButton->OnClicked.AddDynamic(this, &UABGameplayWidget::OnResumeClicked);
    }

    ReturnToTitleButton = Cast<UButton>(GetWidgetFromName(TEXT("btnReturnToTitle")));
    if (nullptr != ReturnToTitleButton)
    {
        ReturnToTitleButton->OnClicked.AddDynamic(this, &UABGameplayWidget::OnReturnToTitleClicked);
    }

    RetryGameButton = Cast<UButton>(GetWidgetFromName(TEXT("btnRetryGame")));
    if (nullptr != RetryGameButton)
    {
        RetryGameButton->OnClicked.AddDynamic(this, &UABGameplayWidget::OnRetryGameClicked);
    }
}

void UABGameplayWidget::OnResumeClicked()
```

```
{
}

void UABGameplayWidget::OnReturnToTitleClicked()
{
}

void UABGameplayWidget::OnRetryGameClicked()
{
}
```

위젯의 기본 뼈대가 완성됐다면 M 버튼을 눌렀을 때 메뉴 UI가 나타나도록 기능을 추가한다. 메뉴 UI가 나오면 고려할 사항들은 다음과 같다.

1. 게임플레이의 중지

2. 버튼을 클릭할 수 있도록 마우스 커서를 보여주기

3. 입력이 게임에 전달되지 않고 UI에만 전달되도록 제어

플레이어 컨트롤러의 SetPause 함수를 사용하면 플레이를 일시 중지할 수 있다. 마우스 커서는 플레이어 컨트롤러의 bShowMouseCursor 속성을 true로 설정하면 보이며, UI에만 입력을 전달하도록 SetInputMode 함수에 FInputModeUIOnly 클래스를 인자로 넣어준다. 관련 기능은 앞으로도 재사용할 예정이므로 이 기능을 묶은 함수를 별도로 제작한다.

코드 15-36 ABPlayerController.h

```
...
UCLASS()
class ARENABATTLE_API AABPlayerController : public APlayerController
{
    GENERATED_BODY()

public:
    AABPlayerController();

    ...
```

```cpp
    void ChangeInputMode(bool bGameMode = true);

protected:
    ...

    UPROPERTY(EditDefaultsOnly, BlueprintReadWrite, Category = UI)
    TSubclassOf<class UABGameplayWidget> MenuWidgetClass;

private:
    void OnGamePause();

    ...

    UPROPERTY()
    class UABGameplayWidget* MenuWidget;

    FInputModeGameOnly GameInputMode;
    FInputModeUIOnly UIInputMode;
};
```

코드 15-37 ABPlayerController.cpp

```cpp
...
#include "ABGameplayWidget.h"

AABPlayerController::AABPlayerController()
{
    ...

    static ConstructorHelpers::FClassFinder<UABGameplayWidget> UI_MENU_C(TEXT("/
Game/Book/UI/UI_Menu.UI_Menu_C"));
    if (UI_MENU_C.Succeeded())
    {
        MenuWidgetClass = UI_MENU_C.Class;
    }
}

void AABPlayerController::BeginPlay()
{
    Super::BeginPlay();
```

```cpp
    ChangeInputMode(true);

    HUDWidget = CreateWidget<UABHUDWidget>(this, HUDWidgetClass);
    ABCHECK(nullptr != HUDWidget);
    HUDWidget->AddToViewport(1);

    ABPlayerState = Cast<AABPlayerState>(PlayerState);
    ABCHECK(nullptr != ABPlayerState);
    HUDWidget->BindPlayerState(ABPlayerState);
    ABPlayerState->OnPlayerStateChanged.Broadcast();
}

...

void AABPlayerController::ChangeInputMode(bool bGameMode)
{
    if (bGameMode)
    {
        SetInputMode(GameInputMode);
        bShowMouseCursor = false;
    }
    else
    {
        SetInputMode(UIInputMode);
        bShowMouseCursor = true;
    }
}

...

void AABPlayerController::OnGamePause()
{
    MenuWidget = CreateWidget<UABGameplayWidget>(this, MenuWidgetClass);
    ABCHECK(nullptr != MenuWidget);
    MenuWidget->AddToViewport(3);

    SetPause(true);
    ChangeInputMode(false);
}
```

M 버튼을 눌러 메뉴 UI를 띄운 결과 화면은 다음과 같다.

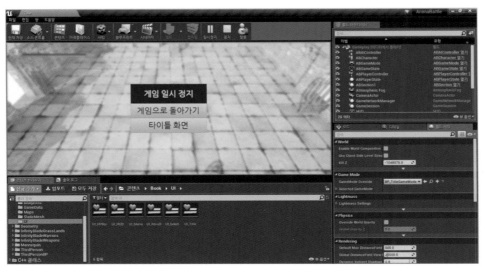

그림 15-34 메뉴 UI를 띄운 결과 화면

이번에는 메뉴의 버튼을 눌렀을 때의 행동을 구현한다. UI 시스템은 RemoveFromParent 함수를 사용해 현재 뷰포트에 띄워진 자신을 제거할 수 있다. UI는 GetOwningPlayer 함수를 사용해 현재 자신을 생성하고 관리하는 플레이어 컨트롤러의 정보를 가져올 수 있다. 이를 사용해 입력과 게임의 진행을 원래대로 되돌려놓는다.

코드 15-38 ABGameplayWidget.cpp

```cpp
#include "ABGameplayWidget.h"
#include "Components/Button.h"
#include "ABPlayerController.h"

...

void UABGameplayWidget::OnResumeClicked()
{
    auto ABPlayerController = Cast<AABPlayerController>(GetOwningPlayer());
    ABCHECK(nullptr != ABPlayerController);

    RemoveFromParent();
```

```
    ABPlayerController->ChangeInputMode(true);
    ABPlayerController->SetPause(false);
}

void UABGameplayWidget::OnReturnToTitleClicked()
{
    UGameplayStatics::OpenLevel(GetWorld(), TEXT("Title"));
}

void UABGameplayWidget::OnRetryGameClicked()
{
}
```

게임으로 돌아가기 버튼을 눌러 원래 게임플레이 상황으로 돌아가는지 확인한다.

메뉴 기능이 정상적으로 동작한다면, 이어서 결과 UI를 표시하는 기능을 구현해본다.

결과 화면 UI를 표시하기 위해 앞서 제작한 `ABGameplayWidget`을 상속받은 `ABGameplayResultWidget`이라는 새로운 클래스를 생성한다.

그림 15-35 결과 UI를 위한 클래스 생성

해당 UI에는 게임을 다시 시작하는 btnRetryGame 버튼과 결과를 보여주는 txtResult 텍스트블록, 그리고 획득한 점수를 보여주는 txtTotalScore라는 세 개의 위젯 컨트롤이 있으며, 앞서 btnRetryGame 버튼의 행동은 부모 클래스인 ABGameplayWidget에서 처리하도록 설계했다.

코드 15-39 ABGameplayResultWidget.h

```cpp
// Fill out your copyright notice in the Description page of Project Settings.

#pragma once

#include "ArenaBattle.h"
#include "ABGameplayWidget.h"
#include "ABGameplayResultWidget.generated.h"

/**
 *
 */
UCLASS()
class ARENABATTLE_API UABGameplayResultWidget : public UABGameplayWidget
{
    GENERATED_BODY()

protected:
    virtual void NativeConstruct() override;
};
```

코드 15-40 ABGameplayResultWidget.cpp

```cpp
// Fill out your copyright notice in the Description page of Project Settings.

#include "ABGameplayResultWidget.h"
#include "Components/TextBlock.h"

void UABGameplayResultWidget::NativeConstruct()
{
    Super::NativeConstruct();
```

```
    auto Result = Cast<UTextBlock>(GetWidgetFromName(TEXT("txtResult")));
    ABCHECK(nullptr != Result);

    auto TotalScore = Cast<UTextBlock>(GetWidgetFromName(TEXT("txtTotalScore")));
    ABCHECK(nullptr != TotalScore);
}
```

ABGameplayResultWidget 클래스를 구현하고, 이를 UI_Result 애셋의 부모 클래스로 설정한다.

그림 15-36 결과 UI 애셋의 부모 클래스 설정 변경

결과 UI는 게임이 종료되면 마지막으로 한 번만 띄워진다. UI의 인스턴스는 시작할 때 미리 만들어뒀다가 게임이 종료될 때 만들어진 인스턴스를 뷰포트에 띄우도록 로직을 구성했다.

코드 15-41 ABPlayerController.h

```
...
UCLASS()
class ARENABATTLE_API AABPlayerController : public APlayerController
{
```

```
    GENERATED_BODY()

public:
    ...
    void ShowResultUI();

protected:
    ...

    UPROPERTY(EditDefaultsOnly, BlueprintReadWrite, Category = UI)
    TSubclassOf<class UABGameplayResultWidget> ResultWidgetClass;

private:
    ...

    UPROPERTY()
    class UABGameplayResultWidget* ResultWidget;


    ...
};
```

코드 15-42 ABPlayerController.cpp

```
#include "ABPlayerController.h"
#include "ABHUDWidget.h"
#include "ABPlayerState.h"
#include "ABCharacter.h"
#include "ABGameplayWidget.h"
#include "ABGameplayResultWidget.h"

AABPlayerController::AABPlayerController()
{
    ...

    static ConstructorHelpers::FClassFinder<UABGameplayResultWidget> UI_RESULT_
C(TEXT("/Game/Book/UI/UI_Result.UI_Result_C"));
    if (UI_RESULT_C.Succeeded())
    {
        ResultWidgetClass = UI_RESULT_C.Class;
```

```
        }
    }

    void AABPlayerController::BeginPlay()
    {
        Super::BeginPlay();

        ChangeInputMode(true);

        HUDWidget = CreateWidget<UABHUDWidget>(this, HUDWidgetClass);
        ABCHECK(nullptr != HUDWidget);
        HUDWidget->AddToViewport();

        ResultWidget = CreateWidget<UABGameplayResultWidget>(this,
    ResultWidgetClass);
        ABCHECK(nullptr != ResultWidget);

        ...
    }

    ...

    void AABPlayerController::ShowResultUI()
    {
        ResultWidget->AddToViewport();
        ChangeInputMode(false);
    }

    ...
```

UI 관련 기능을 구현하고 나면, 이번에는 게임플레이가 종료되는 시점을 지정해야 한다.

게임플레이가 종료되는 시점은 두 가지로, 플레이어가 죽을 때와 목표를 달성했을 때다. 전자는 게임의 미션을 클리어하지 못한 상황이고, 후자는 게임의 미션이 클리어된 상황을 의미한다.

게임의 미션은 테스트하기 편하도록 우선 두 개의 섹션을 COMPLETE 스테이트로 만들면 달성하는 것으로 정해보자.

게임의 미션을 달성했는지 여부는 게임의 정보이므로 GameState에 bGameCleared라는 속성을 추가한다. 그리고 GameMode에서 게임의 미션이 달성되면 현재 게임에서 동작하는 모든 폰을 멈추고 bGameCleared 속성을 true로 설정하는 기능을 구현한다. 그리고 미션을 달성하거나 플레이어가 죽으면 플레이어 컨트롤러의 ShowResultUI 함수를 호출해 결과 UI를 띄운다.

코드 15-43 ABGameState.h

```
...

UCLASS()
class ARENABATTLE_API AABGameState : public AGameStateBase
{
    GENERATED_BODY()

public:
    AABGameState();

public:
    ...
    void SetGameCleared();
    bool IsGameCleared() const;

private:
    ...

    UPROPERTY(Transient)
    bool bGameCleared;
};
```

코드 15-44 ABGameState.cpp

```
#include "ABGameState.h"

AABGameState::AABGameState()
{
```

```
        TotalGameScore = 0;
        bGameCleared = false;
}

...

void AABGameState::SetGameCleared()
{
        bGameCleared = true;
}

bool AABGameState::IsGameCleared() const
{
        return bGameCleared;
}
```

코드 15-45 ABGameMode.h

```
...
UCLASS()
class ARENABATTLE_API AABGameMode : public AGameModeBase
{
        GENERATED_BODY()

public:
        AABGameMode();
        ...

private:
        ...

        UPROPERTY()
        int32 ScoreToClear;
};
```

코드 15-46 ABGameMode.cpp

```cpp
// Fill out your copyright notice in the Description page of Project Settings.

#include "ABGameMode.h"
#include "ABCharacter.h"
#include "ABPlayerController.h"
#include "ABPlayerState.h"
#include "ABGameState.h"

AABGameMode::AABGameMode()
{
    ...
    ScoreToClear = 2;
}

...

void AABGameMode::AddScore(AABPlayerController* ScoredPlayer)
{
    for (FConstPlayerControllerIterator It = GetWorld()-
>GetPlayerControllerIterator(); It; ++It)
    {
        const auto ABPlayerController = Cast<AABPlayerController>(It->Get());
        if ((nullptr != ABPlayerController) && (ScoredPlayer ==
ABPlayerController))
        {
            ABPlayerController->AddGameScore();
            break;
        }
    }

    ABGameState->AddGameScore();

    if (GetScore() >= ScoreToClear)
    {
        ABGameState->SetGameCleared();

        for (FConstPawnIterator It = GetWorld()->GetPawnIterator(); It; ++It)
        {
            (*It)->TurnOff();
```

```
        }

        for (FConstPlayerControllerIterator It = GetWorld()-
>GetPlayerControllerIterator(); It; ++It)
        {
            const auto ABPlayerController = Cast<AABPlayerController>(It->Get());
            if (nullptr != ABPlayerController)
            {
                ABPlayerController->ShowResultUI();
            }
        }
    }
}

...
```

코드 15-47 ABCharacter.cpp

```
...

void AABCharacter::SetCharacterState(ECharacterState NewState)
{
    ...
    case ECharacterState::DEAD:
    {
        ...

        GetWorld()->GetTimerManager().SetTimer(DeadTimerHandle, FTimerDelegate::C
reateLambda([this]() -> void {

            GetWorld()->GetTimerManager().ClearTimer(DeadTimerHandle);

            if (bIsPlayer)
            {
                ABPlayerController->ShowResultUI();
            }
            else
            {
                Destroy();
```

```
            }

        }), DeadTimer, false);

        break;
    }
}
```

...

UI 위젯의 `NativeConstruct` 함수는 `AddToViewport` 함수가 외부에서 호출될 때 UI 위젯이 초기화되면서 호출된다는 특징을 가진다.

그래서 플레이어 컨트롤러의 `ShowResultUI` 함수에서 `AddToViewport` 함수를 호출하기 전에 미리 UI 위젯이 게임스테이트의 정보를 읽어들일 수 있도록 바인딩을 설정하고 `ABGameplayWidget` 클래스에서 아직 구현하지 못한 `btnRetryGame` 버튼의 기능을 구현해 마무리한다.

코드 15-48 ABGameplayResultWidget.h

```cpp
...
UCLASS()
class ARENABATTLE_API UABGameplayResultWidget : public UABGameplayWidget
{
    GENERATED_BODY()

public:
    void BindGameState(class AABGameState* GameState);

protected:
    virtual void NativeConstruct() override;

private:
    TWeakObjectPtr<class AABGameState> CurrentGameState;
};
```

코드 15-49 ABGameplayResultWidget.cpp

```
...
#include "ABGameState.h"

void UABGameplayResultWidget::BindGameState(AABGameState * GameState)
{
    ABCHECK(nullptr != GameState);
    CurrentGameState = GameState;
}

void UABGameplayResultWidget::NativeConstruct()
{
    Super::NativeConstruct();

    ABCHECK(CurrentGameState.IsValid());

    auto Result = Cast<UTextBlock>(GetWidgetFromName(TEXT("txtResult")));
    ABCHECK(nullptr != Result);
    Result->SetText(FText::FromString(CurrentGameState->IsGameCleared() ?
TEXT("Mission Complete") : TEXT("Mission Failed")));

    auto TotalScore = Cast<UTextBlock>(GetWidgetFromName(TEXT("txtTotalScore")));
    ABCHECK(nullptr != TotalScore);
    TotalScore->SetText(FText::FromString(FString::FromInt(CurrentGameState-
>GetTotalGameScore())));
}
```

코드 15-50 ABGameplayWidget.cpp

```
...

void UABGameplayWidget::OnRetryGameClicked()
{
    auto ABPlayerController = Cast<AABPlayerController>(GetOwningPlayer());
    ABCHECK(nullptr != ABPlayerController);
    ABPlayerController->RestartLevel();
}
```

코드 15-51 ABPlayerController.cpp

```
...
#include "ABGameState.h"

...

void AABPlayerController::ShowResultUI()
{
    auto ABGameState = Cast<AABGameState>(UGameplayStatics::GetGameState(this));
    ABCHECK(nullptr != ABGameState);
    ResultWidget->BindGameState(ABGameState);

    ResultWidget->AddToViewport();
    ChangeInputMode(false);
}

...
```

이제 플레이어가 죽거나 클리어 조건을 만족하면 다음 그림과 같이 결과 UI가 뜬다.

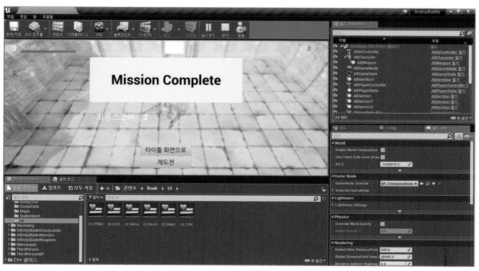

그림 15-37 최종 결과 UI가 나온 화면

테스트가 완료되면 ABGameMode의 ScoreToClear 변수 값을 조정해 난이도를 높여주는 것으로 이 책의 모든 예제를 마무리한다.

A 유용한 비주얼 스튜디오 2017 단축키 모음

여기서는 효율적인 언리얼 엔진 프로그래밍에 유용한 비주얼 스튜디오의 단축키들을 정리해봤다. 다음 단축키들은 무료로 사용할 수 있는 Visual Studio 2017 커뮤니티 에디션에서 동작한다.

코드 작업에 유용한 단축키

기능	단축키	설명
한 줄 없애기	Ctrl + L	커서가 위치한 라인을 삭제한다.
지정한 라인으로 이동하기	Ctrl + G	지정한 라인으로 이동한다.
괄호 짝 찾기	Ctrl +]	해당 괄호와 맞는 짝의 위치를 보여준다.

코드 분석에 유용한 단축키

기능	단축키	설명
정의로 이동	F12	지정한 클래스를 선언한 헤더 파일을 보여준다.
헤더와 정의 파일 간의 이동	Ctrl + K 입력 후 Ctrl + O	헤더 파일을 참조하는 정의 파일을 연다. 정의 파일에서는 반대로 동작한다.
뒤로 탐색	Ctrl + −	이전에 작업한 코드의 위치로 이동한다.
앞으로 탐색	Ctrl + Shift + −	이후에 작업한 코드의 위치로 이동한다.

(이어짐)

기능	단축키	설명
파일에서 찾기	Ctrl + Shift + F	지정한 파일 목록에서 해당 키워드를 검색한다. 방대한 언리얼 소스를 빠르게 분석할 때 유용하다.
모든 참조 보여주기	Shift + F12	선택한 변수 혹은 함수를 참조하는 목록을 보여준다.
전체로 이동	Ctrl + T 혹은 Ctrl + ,	입력한 키워드를 사용하는 구문을 보여준다.

코드 정리에 유용한 단축키

기능	단축키	설명
함수의 정의 구문 생성	함수 선언에 Ctrl + . 입력 후 선언/정의 만들기 메뉴 선택	선언한 멤버 함수에 대응하는 구현 코드를 정의 파일에 생성하고 보여준다. 함수 인자가 많은 경우 편리하지만 생성자와 같은 일부 구문에서는 잘 동작하지 않는다.
개요 확장 축소	Ctrl + M 입력 후 Ctrl + M	현재 커서 위치를 기준으로 코드를 접는다. 한 번 더 누르면 펼쳐준다.
이름 바꾸기	Ctrl + R 입력 후 Ctrl + R	지정한 변수나 함수의 이름을 일괄 변경한다.

편리한 에디터 기능

기능	단축키	설명
솔루션 빌드	Ctrl + Shift + B	빌드 명령을 실행한다.
에디터에 열려 있는 파일 간 이동	Ctrl + Alt + PgDn/PgUp	에디터에 열려 있는 파일을 이동한다.
전체 화면	Shift + Alt + Enter	작업 공간을 전체 화면으로 확대하거나 원래대로 돌아온다.

B 비주얼 로거의 활용

소프트웨어 개발 과정에서 로그를 효과적으로 남기고 이를 분석하는 시스템을 구축하는 것은 개발 생산성을 크게 높여준다. 하지만 게임의 경우, 3D 그래픽 환경에서 콘텐츠를 구동하다 보니 텍스트 기록만으로 게임의 진행 상황을 파악하기에는 한계가 있다.

언리얼 엔진은 텍스트 기반 로그의 한계를 극복하기 위해 비주얼 로거Visual Logger 기능을 제공한다. 비주얼 로거를 사용하면, 이전 플레이의 진행 상황을 시각적으로 확인할 수 있으므로 게임 진행에서 문제점을 바로 파악하는 데 큰 도움이 된다.

이번 예제에서는 비주얼 로거를 사용해 플레이어가 공격한 지점과 공격한 범위의 흔적을 시각적으로 표현하는 기능을 구현해본다.

비주얼 로거는 창 〉 개발자 툴 〉 비주얼 로거 메뉴를 눌러 띄울 수 있다. 비주얼 로거 윈도우는 뷰포트와 함께 볼 수 있도록 다음과 같이 콘텐츠 브라우저가 있는 섹션에 부착하는 것을 권장한다.

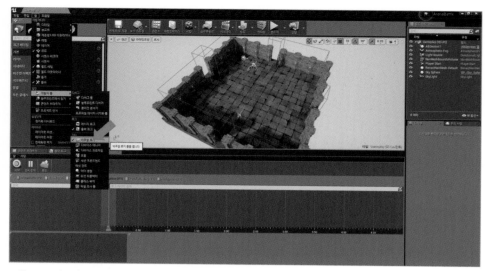

그림 B-1 비주얼 로거 윈도우

비주얼 로거에서 사용하는 로그는 UE_VLOG로 시작하는 매크로를 사용해 생성할 수 있다. 일반 로그와 비교해서 비주얼 로거가 지닌 특별한 장점이라고 한다면 뷰포트 화면에서 로그 정보를 3D로 시각화해 이를 확인할 수 있다는 것이다.

간단한 예제로 캐릭터가 공격한 위치와 공격 범위를 로그로 저장하고 이를 시각화하는 기능을 구현해본다.

ABCharacter 클래스에서 공격 판정을 수행하는 AttackCheck 함수에 비주얼 로그를 남기는 코드를 추가한다. 캐릭터의 위치는 50cm의 파란 구체로 표현하고, 공격 판정이 성공하면 녹색, 실패하면 붉은색으로 표시한다.

비주얼 로그 기능은 어찌 보면 기존에 구현한 디버그 드로잉 기능과 유사하다고 할 수 있다. 그런데 디버그 드로잉으로 그린 영역을 일시적으로만 보여주고 결과를 보존할 수 없다는 문제가 있다. 반면에 비주얼 로그는 테스트한 결과를 차후에 불러들여 확인할 수 있다는 점에서 유용하게 활용할 수 있다.

코드 B-1 ABCharacter.cpp

```cpp
...
#include "VisualLogger/VisualLogger.h"

...

void AABCharacter::AttackCheck()
{
    float FinalAttackRange = GetFinalAttackRange();

    FHitResult HitResult;
    FCollisionQueryParams Params(NAME_None, false, this);
    bool bResult = GetWorld()->SweepSingleByChannel(
        HitResult,
        GetActorLocation(),
        GetActorLocation() + GetActorForwardVector() * FinalAttackRange,
        FQuat::Identity,
        ECollisionChannel::ECC_GameTraceChannel2,
        FCollisionShape::MakeSphere(AttackRadius),
        Params);

#if ENABLE_DRAW_DEBUG

    FVector TraceVec = GetActorForwardVector() * FinalAttackRange;
    FVector Center = GetActorLocation() + TraceVec * 0.5f;
    float HalfHeight = FinalAttackRange * 0.5f + AttackRadius;
    FQuat CapsuleRot = FRotationMatrix::MakeFromZ(TraceVec).ToQuat();
    FColor DrawColor = bResult ? FColor::Green : FColor::Red;
    float DebugLifeTime = 5.0f;

    DrawDebugCapsule(GetWorld(),
        Center,
        HalfHeight,
        AttackRadius,
        CapsuleRot,
        DrawColor,
        false,
        DebugLifeTime);
```

```
    UE_VLOG_LOCATION(this, ArenaBattle, Verbose, GetActorLocation(), 50.0f,
FColor::Blue, TEXT("Attack Position"));
    UE_VLOG_CAPSULE(this, ArenaBattle, Verbose, GetActorLocation() -
GetActorForwardVector() * AttackRadius, HalfHeight, AttackRadius, CapsuleRot,
DrawColor, TEXT("Attack Area"));

#endif

    if (bResult)
    {
        if (HitResult.Actor.IsValid())
        {
            FDamageEvent DamageEvent;
            HitResult.Actor->TakeDamage(GetFinalAttackDamage(), DamageEvent,
GetController(), this);
        }
    }
}
```

디버그 드로우와 비주얼 로그는 캡슐을 그리는 방식이 서로 다르다. 디버그 드로우에서 사용하는 캡슐 함수의 인자 값은 중심 지점을 전달하지만, 비주얼 로그에서 사용하는 캡슐 함수에는 시작 지점을 전달한다.

해당 코드를 컴파일하고 에디터를 실행하면, 이제부터 우리가 조작하는 캐릭터와 NPC는 공격할 때마다 로그 기록을 남긴다. Gameplay 레벨을 열고 비주얼 로거에서 **시작** 버튼을 눌러 레코딩 기능을 켠 후 툴바에서 **플레이** 버튼을 누른다.

그림 B-2 비주얼 로거의 레코딩

레벨을 돌아다니면서 여러 번 공격 명령을 내린다. 공격 명령을 내릴 때마다 짙은 하늘
색으로 된 로그가 발생하는 것을 확인할 수 있다.

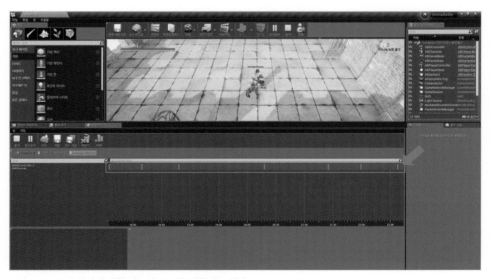

그림 B-3 공격 명령에 대한 비주얼 로그를 기록하는 화면

로그가 발생했다면 **비주얼 로거** 윈도우에서 중지 버튼을 눌러 녹화를 중지하고 게임플레이도 중지한다. 그리고 **비주얼 로거** 윈도우에서 녹화된 영역을 클릭하면 각 비주얼 로그를 뷰포트에서 시각적으로 확인할 수 있다.

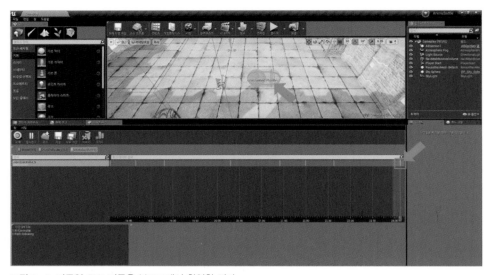

그림 B-4 비주얼 로그 기록을 뷰포트에서 확인한 결과

이 득 우 의 언 리 얼 C++ 게 임 개 발 의 정 석

초판 인쇄 | 2018년 10월 26일
4쇄 발행 | 2022년 8월 19일

지은이 | 이 득 우

펴낸이 | 권 성 준
편집장 | 황 영 주
편 집 | 조 유 나
디자인 | 윤 서 빈

에이콘출판주식회사
서울특별시 양천구 국회대로 287 (목동)
전화 02-2653-7600, 팩스 02-2653-0433
www.acornpub.co.kr / editor@acornpub.co.kr

한국어판 ⓒ 에이콘출판주식회사, 2018, Printed in Korea.
ISBN 979-11-6175-220-4
ISBN 978-89-6077-144-4 (세트)
http://www.acornpub.co.kr/book/unreal-c

이 도서의 국립중앙도서관 출판시도서목록(CIP)은 서지정보유통지원시스템 홈페이지(http://seoji.nl.go.kr)와
국가자료공동목록시스템(http://www.nl.go.kr/kolisnet)에서 이용하실 수 있습니다.(CIP제어번호: CIP2018032905)

책값은 뒤표지에 있습니다.